住谷光一

続々 水戸光圀の餘香を訪ねて

◈水戸史学選書◈

企画 水戸史学会
発行 錦 正 社

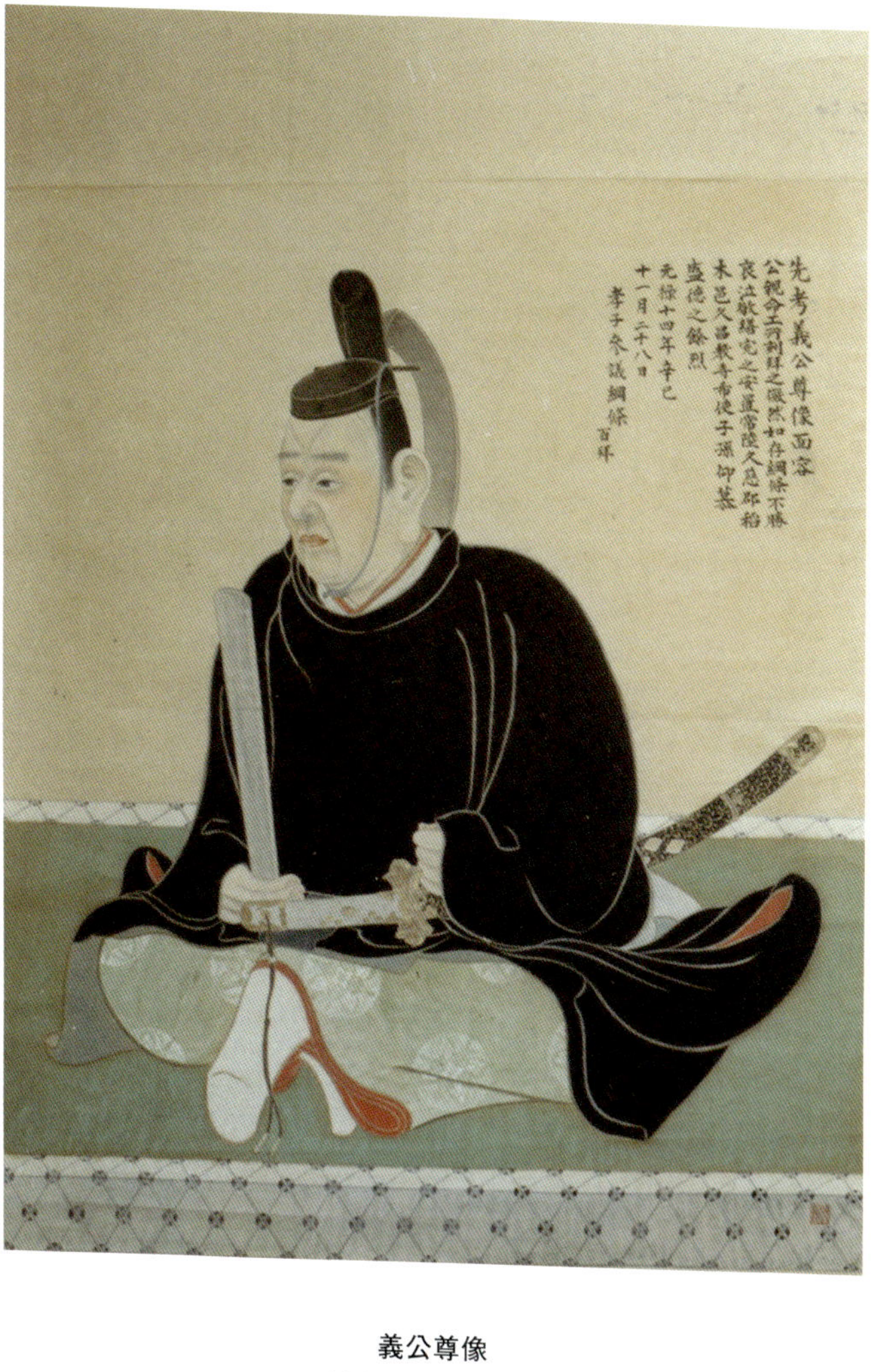

義公尊像

（常磐神社義烈館蔵）

水戸光圀関係史跡図

鷲子山上神社
照願寺
岡山家跡
金子家跡
宝幢院
小松寺
酒列磯前神社
菊池家
東福寺
妙光寺
鹿島神宮
窪谷家
北茨城市
北茨城
高萩市
高萩
日立北
日立市
日立中央
常陸太田市
日立南太田
大子町
常陸大宮市
118
城里町
那珂市
那珂
東海村
ひたちなか市
水戸
水戸市
大洗町
水戸南
茨城町東
茨城町
茨城町西
茨城空港北
友部JCT
友部
岩間
笠間市
笠間西
桜川筑西
桜川市
50
筑西市
結城市
石岡市
6
小美玉市
鉾田市
51
125
八千代町
下妻市
千代田石岡
土浦北
土浦市
かすみがうら市
つくば市
桜土浦
つくば中央
つくばJCT
谷田部
つくば牛久
牛久阿見
阿見町
阿見東
常総
常総市
板東
坂東市
霞ヶ浦
美浦村
行方市
北浦
鹿嶋市
潮来市
潮来
神栖市
つくばみらい市
牛久市
稲敷
稲敷市
守谷市
龍ケ崎市
取手市
河内町
利根町

序

水戸史學會　會長　宮田正彦

本書の著者である住谷氏が、日立の田中内と常陸太田の小島に、義公の芳躅を訪ねて一文を物し、初めて本会の機関誌『水戸史学』に、「義公の足跡を訪ねて」と題して発表されたのは、平成十二年六月のことであつた。爾来、平成二十八年六月の第八十四号に至るまで、六十二号、六十五号、そして八十三号の三度を除く、春秋の年間二回の掲載を継続された。除かれた六十二号には、「水戸義公をめぐる人々――日乗と元政上人――」と題する論文を発表してゐるから、実際に欠如したのは二回のみとなり、その連載は実に十七年に及ぶ。それらの成果は既に『水戸光圀の餘香を訪ねて』『続水戸光圀の餘香を訪ねて』の二冊となつて洛陽の紙価を高めてゐる。

この秋冬の間、著者は更に『続々水戸光圀の餘香を訪ねて』と題し、平成二十三年以降の執筆を纏めて「水戸史学選書」の一に加へることを希望された。ここに、十七年の成果が全て三部の著書となつて集積されたことになる。その間の努力に先づ敬意を表したい。

これらの著書に於いて著者が訪ね且つ研究した遺蹟の数は五十箇所を超える。それはとりも直さず、義公の足跡である。今日不明の箇所を加へればさらに増加することであらう。

このやうに領内を、その辺境に至るまで、隈なく踏破した藩主は、江戸時代三百年の間、果たして他に在つたであらうか。その旅に、続編のはしがきで触れたやうな政治的意図が隠されてゐたとしても、よく勤めたといふべきであらう。その努力が民心を固結して水戸藩の流風を形成していつた。水戸藩は義公によつて作り上げられたといつてよいのである。

そしてその風は百年の熟成を経て、弘化元年、時の藩主烈公が幕府の譴責を蒙るや、藩のすべてをまき込み、士庶を超えた雪冤運動の嵐となつて沸騰した。烈公の善政が大いに原因したことは勿論であらうが、短期間の施政によつてよくこのやうな民心の一体を見得るものではない。必ずや義公に始まる歴代の藩政の結果でなければならない。

話は変わるが、孟子が、公孫丑の、「文王は偉大で長命であつたのに天子に成れなかつた。文王は範とするに足りないのか」といふ質問に答へて、「殷は優れた天子が多く出て、善政をしいた。暴虐の紂王の時代は、中興の天子といはれる武丁からそれほど隔つてをらず、故家、遺俗、流風、善政が未だ猶存在してをり、また微子、比干などの賢臣も多く輔佐の任に当つてゐたので、なかなか斃れなかつたのだ」と述べてゐる。

吉田松陰はこれをうけて、「抑国の治安長久なるは、地広きにも在らず、民衆きにも在らず、惟頼みとすべき者は此四者にしくはなし」と述べて、先祖のこと、古家のこと、古来の制度風俗まで、悉く研究して、一大撰述を成してその成果を世に問ふならば、これ国の為であり学者の最も努べきことであるが、この気持ちがありながら未だ実現してゐない、「願はくは徐に諸君と是を謀らん」と述べてゐる。

水戸藩の流風は、幾多の困難曲折を経ながらも、明治維新を将来した。著者の長年にわたる古家流風探求の成果は、必ずや民彝綱常の扶植に資する所があるであらう。

平成二十八年十月

はじめに

『水戸紀年』寛文六年(一六六六)の条に「江戸城の下馬に落書あり、五聖人水戸宰相光國卿、七賢人十悪人誰々と書たりとぞ」とあり、同七年(一六六七)の条に「都下の落書に、當世十善人の一は水戸宰相光國卿」とある。義公の評判はすでに藩主就任ごろから高かったことがうかがえる。その理由を考えてみると、藩主就任にあたり、兄頼重公の子松千代を養子に迎えたこと、父頼房公の遺命によって藩士の殉死を禁じたこと、租税を免じ罪人を赦《ゆる》したことなどがあげられるかも知れない。

また、寛文三年(一六六三)七月、藩主として初めて就藩した折には、「御國廻り」と称して、九日間にわたり那珂、久慈、多賀三郡および下野那須郡を巡村して民情を視察し、水戸の下町には水道を通す大事業を起こす。同五年(一六六五)七月、明の遺臣朱舜水を招いて賓師《ひんし》とし、十二月に入ると寺社法令を定めて淫祠三千余を廃止するという大改革を行った。これらの諸施策は藩民のための政治の開始を告げるものであり、以後三十年にわたり、藩主として数々の改革を行っていることは周知の事実である。

一方、元禄三年(一六九〇)十月、藩主の座を綱條公に譲ってからは、常陸太田の西山荘に隠居し、藩内をくまなく巡遊するのを日課とした。「北筋」では、日立、川尻、磯原方面から君田、大子、馬頭あたりまで足を延ばし、魚醤の作り方や栗の実の植え方を指導し、時には歌会や詩会を催したりして海辺や山間の多くの藩民と触れ合った。また、最晩年には小川、玉造、潮来方面に巡遊することが多く、時には鳥を撃ったり、また、時には藩民との宴を催して参加者すべてに酒を注いだりしている。元禄十年（一六九七）六月、はるばる京都から下向した安藤卜翁は、西山荘で義公にまみえるが、その印象は噂通りで、「威ありてのとやかにうやうやしうしてやすらかなる御容貌」であったと回想し、その上『梅里先生碑文』を見ては、

　本朝上世より公武の家々に達人あまた出おはすといへとも文人は武を講せず武士はまた文道にうとくしてともに遺憾あり。いま西山公文武の全才ゆたかにして士をしたしみ民をめくみ礼に厚して奢をしりそけ諫をもちひて佞をとほさけ古をしたひて今をすてす

と記して、義公が文武に優れ、その人品が古今に卓越していることを絶賛している。

　著者がこの十七年間に取材してきたのは、その義公が引退後に訪れた社寺や、「御殿」と称した宿泊所があった家々を中心としてであった。探れば探るほど、義公が訪れた場所は数多く存在し、足跡を印した土地の数も尋常ではない。常人であれば、「斃《たお》れてのち止む」の心境であろうが、公の度量は大きく、それをまったく感じさせない。花鳥風月を友とし、人を慈しみ、各地での詩歌会や謁見などで公に接した人々はその雅量に包まれ、和気《わき》藹々《あいあい》のうちに楽しむ様子が史料などからうかがえる。公の人柄のなせる業である。

そうした義公巡遊の真実をどれほど伝えることが出来たか、はなはだ心もとないが、ここに『続々水戸光圀の餘香を訪ねて』と題し、三冊目を世に送ることにした。著者の意のあるところを汲んでいただければ幸いである。なお文中の用字は主として当用漢字を用いたが、引用史料では出来るだけ正漢字を用い、送り仮名は現代仮名遣いとした。

平成二十八年十月

著者しるす

続々水戸光圀の餘香を訪ねて　目次

続々水戸光圀の餘香を訪ねて

水　戸　市

青柳菊池家

『水戸歴世譚《みとれきせいたん》』（以下『歴世譚』）巻二には、義公時代の逸話が多く載せられている。その中に、水戸城下から那珂川を渡ってすぐ青柳《あおやぎ》というところでの出来事が、次のように記されている。

公青柳村へ、御鷹野に入せられ候節、御一人農家へ御立寄被遊、水を御貰ひ被成候へば、老女指上ける、公庭へ御出遊し、籾俵七八俵積置きたるに、御上り被遊て、御腰を被爲掛、水を召上り候へば、老女立出て制しけるは、その俵は御城米にて、殿様へ上る籾に候、御士族様にても、あまりなる被爲方に候と、申ければ、候至極尤なり、我等が過なりと、御詫被成、御歸遊ばし、郡宰に、老女の年比、家の氣色、角に大榎の有しを印に御尋被遊ければ、分明に分りける故、則老女が悴、持分の田畠、老女存生の内、作取に被仰付、是にて孝養可致と、其志を御稱し被遊けるとかや、後臺村百姓清七と云老人の物語なりと、

義公が青柳付近で狩りをしたある時、喉《のど》が渇《かわ》いたからであろうか、一軒の農家に水を求めた。公は

菊池家入り口

疲れていたのであったろう、庭にあった米俵に腰をかけて老女が差し出した水を飲んだ。するとこの老女は義公の所為《しょい》を見咎《とが》め、「その俵は殿様に差し上げる大切な籾なのに、お侍様であってもあんまりでございましょう」と毅然《きぜん》と言い放って、これを制止しようとしたのである。そう言われれば老女の言い分は至極《しごく》もっともな話、公は素直にその非《ひ》を詫《わ》びた。

帰ったあとで、義公は郡奉行に家の佇まいや大きな榎《えのき》の木があったことなどを告げ、老女の家を探させた。その家は直ぐにわかったので、公は老女の志を褒《ほ》め、倅《せがれ》が耕作する田畑の税を免除して、孝養をつくすように命じたのである。義公が藩民に接する時は常に仁《じん》に依ったのであり、極めて公平親切であった。

水戸市街から青柳地区に行くには、気象台下から国道三四九号線を常陸太田方面に進路をとる。那珂川に架《かか》る万代橋《よろずよばし》を渡り、旧道を少し戻る格好になる。万代橋を渡って直ぐにある信号を右折し、石《いし》島《じま》外科医院を左に見て旧道を道なりに行くと、那珂川の堤防に突き当たる。その左手前に、大木を使って建てられた二本の門柱が目に付く。それが現在の菊池家であり、『歴世譚』に出てくる老女の家であると言われている。

平成二十四年（二〇一二）暮れ、菊池家を取材しようと訪れてみた。しかし、この時は留守らしかったので、隣家の方に聞いてみた。すると、普段は誰もいないらしいというので、後日を期すことにした。事前に調べてみると、平成五年（一九九三）十二月発行の『芸文《げいぶん》』第一一七号に、「水戸黄門ゆかりの家」として菊池家が載せられていることに気づいた。そこには、老女が義公を叱りつけている絵とともに、義公拝領と伝える鮭《さけ》の狩猟鑑札《しゅりょうかんさつ》が、当時の菊池家当主七郎兵衛《しちろうべえ》氏とともに、写真入りで紹介されている。同じく義公から「拝領」したと言われる重箱《じゅうばこ》の写真などもある。

実は、その菊池七郎兵衛氏、筆者にとっては懐《なつ》かしい人である。というのは、今から約半世紀も前のことになるが、筆者は水戸育英会《みといくえいかい》が経営する「水戸塾《みとじゅく》」の入塾試験を受けた。東京都世田谷区用賀《ようが》にあったこの塾は、水戸徳川家が地元出身の子弟のために建てた寄宿舎で、大学に通う学生の便に供されていたのであった。筆者も大学入学にともない、東京で生活するためこの塾の入塾試験を受けた。無事合格したが、なんと、その入塾試験の時の面接官の一人が菊池七郎兵衛氏だったのである。

昭和四十五年（一九七〇）といえば、当時のわが国は所謂《いわゆる》「七〇年安保」の年で、労働運動や学生運動を広範囲に巻き込んだ革命運動の真っ最中であった。折角入った早稲田大学は革命運動の中心の一つであり、教室は学生が築いたバリケードで閉鎖されてしまっていた。入学式がかろうじて五月三日に挙行されたが、それ以後、講義などは全く行われず、勉学どころの話ではなかった時代である。今でも、何とも言えない混沌《こんとん》とした七〇年代の世相とともに、氏の温容《おんよう》な面影を思い出すことが多いのである。

菊池家が狩猟権を許されたといわれる那珂川の鮭についても、思い出がある。父が東京の下宿先に送ってくれた食料品の中に、「献上鮭飴《けんじょうざけあめ》」というものがあった。その名の通り、水戸藩では初代頼房公の時代から、那珂川で獲《と》れた初鮭《はつざけ》を、まず朝廷に献上するのが習わしであったと言う。菓子メーカーが鮭を象《かたど》った飴《あめ》を作り、水戸の土産品「献上鮭飴」として売り出したものであった。美しい鼈甲《べっこう》色《いろ》をした堅《かた》い飴であったので、金属製の小さな才槌《さいづち》が付けられていた。食べる時にはそれを使い、飴をかち割って食べるのである。この時初めて、那珂川の初鮭が朝廷に献上されていたことを知った。

前述した『芸文』第一二七号によれば、菊池家が那珂川の鮭漁権を許された理由には、元禄七年（一六九四）十一月の藤井紋太夫《ふじいもんだゆう》事件に関連があるという。義公時代の菊池七郎兵衛は御庭番《おにわばん》に任じられていたとあるから、藩内の情勢を探索《たんさく》する立場にあった。

一方、藤井紋太夫は若い時から公に嘱望《しょくぼう》されていた有能な人物であったが、それを良いことに次第に増長し、藩政を牛耳《ぎゅうじ》ろうとする野心を持つまでに至ったのである。時の老中柳沢吉保《やなぎさわよしやす》と結んだとも言われる。奸計《かんけい》を見抜いた七郎兵衛は、頻《しき》りに訴えるところがあり、「介さん」こと佐々宗淳《さっさむねきよ》などからも、同じような情報が義公にもたらされていた。事の重大さを察知《さっち》した義公は、事件が大きくならないうちに芽を摘《つ》もうと、自らの責任において紋太夫を処断し、関わりのある者達の責任は一切不問にしたと言われている。義公にとって、この事件は痛恨の極みであったに違いない。この時の恩賞として菊池七郎兵衛に与えられたのが、那珂川の鮭の狩猟権であったというのである。

『水戸市史』などによれば、鮭は川を遡上《そじょう》する性質があるから、鮭を確保するため義公が菊池家に働きかけたことによるという。那珂川上流にある他藩との関係を考慮し、下流に位置する青柳あたりで鮭を確保しておいた方が何かと有利であるとの考えがあったのではないかというのである。そのいずれであったか、今となっては確かめようがない。

菊池神社（谷田）

同じ年の暮、青柳の菊池氏との関連を探ろうと、水戸市谷田《やだ》町《ちょう》に住んでいる菊池《きくち》達男《たつお》氏を訪ねた。氏は瓦工事の会社を経営しているが、他方では「魁《さきがけ》の会」と称するボランティア団体の会長も務める。「魁の会」は、水戸大使でもある山形県尾花沢《おばなざわ》市《し》銀山《ぎんざん》温泉《おんせん》の陶芸家伊藤《いとう》瓢堂《ひょうどう》氏のボランティア活動を支えており、主に水戸市立浜田《はまだ》小学校など数校の児童や、市民を対象とする陶芸教室を年に十数回行っている。筆者もその一員なので、事前の打ち合わせを兼ねて訪れたのであった。

この時、谷田菊池氏の同姓で祀《まつ》る菊池神社の当番に当ったということで、達男氏のところに古ぼけた箱が回って来ていた。随分と煤《すす》けた、いかにも年代物という雰囲気の箱であった。もしかすると、由緒あるものが入っているかも知れないと直感した。氏に中のものを見せて欲しいと頼んだ。許可を得て箱を開けてみると、数通の文書や様々な領収書類などが収められている。その中に、菊池神社に関する由緒書《ゆいしょがき》があった。取り出して読んでみると、菊池氏の来歴が書いてある。はからずも、谷田の菊池氏がこの地に土着した由来を知ることになったのである。実に貴重な一時《ひととき》であった。
箱に収められていた由緒書の全文を掲げてみよう。

菊池神社由緒

恭《うやうや》シク惟《おもんみる》ニ、菊池家累代《るいだい》忠勇《ちゅうゆう》義烈《ぎれつ》、力《ちから》ヲ
王室《おうしつ》ニ致シ、人臣《じんしん》ノ分《ぶん》ヲ盡《つく》シ勤《きん》
王《のう》ノ大義《たいぎ》ヲ明ニス。畏《かしこ》クモ我《わが》
天皇陛下、其偉勲《いくん》ヲ
叡感《えいかん》シ賜ヒ、明治元年戊辰七月
詔シテ菊池神社ノ神号ヲ賜ヒ、熊本藩主
細川氏ヲシテ、祭祀《さいし》ヲ修行《しゅうこう》スヘキ旨ヲ命シ玉エリ。
同四年七月、廃藩置縣《はいはんちけん》ノ制ヲ定、ソレヨリ
縣廳《けんちょう》ノ祭ル所トナリ、同十一年一月十日、別格官幣社《べっかくかんぺいしゃ》ニ
列セラレ、毎年五月五日ヲ以永世祭典ヲ執行

スルノ例規《れいき》トナレリ。謹テ當家ノ由来ヲ検《けんす》レハ、
中ノ関白《かんぱく》藤原道隆《ふじわらのみちたか》公四世ノ孫太夫将監《たゆうしょうげん》
則隆《のりたか》、肥後國菊池郡ニ下向《げこう》セシ以降、累代《るいだい》
人臣ノ節《せつ》ヲ失ハス。寿永元暦承久《じゅえいげんりゃくじょうきゅう》ノ役《えき》ヨリ
文久弘安《ぶんきゅうこうあん》ノ間、
天朝《てんちょう》ノ為メ粉骨砕身《ふんこつさいしん》シ、就中《なかんずく》、蒙古襲来
ノ時ニ於テハ勇烈卓絶《ゆうれつたくぜつ》、
皇國《こうこく》ノ威武《いぶ》ヲ海外ニ輝《かがやか》セリ。十二代武時入道《たけときにゅうどう》
寂阿《じゃくあ》、
後醍醐天皇ノ勅《ちょく》ヲ奉シ、元弘《げんこう》三年三月十三日、
平英時《たいらのひでとき》ヲ討ス。遂ニ戦ヒ利アラスシテ戦死ス、
其《その》後《の》チ、十七世武朝《たけとも》ニ至ル迄、一族郎黨《いちぞくろうとう》、
雨ニ沐《もく》シ風ニ梳《くしけず》リテ、勤《きん》
王《のう》ノ志未《いま》タ嘗《かつ》テ一日モ怠《おこた》ラス。闔族《こうぞく》ノ熱血《ねっけつ》國家ノ
難ニ灑《そそ》クコト新田《にった》・楠《くすのき》ニモ譲ラス。此故《このゆえ》ニ数百ノ
星霜《せいそう》ヲ経《ふ》ルト雖《いえど》モ、功名竹帛《こうみょうちくはく》ニ垂《た》レ、嘖々《せきせき》トシテ

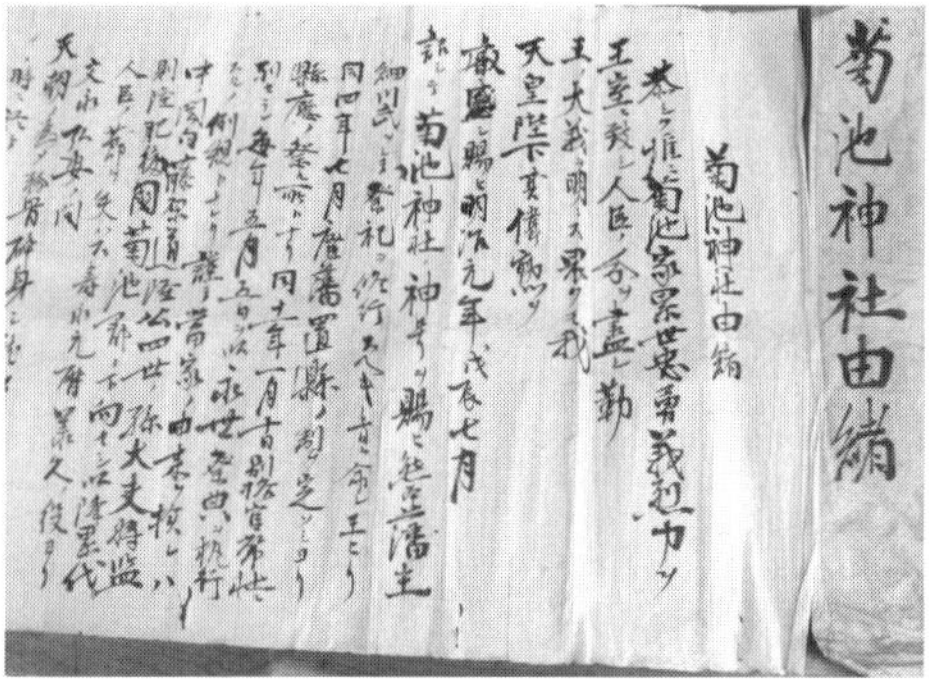
菊池神社由緒

菊地神社由緒（谷田菊池氏）

嘆賞《たんしょう》思慕《しぼ》スル所也。嗚呼《ああ》、功徳勲績《くどくくんせき》アル
モノ、他人ト雖《いえど》モ苟《いやしく》モ忠義《ちゅうぎ》ノ志アルモノハ讃歎《さんたん》
追慕《ついぼ》ス。況《いわん》ヤ、其後胤《こういん》タルモノニ於《おい》テヲヤ。抑《そもそも》
常陸國茨城郡谷田村菊池家ノ始祖ハ、
石見守《いわみのかみ》景安《かげやす》ト云。其男《そのだん》菊池武朝《たけとも》。其男
持朝《もちとも》。々々ノ二男ヲ肥後守《ひごのかみ》為安《ためやす》ト云。其男
肥前守《ひぜんのかみ》重安《しげやす》。々々男ハ則景安也。永正《えいしょう》
二年、武連《たけつら》武包《たけかね》家督《かとく》ヲ争ヒ、互ニ争戦《そうせん》ス。
重安、武連ニ属シ、戦闘利ヲ失シ、戦死ス。故ニ
景安國ニ居ルコト能《あた》ハス。窃《ひそか》ニ東下《とうか》シ、常陸國
佐竹氏ニ寄ランコトヲ欲シテ果サス。依《より》テ、水戸城主
江戸氏ノ食客《しょっかく》トナリ、谷田大野ニ於テ永楽《えいらく》百
五拾貫文ノ地ヲ附與《ふよ》セラレシ以来、世々谷田ニ
住セシカ、此時、群雄《ぐんゆう》争戦止《や》マスト雖モ、幸ニ二十
餘世連綿《れんめん》トシテ其姓ヲ継キ、今二十餘家ニ
分居《ぶんきょ》シ、各《おのおの》桑麻《そうま》ノ業ニ安《やすん》ス。累世《るいせい》名ヲ為ス

ナシト雖トモ、景安・景武《かげたけ》・重景《しげかげ》・景定《かげさだ》四世、相《あい》
嗣《つぎ》テ武門《ぶもん》ノ辱《はずかしめ》ヲ受ケサル也。而シテ徳川氏
水戸ニ封セシ以来二百十餘歳ヲ継テ明治ノ
時代ニ會《かい》シ、祖先ノ餘光《よこう》ヲ日月《じつげつ》ト共ニ
拝スヲ得タルハ、実ニ忝《かたじけな》クモ
天皇陛下ノ盛恩《せいおん》ニ非スシテ何ソヤ。我輩草茅《そうぼう》
野鄙《やひ》ノ愚夫《ぐふ》ト雖モ、血脈《けつみゃく》ヲ受クルモノ、
謹テ累世勤《るいせいきん》
王《のう》ノ赤志《せきし》ヲ思慕《しぼ》遵守《じゅんしゅ》シ、一族混和《こんわ》シテ
所謂《いわゆる》、亡念爾祖《じそ》聿脩《いっしゅう》其徳ノ事ヲ
朝夕服膺《ふくよう》シテ、忘レサランコトヲ。冀《こいねがわ》クハ
一族有志者、此旨《このむね》ヲ了解シテ、祭祀《さいし》ヲ
廃《(癈セサル?)》スル事ヲ懇諭《こんゆ》シ諭《さと》ス。

明治十二年己卯五月五日

（本文中の句読点、読み仮名は筆者）

「由緒」によれば、常陸において佐竹氏、江戸氏など多くの氏族が入り乱れて覇《は》を競った十六世紀中頃、九州菊池家中に内紛《ないふん》があり、菊池景安という人物が九州から東下して来たというのである。佐

竹氏を頼ろうとしたが、当時、水戸周辺は江戸氏の勢力が優勢であったので、景安は江戸氏を頼ることになったと思われる。江戸氏からは谷田、大野《おおの》の地百五十貫文を与えられて土着し、「桑麻《そうま》ノ業」即ち農耕を生業《せいぎょう》としたというのである。それ以後約四百年、子孫繁栄して現在約二十軒が谷田に住んでいる。この間、県内各地に移動した人達もいたと思われるが、水戸近郊に見られる菊池氏は、その後の移動によって派生した一族であろうと考えられる。

その菊池氏において見るべきものは、なんと言っても「由緒」に書かれているその伝承である。そもそも菊池氏の先祖は、かの「大化改新」で重要な役割を果たした中臣鎌足《なかとみのかまたり》である。鎌足は時の天智天皇から大職冠《だいしょくかん》の冠位を与えられ、藤原の姓を賜わった。その子が藤原不比等《ふじわらのふひと》で、『大宝律令《たいほうりつりょう》』や『養老律令《ようろうりつりょう》』の制定に功績があり、明治に至る律令制度の基礎を築いた。その後、子孫繁栄して道《みち》長《なが》、頼通《よりみち》の全盛時代を迎えたことは周知の事実である。

その道長の少し前に出たのが関白藤原道隆《ふじわらのみちたか》であったが、その子孫は九州に土着し、寛仁《かんにん》三年（一〇一九）におこった刀伊《とい》（女真《じょしん》族）の襲来を防いだことは、史上に明らかである。太宰権帥藤原隆家《だざいのごんのそちふじわらのたかいえ》がこれにあたる。

「由緒」にあるように、隆家から三世を経た則隆の時、肥後国菊池郡に住するに至ったので、その子孫は菊池氏を称するようになった。その後、鎌倉時代に入り、二度にわたる元の侵略軍が襲来すると、菊池武房《たけふさ》がこれと敢然と戦い、その勇姿は有名な『蒙古襲来絵巻《もうこしゅうらいえまき》』に見ることができる。しかし、菊池氏最大の功績は、建武《けんむ》中興《ちゅうこう》の達成に果たした役割であるといわれている。元弘《げんこう》三年（一三三三）三月、後醍醐天皇の鎌倉幕府討伐の綸旨《りんじ》を拝した菊池氏十二代武時《たけとき》入道《にゅうどう》寂阿《じゃくあ》は、勝敗を顧みることなく九州探題《たんだい》を攻め、三月十三日、真っ先に戦死したのである。やがて建武中興が成ると、各公家、武将の論功行賞《ろんこうこうしょう》が行われる。その席において、

　元弘の忠烈《ちゅうれつ》は、労功の輩《やから》これ多しと雖も、いずれも身命を存する者なり、独り勅諚《ちょくじょう》に依りて一命を墜《おと》せる者は、武時《たけとき》入道《にゅうどう》なり、忠厚《ちゅうこう》尤《もっと》も第一たるか。

と主張したのが楠木《くすのき》正成《まさしげ》であった。

　正成はよく事の本質をわきまえ、右記のように菊池氏の功績を称え、武時を賞賛していることが『菊池《きくち》武朝《たけとも》申状《もうしじょう》』に見えている。『菊池神社由緒』にある武朝は武時より五代後の人物である。戦死した武時と会ったこともないであろう楠木正成がこのように言上したという言い伝えは、各地の菊池氏子孫に確実に伝承されてきたのであったろう。

　このことは、武時の忠烈《ちゅうれつ》を伝えると同時に、正成の奥ゆかしい人柄を物語って余りあることとしなければならない。詳細は平泉《ひらいずみ》澄《きよし》博士の名著『菊池勤王史』に譲るが、各地に分散した菊池氏が、先祖以来の勤王の精神を一千年近く堅く守って忘れず、子孫相《あい》戒めあって現代に伝えて来ているという事実は、我が国の歴史のなかでも特筆に価するというべきであろう。

　この後、達男氏宅近くに鎮座する菊池神社に初めて参拝した。神社は、国道五一号線と平行して走

る備前堀《びぜんぼり》のすぐ前にある。周囲は住宅や会社が建ち、神社のある場所としてはいかにも落ち着かない。あらためて達男氏に聞くと、菊池神社は現在の熊野神社が鎮座する高台にあったという。事情があって、平地にあった羅漢寺《らかんじ》という大寺の松の巨木が立つところに移転したのだという。寺は既に廃され、松の大木も枯れて田園地帯になってしまったので、昔の面影は無いという。同じ「魁の会」に酒門の旧家和田正寿《わだまさとし》氏がいる。何か手がかりはないか尋ねてみた。酒門村の古い地積図《ちせきず》があるというので、それを見せてもらう。しかし、菊池神社が位置するあたりは、旧東茨城郡稲荷村《いなりむら》に属したようで、詳しくはわからずじまいであった。

その後も、何度か青柳の菊池家のお宅にお邪魔したが留守であったので、七郎兵衛氏の娘さんの嫁ぎ先、多賀野《たがの》家に接触を試みた。多賀野家は常陸太田市内の実業家であったが、今は店をたたんで郊外に移られたという。常陸太田市郷土資料館近くで、市内の老舗《しにせ》である立川《たちかわ》醤油店が親戚と聞いたので、そこを訪ねてみた。旧繁華街の落ち着いた場所に店はあった。現当主に伺ったところ、現在の住所を教えて下さった。これもご縁とばかりに、店推奨《すいしょう》の醤油を買い求めてみたところ、ラベルに目立つ紋が付いている。立川氏に尋ねると、よくぞ聞いてくれたとばかりに説明してくれた。「この紋は光圀公から頂戴した由緒《ゆいしょ》あるものです。公はこの家にも立ち寄ったことがあり、その時はおにぎりを差し上げたと言い伝えられています」という。公は近くの西山荘から、市内にもしばしば足を運んでいたのであったろう。そのあと、氏に書いてもらった地図を頼りに、早速、多賀野家を訪ねた。しかし、この時も留守であった。

調査は行き詰まったので、他に手がかりを求めようと、あらためて弓野國之介氏の『義公史蹟行脚』（以下『行脚』）を読み返してみた。すると、義公が老婆に咎められたのは、「元禄二年初冬頃」としていることに気がついた。弓野氏が訪れた昭和三年（一九二八）頃までは、菊池家にもそのような言い伝えが残っていたのであったろう。

そこで、元禄二年前後の公の動静《どうせい》を探ってみると、六月二十七日に江戸を「発駕《はつが》」し、小金《こがね》、布佐《ふさ》を経て、二十八日には潮来《いたこ》の宮本平太夫方に到着する。七月一日に玉造大場《おおば》家で休息し、紅葉《もみじ》まで行って一泊している。水戸城着は二日である。これ以後は水戸城に滞在して領内各地を巡視しており、再び江戸表に「発駕」するのは、元禄三年（一六九〇）六月六日のことである。

『行脚』にあるように、公が青柳菊池家を訪れたのが「元禄二年初冬頃」であるとすれば、おそらく水戸から青柳を通り、常陸太田方面に巡視した時であったろう。諸記録から、十月二日は青柳から額田に向かい、建設中であったと思われる向山浄鑑院《むこうやまじょうがんいん》を視察し、そこから村松《むらまつ》方面に向かっている。言い伝えが事実ならば、この「事件」は元禄二年十月二日のことである可能性がある。

また、出典は明らかでないが『行脚』では、青柳菊池家の出自《しゅつじ》について次のように記す。

　この菊池家は元九州の菊池であるといふが、それならば永正二年一族間に隙を生じ、景安なる者（武敏より五世か）國を脱して關東に來り、水戸城主江戸但馬守に寄り、初め谷田（東茨城郡酒門村）

の地において永樂百五十貫文の地を給はり、後子孫各地に住したやうであるから、青柳の菊池も無論この派の流であらう

この記述は、谷田菊池氏の「由緒」が述べているところでもあり、両氏がもとは同根《どうこん》であることを証するものであろう。青柳と谷田の地は那珂川を挟《はさ》み、直線にして僅《わず》かに三キロメートルほどの距離である。また、江戸氏から与えられたという大野の地は那珂川沿いにあり、舟を駆使《くし》すれば雑作《ぞうさ》も無く青柳に達することが出来る。やはり青柳と谷田の菊池氏は、同じ流れに属すると考えて間違いなかろう。

次に、藤井文太夫事件について記述しているところでは、

閑話休題、兎に角七郎兵衛の方からも度々西山に奉伺したが、その中に公に對する熱烈なる誠忠から彼の藤井紋太夫の遠謀奸策を、決然公に向つて摘撥する所あつたと傳へられる。（中略）

當時紋太夫の遠謀に關しては、知る人ぞ知つてゐたが、公は撥奸を以て忠とせざる人ではあり、事態重大であるので何人も互に口を愼んだのである。然るに七郎兵衛が人の能はざるに乘じ敢然これを公に訴へたのは、非常の決心に出でたること固よりいふまでもない、紋太夫誅戮後、その筋から非公式に七郎兵衛に對し、三百石下賜の内意を示されたが七郎兵衛は決死の覺悟が高祿の頂戴に化しては心に快からず、平素の寵遇に對し些か微衷を捧げしまでのこと、元より武士の本分で過褒敢て當る所にあらずとし、斷然固辭して受けなかつた（以下略）

などとある。義公に目をかけられて出世したにもかかわらず、紋太夫は着々と地歩を固め、藩の実権を握りつつあった。それがどれ程広範囲のものであったか、義公が事件の後すべての証拠の処分を命じたので真相は謎である。しかし、紋太夫により、かなりの数の藩士があるいは職を追われ、あるいは蟄居《ちっきょ》を命じられたり、自殺に追い込まれたりしていたことは間違いない。『歴世譚』によれば、その数二十名を超える。七郎兵衛のような身分で紋太夫を告発することは、捨て身でないと出来ないことであったろう。勇気ある七郎兵衛の功績に対し、三百石が藩から恩賞として提示されたという。しかし、七郎兵衛は「元より武士の本分」、「過褒《かほう》敢《あえ》て當《あた》る所にあらず」として、これを固辞《こじ》したと言うのである。実に胸のすくような話である。

一方、弓野氏は義公の江戸行きに関して、

元祿七年二月義公江戸上りの際には七郎兵衛もお伴を命ぜられ、始終それとなく公の身邊に附随せられたが、紋太夫を處分し、歸國西山への途、又菊池家に立寄られ「片身に」と下付されたのが彼の江戸の能樂に使用された扇の一對であつたといふ。

と書き留めている。昭和三年頃には、菊池家にこの話が伝承されていたであろうから、今となっては実に貴重な記述であると言える。というのは、義公の江戸上りの時、七郎兵衛の他に大方村《おおかた》の堀江権兵衛《ほりえごんべえ》も扈従《こじゅう》していたことが明らかで、この他にも郷士《ごうし》身分の人物が江戸に上っている可能性がある。義公の身辺警護《しんぺんけいご》や連絡にあたっていたのかも知れない。

小島《おじま》の鴨志田又左衛門《かもしだまたざえもん》は、この時、西山荘の留守居を任されていたと思われ、田中中《たなこうち》の大内勘衛門《おおうちかんえもん》にも、何か重要な役割が与えられていたと思われる節《ふし》がある。『大内寧《やすし》家文書』の中に「元禄七年二月、衣台名御参府西山御殿大廣間御番相勤候節従江都真翰三通賜ル」とある。『義公書簡集』中の大内勘衛門宛て書簡がそれであろう。

七月八日付け書簡に、

當夏は別而暑氣甚候。御手前同內儀勘助兄弟も堅固御入候哉。其後ハ久敷疎遠打過申候。我等事いつをいつとなく逗留申、うつら〳〵と日をくらし申候。よもや年内にハ御暇被下候半と是を命に致候。左候ハ、今一度ハ各へも懸御目可申、又左衛門方息災に居被申候や、御逢候ハ丶自安老へも能丶頼御さいかく頼入候、以上

とあり、この本文のほかに、「六ヶ敷事無心申ひとへに〳〵頼入候。あはれ〳〵しゆひいたし候へかしと存候。」と追《お》って書《が》きが添えられている。さらに七月二十日の書簡を見ると、

我等事于今なからえ申候。せめて存命之内一度西山へ歸り申度、(中略)近頃六ヶ敷事無心申候。委細追而可申入候、以上

とまで言っている。第五代将軍徳川綱吉《つなよし》が義公を水戸に帰還させない恐れがあることを想定したのか、あるいは紋太夫一件で何事か出来《しゅったい》する可能性を感じたのか。勘衛門宛て書簡は、何事かについて公が覚悟を決めているようなことを感じる内容である。いずれにせよ、このような重大な局面に扈従して

いた菊池七郎兵衛も、相当な覚悟で江戸の努めを果たしていたのであったろう。弓野氏が『行脚』に書き残している、

　紋太夫を處分し、歸國西山への途、又菊池家に立寄られ「片身に」と下付されたのが彼の江戸の能樂に使用された扇の一對であつたといふ。

という一文のなかに、菊池七郎兵衛に対する義公の全幅《ぜんぷく》の信頼が感じられる。「能樂《のうがく》に使用された扇の一對《いっつい》」を今に見ることが出来ないのは残念であるが、楠木正成が賞賛した九州菊池氏の純忠《じゅんちゅう》無比《むひ》の精神は、青柳菊池氏にも明確に伝わっており、義公はその精神をはっきり見届けていたと思われる。

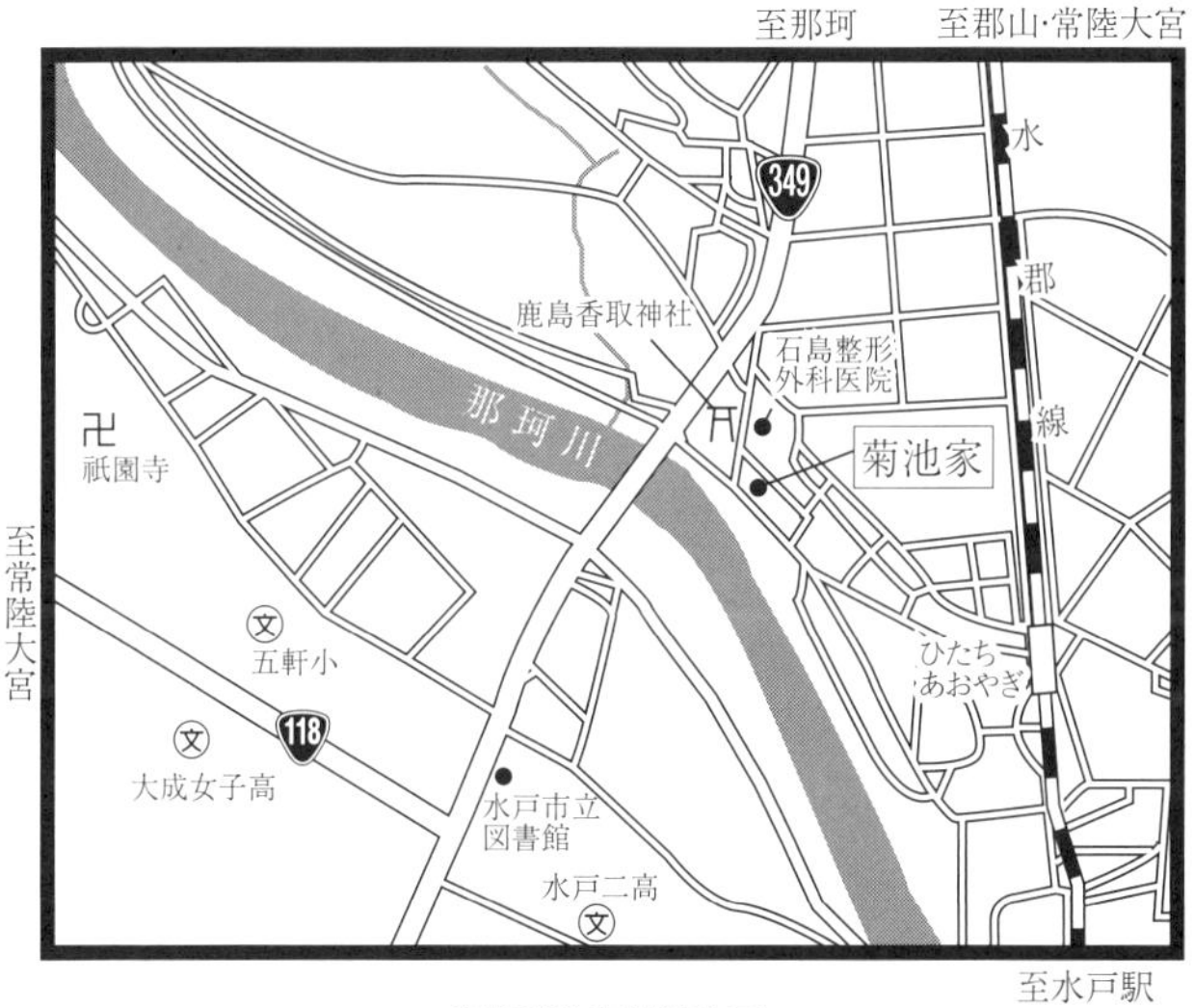

青柳菊池家付近略図

ひたちなか市

酒列磯前神社とヤンサマチ

（一）　村松大神宮競馬

『日本文徳天皇実録《にほんもんとくてんのうじつろく》』巻第八を繙《ひもと》くと、斉衡《さいこう》三年（八五六）十二月戊戌《ぼじゅつ》の条に次の記事が見える。

常陸國上言す。鹿嶋郡大洗磯前に神有り。新に降る。初め郡民、海を煮《に》て塩を爲《つく》る者あり。夜《や》半《はん》海を望むや、光耀《こうよう》天に属《つら》なる。明日、兩《ふた》つの恠《あや》しき石あり。見るに水に次《やど》るあり。高きこと各《おのおの》尺許《しゃくばかり》なり。體は神造、人間《じんかん》の石にあらず。塩翁私《ひそか》にこれを異《い》として去る。後一日、また廿《にじゅう》餘《よ》の小石あり。向《さき》の石の左右《さゆう》にあり。侍して坐するが若《ごと》きに似《に》たり。彩色《さいしき》常にあらず。或は形沙門《しゃもん》に像《に》る。唯耳目《ただじもく》なし。時に神、人に憑《よ》りて云う。我、是れ大奈母知少比古奈《おおなもちすくなひこな》の命《みこと》なり。昔、此の國を造り訖《お》え、去りて東海に往く。今、民を濟《すく》わんがため、更にまた來り歸る。（原漢文）

意訳《いやく》すれば次のようになろうか。大洗《おおあらい》の海岸に光が天をつくような奇瑞《きずい》があり、これを見た塩作りの翁《おきな》が翌日行ってみると、そこには二つのただならない石が出現していた。次の日、翁が再び行ってみると、さらに二十ばかりの小石があり、僧のような形の二石を囲んで、小石が侍坐《じざ》しているように見えた。石が人の口を借りて言うには、我は少彦名命《すくなひこなのみこと》と大己貴命《おおなむちのみこと》である。昔この国を造り固めたが、今また民を救うために再び出現した、と言うのである。

『茨城縣神社誌』、酒列磯前神社《さかつらいそさきじんじゃ》の条にも、文徳天皇の斉衡三年十二月、海上に奇蹟《きせき》があり、少彦名命と大己貴命とが降《お》り立ったことになっている。近くに鎮座する大洗磯前神社と同じ由緒を持つ神社であることが知られる。天安《てんあん》元年（八五七）八月には官社に列し、鎌倉期になると、源頼朝が那珂《なか》、久慈《くじ》の地百二十町の神領《しんりょう》を寄進したという。『延喜《えんぎ》式《しき》』巻九、神祇九、神名上には「酒烈礒《サカツライソ》前《ザキノ》藥師菩薩神社名神大」とあり、義公の保護を受けたときに「薬師菩薩」を省き、現在の社名になったと言われる。

酒烈磯前神社

　その酒列磯前神社がかかわる祭礼に、「ヤンサマチ」という祭りがあったということは、ほとんど忘れ去られようとしている。御輿《みこし》を六尺棒で支えたとき、「ヤンサ、コラサ」あるいは「ヤンサ、ヤンサ」などのかけ声をかけたことから、「ヤンサマチ」と呼ばれたと言われている。「マチ」は祭りのことであろう。祭りはと言えば、四月七日頃、常陸二ノ宮静神社の御輿《みこし》が中心となり、久慈川《くじがわ》と那珂川《なかがわ》に挟《はさ》まれた地域から多くの神社の御輿が酒列磯前神社下の浜に磯降《いそお》りし、神事を行う。一方、東海村に鎮座《ちんざ》する村松大神宮《むらまつだいじんぐう》からも御輿が阿字ケ浦《あじがうら》に向け出社《しゅっしゃ》、御輿が酒列神社に到着すると、のろしを合図《あいず》に大神宮からの競馬《きそいうま》が酒列神社に向け疾駆《しっく》するという、実に壮大《そうだい》な神事である。競馬には六頭の馬が参加し、海岸に沿って二里八町、約九キロメートルの距離を酒列磯前神社下まで駆け抜けたという。

ヤンサマチは酒列磯前神社、村松大神宮、静神社三社を結びつける、旧那珂郡を中心とする地域の一大祭礼であったということが出来よう。しかし、昭和四年（一九二九）に行われたのを最後として、ヤンサマチは行われなくなったと言われている。この祭礼について調べていくと、義公が深くかかわっていたことが次第に明らかになってきた。今回は酒列磯前神社を中心にして、ヤンサマチのおこりと義公との関係を探ることにする。

祭りの痕跡《こんせき》があるかどうかを確かめようと酒列磯前神社周辺に出掛けたのは、平成二十七年（二〇一五）秋のことであった。本殿を参拝したあと、社務所に海後宗郷《かいごむねさと》宮司を訪ねた。祭りについていろいろ伺ったが、参考になるようなものは何も残されていないという。境内を一巡し、許可を得て周辺の写真を撮った。

神社に関しての文献を調べてみると、元禄年間、義公が再興をこころざし、旧社地から現在地に移転したのが第三代藩主綱條《つなえだ》公のとき、元禄十五年（一七〇二）と伝えられる。拝殿《はいでん》にぬかずけば、江戸初期の様式が残る重厚《じゅうこう》な建物であることが実感出来よう。拝殿上部の懸魚《けぎょ》と言われる部分には、リスと葡萄《ぶどう》の彫刻が見事に彫《ほ》り込まれている。これは日光東照宮の「眠《ねむ》り猫」で有名な左甚五郎《ひだりじんごろう》の作と言われており、一見の価値がある。また、鳥居《とりい》はと言えば、拝殿から真直ぐ西に延びる参道《さんどう》の先に立つ。鳥居から拝殿に進むのが本来であるが、車で行くと拝殿近くの駐車場に着いてしまう。参拝を終えてから鳥居に行くという逆の順序になってしまった。

拝殿から鳥居に向かって歩いて行くと、参道右に烈公腰掛石《れっこうこしかけいし》がある。天保年間のヤンサマチの時、第九代藩主斉昭《なりあき》公がこの石に腰をかけ見物したという言い伝えがある場所である。参道の左右は石塁《せきるい》で仕切られ、両側から鬱蒼《うっそう》とした照葉樹《しょうようじゅ》が覆《おお》い被《かぶ》さって昼なお暗い。約二百メートルほど歩くと鳥居に行き着く。鳥居から東、遙か彼方《かなた》に拝殿を望むことになる。

近くには案内板があり、それには「茨城県指定天然記念物　酒列磯前神社の樹叢《じゅそう》」とある。参道の両側の木々は樹齢《じゅれい》三百年を超えるものが多く、スダジイやタブノキ、ユズリハ、ヤブツバキなど暖帯《だんたい》性樹叢《せいじゅそう》が発達している、ともある。神社の境内であったからであろう、この地域本来とも言うべき自然の植生《しょくせい》が守られ、今にいたっているのは貴重である。斉衡三年に神社の創建があり、元禄十五年、現在地に遷宮《せんぐう》したことも記されていた。

鳥居の北側にはかなり高い土手があり、その上に小さな碑が立っているのに気がついた。土手を上り碑に刻まれた文字を見ると、「酒列磯前神社旧社殿跡」とある。義公の遺志を受け継いだ綱條公《つなえだこう》が現在地に遷宮させる以前は、この辺《あた》りにもとの社殿があったらしい。とすると、義公時代のヤンサマチの時、那珂郡内の御輿が参集したのは、ここから北に下ったあたりの砂浜であろうと思われる。周辺は椿《つばき》の群生地であった。

また、近くには「比観亭《ひかんてい》」の碑も立つ。第六代藩主治保《はるもり》公は、見晴らしのよいこの台地に九尺四方の亭《あずまや》を建てた。亭は失われ、木々に遮《さえぎ》られて見晴らしは良くないが、かつては太平洋の茫々《ぼうぼう》たる広がりと、阿武隈山系《あぶくまさんけい》を背景にした阿字ヶ浦の遠浅《とおあさ》で美しい海岸が、二つながら望まれたであろう。この日は波静かで、青々とした太平洋の広がりが特に素晴《すば》らしく感じられた。

さて、『続水戸光圀の餘香を訪ねて』「大神宮と阿漕《あこぎ》が浦」でも大神宮の競馬について記した。『加《か》藤寛斎随筆《とうかんさいずいひつ》』（以下『随筆』）では、江戸期において賀茂《かも》、伊勢、水戸の三競馬が有名であったとし、続けて次のように言う。

当国村松五社明神ハ、古東国悪鬼退治せし時、村松神軍将として八百万神をして攻給ふ。其時相図の狼煙を揚て諸手江告たるに、諸方の軍勢早馬ニて来り、磯崎の海岸に屯せし時の古事を不舎して、年々狼煙を上ゲ乗出す也、

義公の　尊命ありて波打際を走らす、其以前ハ村松の橋際に縄張し、馬の首を揃へ、役人其縄を切捨るを相図として駆出せしとぞ、山の閑道を走り、或ハ海辺ニよりて出るもあり、己がさま

〱に乗付迄遅速を争ふ（ひ）しが正路に非ざるをもて、当時の乗出の地に定給ふ、五所明神ハ　義公地神天照大神と御定ニ遊しより、今は伊勢大神の写と思ふ、競馬ハ往古より伝るとぞ、競馬と金砂の田楽ハ当国の古雅にして、余国になし、

高野　足崎　長砂　照沼　村松

此村々ニ祭りある所の明神を、古昔寄宮にせしといふ、右ハ古老の説、

文中にあるように、水戸の競馬即ち村松大神宮の競馬は、「村松神」が「狼煙《のろし》」をあげて味方を集めたという「古事」が後々まで伝えられてきたものとあるから、国土統一時代の記憶が投影《とうえい》されているのかも知れない。大神宮はもと村松五所明神《ごしょみょうじん》と言い地神《じしん》五代を祀る神社であったが、その後荒廃したため、元禄七年（一六九四）に義公の命を受けて社殿の造営をはじめた。同九年（一六九六）に完成し、「伊勢の大神《おおかみ》」を勧請《かんじょう》したことから、現在のように大神宮と呼ぶようになったものである。五所明神は長砂《ながすな》、照沼《てるぬま》、横道《よこみち》、足崎《たらざき》、高野《こうや》の村社を統合したものであったとも言われている。

また、寛文《かんぶん》三年（一六六三）の『鎮守開基帳《ちんじゅかいきちょう》』に、

毎年四月那珂郡之大小神祇磯崎大神宮御殿為集合御幸再拝垂乳根神所又海中之向阿字石海辺金剛石胎内石ニ礼拝磯汀遊戯畢

とあるというから、那珂郡内の神社は寛文年間以前から、海中のさまざまな石で磯降りの神事を行ってきたことが推測できる。また、東海村須和間《すわま》に鎮座する住吉《すみよし》神社扁額《へんがく》には「競馬宮鎮座　住吉神

社」とあり、豊作祈願のためでもあったろう、独自に競馬を行ってきた痕跡《こんせき》もある。各神社がそれぞれ行ってきた磯降りの神事や、大神宮周辺の神社が伝えてきた馬に関する行事が、元禄十年（一六九七）前後、義公の手によってヤンサマチとして統合されていったのではないかと推測することが出来よう。

須和間住吉神社扁額

『日乗上人日記』（以下『日記』）元禄九年四月の条をみると、五日の「午後いそへ出御、中門迄如例。御おくり出づる也。」とあり、七日に「黄門公湊より帰御ノ由、夜ニ入リテノ事とぞ」とあるから、元禄九年四月七日、義公は村松や磯崎海岸を経て那珂湊までのあたりを巡遊《じゅんゆう》したのであったろう。四月七日はちょうど競馬が行われる日であった。常山詠草にこの時に詠まれた、

千早振る神の磯出のつかひ馬しき波かけて今日きそふなり

という和歌があるから、巡遊は競馬や磯降りの実状を検分《けんぶん》するための「出御」であったに違いない。

『那珂湊市史料』第一一集、祭礼編所収の須和間「住吉神社々記」を見ると、

元禄九丙子四月七日当国之国主源黄門公様磯前浦ニテ競馬御上覧ノ上御上意有之

とあり、さらに次の記述があることは重要である。

一　黄門公様競馬御上覧之事

競馬毎年村松社中ヨリ出シ申候所ニ今年元禄九丙子四月七日ニハ須和間ノ馬村松々山ノ内ニ乗入磯前マテ参着無之ユヘ黄門公様磯前ニテ御上覧御鑿《さく》儀有テ人馬ノ手疵ヲ御らん被為遊翌年元禄十丁丑ヨリ村松ヨリ五六丁サキノ富士山ノ下ヨリ競馬出し申様御上意有之寺社方郡方両役所ヨリ立会被下置候事

記述から、義公が「上覧《じょうらん》」した元禄九年の競馬の折、須和間の馬は村松の浜山《はまやま》に乗り入れてしまい、磯崎の海岸まで行き着かずに終ったらしい。その上、村の名誉をかけて馬を駆《か》る騎手も馬も傷だらけのようであった。これをいかにも残念に思った公は、大神宮の境内《けいだい》から出発していた従来のやり方を改め、人馬が道に迷うことがないよう出発地点を五六町先の富士山というところまでずらすよう命じ、その上、寺社方郡方《じしゃかたぐんかた》両役所がそれに立会うようにしたのである。些細《ささい》なことのようであるが、将来にわたり祭りの継続をはかるためであったろう、万事ゆるがせにしない義公の深慮《しんりょ》が感じられる。

また、競馬実行に際し、義公は乗尻《のりじり》と言われる騎手が着用する衣裳《いしょう》なども統一したらしい。「住吉神社々記」は次のようにも記す。

一　馬乗装束御改被下置候事

元禄十丁丑年御上覧其前四月朔日村松へ被為成馬乗装束御改被下置候、先年ハ乗馬装束須和間

ハ赤染色是ヨリ黄黒ノ藤模様ニ州浜形大紋付紅白縁ノ無袖羽織并ニ紅ノ鉢巻トモニ拝領之事

一　村印黄門公様御尊慮ニハすはま形ナリ又ハ須ノ字ヲ用哉御尋有之候厳命ノ通州浜形拝領ノ事

一　高野村之馬乗ニハ白地ニ立波ノ形高ノ字付長砂村之馬乗ニハ無紋唐染様ナル一重羽織ナリ

今年須和間村競馬ハ一番也、黄門公様御満足ニ被思召御盃拝領之事

これを読むと、義公は元禄十年四月一日にも村松に出向き、競馬の騎手の衣裳や鉢巻《はちまき》などを「下《か》賜《し》」していることがうかがえる。そのうち、須和間には、黄黒の藤模様《ふじもよう》に州浜形《すはまがた》の大紋《だいもん》がついた紅白の縁《ふち》の無袖《そでなし》羽織や、紅色の鉢巻を賜わった。「須」の字を用いても良いとのお尋ねであったが、「御尊慮」の通り州浜形と決定したとある。

高野村は、白地に立波《たつなみ》の形に高の字がついた一重《ひとえ》の羽織、長砂は、無紋唐染様《むもんからぞめよう》の一重の羽織がそれぞれ「下賜」されている。この年は須和間村が一番となり、「御盃拝領」したのであった。

外ならぬ黄門様から「下賜」された衣裳を身に付け参加する乗尻達は、名誉に身が引き締まるのを覚え、華やかな衣裳を身に付けて海岸を疾駆《しっく》する人馬を見物しようと集まった群衆にとっては、一服《いっぷく》の絵巻物を見るような思いがしたのではなかろうか。『東海村史』第7章には、昭和三年（一九二八）に撮影されたという長砂村の人々の写真が載せられている。三人の騎手と世話役と思われる人達が座り、「村松皇大神宮御用競馬」の幟《のぼり》とともに馬具が写っている。この馬具も同時に「下賜」されたものであったろうか。

　さて、競馬はと言えば、村松から阿字ヶ浦海岸の「鉾突場《ほこつきば》」と呼ばれる目標に向い一直線に駆け抜けることになるが、騎手はそれぞれに鉾を手にしたらしい。須和間の騎手が手にした鉾は、樫《かし》の木で作った六尺の丸棒を柄《え》とした鉾であり、長砂と高野は、杉の木で作った五尺の丸棒を柄とした鉾であったという。鎌倉時代の武士の軍事訓練に「流鏑馬《やぶさめ》」や「犬追物《いぬおうもの》」があったことはよく知られている。大神宮の競馬が鉾を手にして駆け抜け、鉾を突いて終わるという所作《しょさ》は、初期の競馬と武家流の「流鏑馬」などが合体した神事とも考えることが出来よう。

阿字ヶ浦海岸（「鉾突場」付近）

　競馬は到着順に「一の鉾、二の鉾、三の鉾」と名乗らせ、奉行のいるところまで鉾を投げさせた。役人は鉾を取り上げ、村名と姓名を声高《こわだか》に呼び上げる。一の鉾は豊年満作《ほうねんまんさく》、二の鉾は浜大漁《たいりょう》、三の鉾は家内安全と子孫長久《しそんちょうきゅう》、四、五、六の鉾は天下太平を祈るものであったと言われている。騎手にとり、群衆の見守るなかで一の鉾としての名乗りをあげることは、大変な名誉であったに違いない。このあと、それぞれの馬は酒列磯前神社社頭に報告を済ませ、大群衆が見守るなかを、意気揚々と本《ほん》地《ち》に帰投《きとう》したと言われている。こうしてみると、村松大神宮の競馬は極めて盛大かつ勇壮な行事であったことがうかがえる。

そこで、『随筆』に記されている賀茂大社の競馬がどのようなものであるかを調べてみると、次のようなことが知られる。

賀茂大社とは上賀茂《かみがも》神社と下鴨《しもがも》神社の二社を言うが、その祭りは賀茂祭《かもさい》、または葵祭《あおいまつり》とも言われ、わが国を代表する華麗な祭りとして有名である。鎌倉末期に書かれた兼好法師《けんこうほうし》の『徒然草《つれづれぐさ》』にも、賀茂の競馬を見物したことが記されている。法師の乗った牛車《ぎっしゃ》の前に群衆が立ちふさがり、混雑で競馬が見えなかった、などとある。しかし、華麗な祭りになったのは後世のことであったろう。『山城国風土記』逸文では、賀茂大社の祭りについて、次のように記す。

志貴島《しきしま》の宮《みや》に御宇《あめのしたしろ》しめしし天皇《すめらみこと》の御世《みよ》、天《あめ》の下國擧《したくにこぞ》りて風《ふ》吹き雨《ふ》零りて、百姓《おおみたから》含愁《うれ》へき。その時、卜部《うらべ》、伊吉《いき》の若日子《わかひこ》に勅《みことのり》して卜《うら》へしめたまふに、乃《すなわ》ち卜《うら》へて、賀茂《かも》の神の祟《たたり》なりと奏《もう》しき。仍《よ》りて四月《うずき》の吉日《よきひ》を撰《えら》びて祀るに、馬は鈴《すず》を係《か》け、人は猪《しし》の頭《かしら》を蒙《かがふ》りて、駈馳《は》せて、祭祀《まつり》を爲《な》して、能《よ》く禱《ね》ぎ祀《まつ》らしめたまひき。因《よ》りて五穀成就《たなつものみの》り、天《あめ》の下豊平《したゆたか》なりき。馬に乗ること此《ここ》に始《はじ》まれり。

欽明《きんめい》天皇の御代（御在位五三一～五七一）、国中が暴風雨に見舞われ、多くの人々が苦しむことがあった。朝廷ではこれを憂え、占部《うらべ》の伊吉《いき》の若日子に卜《うら》なわせたところ、賀茂の神のたたりであるとの奏上《そうじょう》があった。そこで朝廷では、四月の吉日、鈴をつけた馬に猪《いのしし》の頭をかぶらせた若者を乗せ、神前の斎庭《ゆにわ》を一気に駆け抜ける「走馬」の祭礼を行った。すると五穀が豊かに実り、国中平安になったというのである。

四月は農耕の季節である。「走馬」の祭礼は、ほどよい雨をもたらす賀茂の神のはたらきによって五穀豊穣の恵《めぐみ》を得ようとする、当時の人々の祈りがもたらしたものであったと言えよう。農耕民族としての日本人は、多かれ少なかれ天候に左右される生産生活を送って来た。村松大神宮の競馬も、賀茂大社の「走馬」と同じように、五穀豊穣を祈る儀式として始められたと考えられる。

元禄十年四月、義公は村松の地を訪れる。競馬の準備がどうなっているかを見届けるためであったろう。『日記』四月一日の条には、「黄門公太田木崎迄為御迎出御」、「尊明公未ノ刻御着。黄門公御所へ御成御対面」などとあり、元右大臣大炊御門経光《おおいみかどつねみつ》の孫尊明院が、仏道修行のため久昌寺《きゅうしょうじ》に来たのを出迎える。その後、「湊へ被為成也」とあるから、公は忙しい中、湊方面に向かったのである。先の「住吉神社々記」が事実とすれば、その日の夜に村松で競馬の衣裳などを「下賜」したということになる。黄門様は実に多忙であったと言わなければならない。

また諸記録から推測すると、四月三日には、村松に「御成」になっていた可能性が高い。『日記』四月六日の条に、「黄門公御立帰りニ被為入御殿」とあるから、祭りの進捗《しんちょく》状況《じょうきょう》を検分するための湊行きであったことが考えられる。

さらに翌七日になると、再び「ひがしいそ」に「出御」し、祭りに参集する多くの御輿や供奉《ぐぶ》する村人達の様子、衣裳を新調した競馬の様子などを検分したことは確実と思われる。単なるお祭り騒ぎではなく、神社本来の祭りのあり方を希求《ききゅう》していた義公にとって、この年のヤンサマチはいかにも神事らしい、見事な祭りに思えたに違いない。

さて、競馬に参加する馬の数について、『東海村史』第7章によれば、長砂が三頭、高野が二頭、須和間が一頭の計六頭で、長砂の三頭は長砂村の坪である横道《よこみち》が負担してきたと記す。その上、もともとは照沼、村松、長砂、足崎、高野の五ヵ村で五頭、須和間から一頭の割りで出されたのではないかとも記している。確かに、長砂からの三頭は、経済的負担を考えるといかにも重い感じがするが、その理由は不明である。

そこでいろいろ調べてみると、横道地区は元和《げんな》三年(一六一七)八月十九日に始まる「千々乱風《ちぢらんぷう》」により、海岸地帯にあって潰された青葉村、大塚村、二亦村のうちの沢田という地区から移住してきた人々により形成されたともいうから、横道の三頭出馬はそのことと関係があるのではないかと思われる。というのは、ヤンサマチに出社する各社御輿は馬渡《まわたり》酒列神社社頭を通過するが、問題が発生したとき、馬渡村は藩公から与えられた権限を行使して解決に当っていたことが、『那珂湊市史料』などからうかがえる。馬渡酒列神社は「千々乱風」により海岸地域から移住してきた人々の神社を、義公が統合して創建されたと伝承されている。これらのことから類推すれば、「千々乱風」以前に海岸地域の村々が担ってきたと思われる祭礼の役割は、一時中断された。しかし、人々が内陸部へ移動し村々の暮らしが安定してくると、役割の再編が行われ、横道の三頭出馬や馬渡酒列神社の裁断の権限のようなものになっていったとも考えられる。

　平成二十八年（二〇一六）一月のある日曜日、横道地区を調べようと那珂市の自宅を出た。国道六号線を横切り、県道三一号線をJR常磐線佐和《さわ》駅踏切《ふみきり》からひたちなか市立第三中学校方面に向う。その第三中学校手前の足崎の信号を左折し、三百メートルほど行ったところが長砂の横道地区である。横道地区は国道二四五号線と並行して走る旧道に沿って広がる畑作地域であった。この地域は、茨城県特産である「乾燥芋《かんそういも》」の一大生産地を形成している。浜からの寒風が吹くほど干芋《ほしいも》の味と乾燥に良いとされる。干芋作り農家にとって、この季節はまさに書き入れ時である。ビニールハウスがいたるところに立ち、中では農家の人々が忙しく働いている。旧道を少し行くと、道路幅がやや広く、車を止められる場所があった。道路の反対側に、「柴田モータース」という看板のある店が目に入った。

　店に入り、ヤンサマチについて詳しい人がいるかどうか、社長の柴田さんに聞いてみた。すると、柴田さんは数軒に電話をかけて下さった。しかし、ほとんど知らないという返事だと言われる。「ひとりいるんですが、今病気で寝ているので無理だと言ってます」という。仕方なく自分で探すことにした。名刺を渡し、心当たりがあれば連絡してくれるよう頼んで辞去した。このほか二、三軒聞き取りをしたが、ほとんど成果は得られなかった。

　その後再び横道地区に出かけ、干芋作りに忙しく働いているある農家を訪ねた。その家は大和田邦郎《おおわだくにお》さん宅であった。仕事中の夫人にヤンサマチについて尋ねてみた。「生憎《あいにく》今日は忙しいし、主人は体調が悪くて寝ています」、「たしか本があるので探してみますからそれで調べてみて下さい。お貸しします」と言われる。間もなく『勝田市史料』一冊を出して来られた。遠慮なく借用し、後日を期すことにした。夫人といろいろ話をしてみると、筆者の近所にある家の親類だと言う。思わぬ縁に驚いた。あとで知ったのだが、柴田社長が電話をかけていたのがこの大和田家であった。

一月下旬、本を返却するため再び大和田家を訪れた。本の御礼を言うと、「折角ですから主人に会って話を聞いたらどうですか。親戚の知り合いの方だと伝えてあります」、「一〇分くらいなら大丈夫でしょう」などと大和田夫人。家の中に招き入れられるままご主人を待った。間もなく大和田邦郎さんが病気をおして出てこられた。無理なお願いに恐縮しながら初対面の挨拶をし、ヤンサマチについてあれこれ質問をすると、次のようなことを話された。

○「千々乱風」の時、浜にあった沢田地区から多くの住民が、この横道に移住して来たと言われている。

○昭和三十年代まで、この地域では競馬祭りが行われていた。

○競馬祭りの日は、大勢集まって競馬組合の当番の家で飲み食いをしたものである。

○新屋(若い人が一家を構えて独立)すると組合に入れるかどうかの審査があった。

○一町三反歩の組合の土地が残っていたが、それは最近処分された。

また夫人からは、

○米軍の射爆場があった時代、その中に田んぼがあり、田植えなどの時は日曜日に限り入るのを許可されて農作業をしたと記憶している。そこは湧き水が豊富なところで、場所は今のネモフィラの丘のあたりと思う。

という貴重な話も聞くことが出来た。約束の一〇分はとうに過ぎていた。大和田さんの体調のこともあり早々に辞去することにした。

二月に入り、今度は須和間の住吉神社周辺の調査に出かけた。神社近くの塙家を数軒訪ねると、神社の役員をしている河野家が一番よいということになった。干芋つくり作業中の河野通弘《かわのみちひろ》さん宅を訪ねる。河野家は神社の「鍵守《かぎもり》」で、一月七日の「御戸開祭《おとびらきさい》」に重要な役割を果たす家と言われている。いろいろ聞いてみたが、競馬で使用された鉾などは見たことがないという。しかし、小学生のころ、ヤンサマチを見た記憶があるという。「御輿について砂利道《じゃりみち》を平磯《ひらいそ》まで行き、親戚の大内家に宿泊した」こと、「青年団の婦人部が菅笠《すげがさ》をかぶり、踊りながらついていった」こと、「御輿が海に入って行き、そこで揉《も》んだ」ことなど、記憶にあることを聞くことが出来た。河野さんは昭和十三年（一九三八）の生まれというから、この話は、昭和二十七年（一九五二）四月の静神社磯降りの話と思われる。後で静神社斎藤隆《さいとうたかし》宮司に確かめると、昭和十年（一九三五）と昭和二十七年に御輿を出した記録があり、後者は、サンフランシスコ講和条約発効により、わが国が独立を回復したことを祝って斎行《さいこう》されたと言われる。その時の写真も現存するという。これは貴重な証言であった。

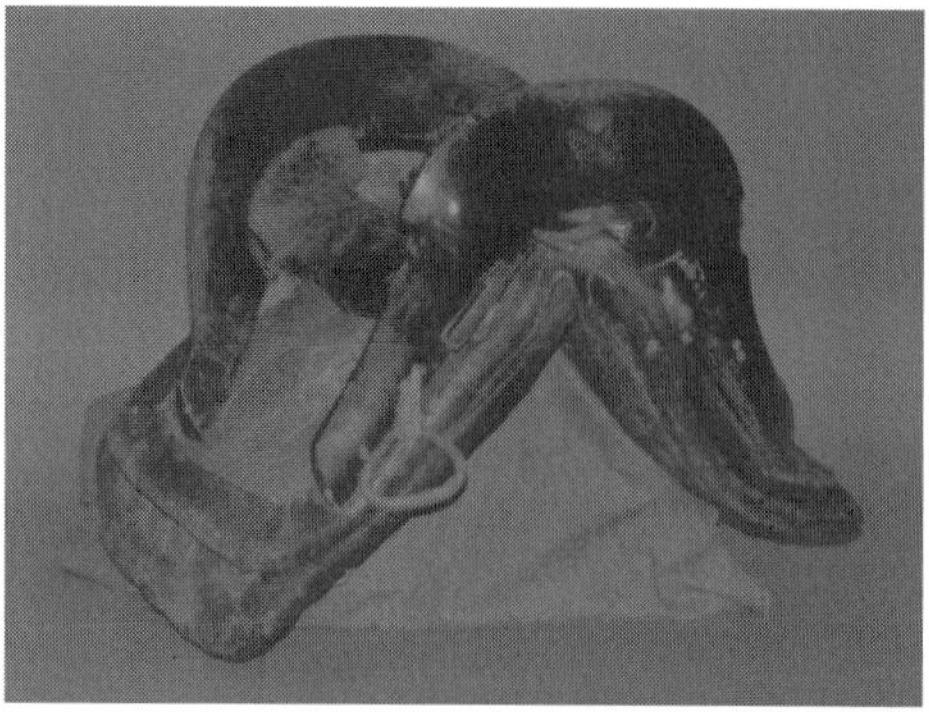

ヤンサマチ使用馬具(ひたちなか市教育委員会所蔵)

三月に入り、気になっていた馬具についての情報があった。ひたちなか市の指定文化財のなかに馬具があるという。早速《さっそく》、教育委員会に行き、問い合わせてみると、現在整理中なので閲覧不可能という。そこで、『ひたちなか市の指定文化財』に掲載されている写真を使用する許可を得た。鞍《くら》は高野地区に保存されていたもので、長砂の馬具ではなかった。しかし、全部で鞍が三点、轡《くつわ》が三点あると言い、鞍の一つには葵《あおい》の紋があるという。これは貴重な文化財というべきであり、一日も早く閲覧出来るようになることが望まれる。これまでの各地区の調査を通じて分ったことは、ヤンサマチに直接参加した人は今やいない、ということである。直接体験した世代は絶え、祭りを見聞きした事すら伝承されずに歴史の彼方に埋もれようとしている。しかし一方で、ヤンサマチは昭和二十七年に執行されていたこと、競馬に使用されたと伝えられる鞍が現存していることなどから考えると、まだまだ解明すべきことは多いと思われる。

農耕儀礼としての祭りは、日本人のエネルギーの源泉であり、日本文化を育んだ心の原風景とも言うべきものである。義公がヤンサマチの振興に努め、競馬の保護に努めた目的も、長い歴史の営みによって形成されてきた祭りを後世に引き継ぎ、祭りのありようを深慮したゆえであったと考えられる。今や風前の灯となりつつあるこの記憶をいかにして次の世代に繋いでいくか、真剣に取り組むべき課題だと思われる。

（二）静神社磯降り神事

ヤンサマチのもう一つの中心となるのは、常陸二ノ宮静神社である。『日本書紀』巻第二、神代下を読むと、経津《ふつ》主神《ぬしのかみ》と武甕槌神《たけみかづちのかみ》二神による国土平定の物語りが述べられているが、一説によるとして、さらに香香背男《こごぜお》というものが服従しなかったので、建葉槌神《たけはづちのかみ》が派遣され、神は苦戦の末これをうち平らげたとある。その子孫が現在の地に建葉槌神を祀ったものが、静神社の起源であるとされている。また建葉槌神は機織《はたおり》を司《つかさ》どったので、機織技術もこの地に伝わった。そこで「倭文神《しどりのかみ》」とも言われる。

その後、奈良、平安時代を通じて仏教が盛んになると、全国的に神仏習合《しんぶつしゅうごう》がおこり、静神社も江戸期にいたるま

静神社

でに、弘願寺《こうがんじ》、静安寺《せいあんじ》などの寺院が同居するようになっていた。これを正したのが義公である。寛文五年（一六六五）、寺社奉行を任命して三千余の淫祠《いんし》を潰《つぶ》し、翌年には新建寺院《しんけんじいん》を廃止して僧を還俗《げんぞく》させ、神仏分離《しんぶつぶんり》を徹底した。寛文七年（一六六七）九月、新しく静神社の普請《ふしん》を命じ、寛文八年（一六六八）十一月に遷宮となった。弘願寺、静安寺は他に移し、新たに造営している。

『桃源遺事』巻之一上に、

　同七年丁未十月、吉田（日本武尊、常州茨城郡吉田郷）・静（手力雄尊、常州那珂郡静村）の祠を修造仰付られ、唯一宗源の神道に御改め、乙女八人・神樂男五人づゝ、さしおかれ、日月四神の幡および樂器、もろ〳〵の神宝を御納め給ひ、社僧を癈《（廢）》し別寺に住さしめ、其田をもつて修復の料にハいたし申やうニと神職の者に被二仰付一候。（以下略）

とあるのがそれである。それから六年後の延宝二年（一六七四）二月八日、義公は「長かみしも」を召して「石坪」で祝詞《のりと》を奏上し、「神馬」、「御太刀」、「御弓矢」などの数々の「御神納物」を捧げた。常陸三ノ宮吉田神社についても、二月七日、同様の参拝をしたことが諸記録からうかがえる。

その静神社には、古くから平磯というところに「渡御《とぎょ》」する行事があったらしい。『静神社記』のなかに、

　従三位宰相光圀公寛文七未八月新ニ御建立被遊祭事ハ前代より毎年四月七日祭礼ニ而那珂郡平磯浜江渡御有之候尤是迄ハ御輿に召れ御祭有しか大祭礼ニ成し事寛文七未年ニそ初メル《ママ》る

とあることからも推測できよう。四月七日、静神社の御輿が平磯の海岸に「渡御」し、御神体を清める儀式が行われたのであったろうが、これは他の神社でも広く行われた儀式であった。『茨城の神事』によれば、茨城県内では九十社を超える神社がそれぞれの聖地に「渡御」したとも言い、平成十五年（二〇〇三）に執行された両金砂《かなさ》神社の大祭礼《だいさいれい》はその典型とされる。大祭礼が最初に営れたとされる仁《にん》寿《じゅ》元年（八五一）の頃は、数多くの災害が発生していた。そのため、日立にある水木浜《みずきはま》に浜降りを行うことによって御神体を清め、天下太平、五穀豊穣《ごこくほうじょう》、万民豊楽《ばんみんほうらく》を祈ったのであろう。

静神社の御輿《みこし》が七町、約二十八キロメートルさきの酒列磯前神社近くに磯降りしたのも、同じような背景があったものと考えられる。近隣の神社が行っていた磯降りの神事は、寛文七年以降、義公によって静神社を中心とする大祭礼へと集約化され、那珂郡三十三社（四十四社、四十八社など諸説あり）の御輿が酒列磯前神社へ隊列を組んで参集するという、一大神事へと変貌《へんぼう》したのである。ヤンサマチにおける磯降りの祭礼は、稀《まれ》に見る豪壮な祭りであったに違いない。

『寛斎筆記』をみると「四月朔日礒出之節通村々」とあり、江戸時代末期には、静神社の御輿が次のような村々を通る道順で往復したことが記されている。

古徳村内　勢揃山　同村内　溜池へ出　中里村地内より　戸崎　飯田　四郎屋敷南ヲ通御
福田　駒くゝり溜池堤　木ノ倉　清水原　後台　田彦　市毛　馬渡　前浜　平磯村内　礒崎
是より渡御

堤静神社前「御休所」

馬渡　足崎　高野　稲田　沢　堤　杉　酒出　門
部　中里　古徳　静　宮入

「是より渡御」までの十四カ所が往路《おうろ》であり、それ以下の十一カ所が復路《ふくろ》である。静神社から出社した神輿は、近くの勢揃山《せいぞろいやま》に集結した近隣の群衆と一体になり、現在の国道一一八号線に沿うように那珂市内を南下し、ひたちなか市田彦《たびこ》に入る。田彦からはほぼ東に向かい、馬渡酒列神社前を通過して磯崎海岸にある「清浄石《せいじょうせき》」に到着し、そこで御神体を清める儀式を行うのである。

復路は一端馬渡まで戻るが、そこからは北西方向に進路をとり、足崎、高野を経て、現在のＪＲ常磐線佐和駅近くを通過し、那珂市域に入る。那珂市に入った御輿は、ひたちなか市との境に鎮座する堤村静神社前で休息をとったらしい。静神社前には、御輿の「御休所《おやすみどころ》」と伝えられる場所が、今も大切に保存されている。堤からは杉、酒出《さかいで》、門部《かどべ》、中里《なかざと》と進んで静神社に「宮入」となり、磯降りは終了するのである。

『那珂湊市史』第一一集、祭礼編には多くの関連史料が載せられている。その中に、酒列磯前神社に関する史料があり、那珂郡内の多くの神社が磯降りに参加している様子がうかがえる。それによれば、文化《ぶんか》四年（一八〇七）に執行されたヤンサマチの時、酒列磯前神社までの磯降りに関係した神社は次の通りである。

静大明神	上高場村
四社明神	中湊村
鹿島大明神	中河内村
沖淵（洲）明神	中台村
伊勢太神　神明宮	西蓮寺村
香取大明神	勝倉村
八幡宮	外石川村
吉田大明神　鹿島大明神	中根村
酒面大明神	馬渡村
鉾宮大神　香取大明神	下高場村
天照大神宮	沢村
静大明神	堤村
埴田大神宮	白方村

弁財天　八幡宮　部田野村
稲荷大明神　柳沢村
新宮大明神　三反田村
天照皇大神宮神明宮　村松村
三嶋大明神　本米崎村
住吉大明神　須和間村
駒形大明神　酒出村

史料には「右之通リ弐拾ヶ所者渡御御座候分」とあるから、この年の磯降りに参加したのは右の二十社であった。しかし、磯降りに参加しない神社がかなりあったことも判明する。また、最後には「右之通り拾五ヶ所者渡御無御座候分」ともあるから、

静大明神　静村
春日大明神　田谷村
諏訪大明神　木倉村
今鹿島大神　稲田村
春日大明神　福田村
三嶋大明神　後台村

鹿島大明神　八龍神　菅谷村
国神明神　戸村
鹿島大明神　津田村
鹿島香取両神宮　青柳村
正八幡　国井村
鹿島大明神　杉村
正八幡　額田村
鷲大明神　鴻巣村
住吉大明神　石神村

の十五社が参加しなかったようである。

この史料から判断すると、文化四年の時点で、ヤンサマチに参加が期待される神社数は三十五社であったろう。しかし、それぞれの村にはそれなりの事情があり、すべての神社が勢揃いすることは出来なかったことがわかる。その証拠に、ヤンサマチの中心となるべき瓜連静神社は、この年の磯降りには参加していない。

磯降り神事は、村から選抜された若い人々が中心となって御輿を担《かつ》ぎ、村の年寄《としより》たちが誘導した。そろいの鉢巻き、そろいの衣裳に身を固め、六尺棒を持った若者達も御輿を守護し、付き従ったとされる。それぞれの衣裳に身を固め、二十社を越える御輿が一斉に磯降りをする神事は見事というほかないが、一方で、何事もなく酒列磯前神社まで「渡御」できるとは限らなかったであろう。三月に入り静神社に参拝したとき、斉藤宮司から磯降りのあとで出されたものと思われる古い史料を見せていただくことが出来た。『静大神宮平磯神輿《しんよ》権化帳《ごんげちょう》』がそれである。この文書は、明和《めいわ》元年（一七六四）「申十月吉日」、各村々に回覧されたと考えられるもので、その中に、

然ルに當宮平磯渡御御輿去る午能とし濱渡御能時分供奉人崇敬他に異里大群乃故に遠所旅行乃道筋にて悉ク大破に及遍り。依之修覆に叶かたく新タに建立いたしたきにつき産子村々奉三郷江寄進權化披露（以下略）

などと記される。「午能《うまの》とし」とあるのは、おそらく宝暦《ほうれき》十二年（一七六二）壬午の年のことであろう。静神社御輿の「平磯渡御」の際、崇敬《すうけい》する大勢の供奉人《ぐぶにん》が付き従ったため、勢いに任せて「道筋にて悉《ことごと》ク大破《たいは》に及遍《およべ》り」などと、甚《いた》く乱暴を働いたらしい。時に家屋《かおく》の損傷などや田畑を荒らすこともあり、神社はその修復に多額の弁償をしなければならなかったことが知られよう。

また『東海村史』には、各年ごとの出社状況を一覧表にしたものが載せられている。この表からは、毎年のようにヤンサマチの祭礼に出社している御輿は、酒列磯前神社までの距離に比例していることが窺え、なかにはほとんど御輿を出していない神社も見受けられる。これらのことから、江戸中期以降、飢饉や風水害の発生、商品経済の発達などにより農村の経済的基盤が弱体化していったため人口

減少に陥り、祭礼の実行が厳しい状況にあったことが考えられる。祭りを毎年継続するには、財政的な裏づけが必要であることは今も昔も変わらない。

　さて、酒列磯前神社の創建は斉衡三年とあり、この辺りの海岸には、怪奇現象《かいきげんしょう》があったらしいことはすでに述べた。そこで、海岸の様子を見ようと車を走らせた。海岸線に沿って延びる県道六号線を大洗から東海方面に北上する。鋸《のこぎり》の歯のような岩が海から突き出ている珍しい風景が展開する中、神社から東の崖を下ったあたりまで来ると、義公が「清浄石《せいじょうせき》」と名付けた珍しい岩を目にすることが出来る。道路際には「清浄石」と刻んだ大きな碑が立つ。空海がこの岩の上で護摩《ごま》を焚《た》いたという伝承もあったので、「護摩壇石《ごまだんいし》」とも呼ばれているという。「清浄石」は、約三・六メートルほどの正方形をしている。のこぎりの歯のような岩が林立する中へ、わざわざ運んできて置いたように見えるので、その光景はある種の奇蹟《きせき》を感じさせるものがある。村々の御輿が「清浄石」を目指して磯降りをし、ここで神事を行う意味が分るような気がしてこよう。

「清浄石」碑と清浄石

　現在見られるような海岸の光景がいつ頃形成されたのか、今では知るよしもないが、六国史《りっこくし》の一つである『日本三代実録』などを読んでみると、一つのヒントが与えられる。平成二十三年（二〇一一）三月十一日に起った東日本大震災は想定外の出来事であったと報道されていた。しかし、過去の歴史を調べてみると、これと似たような大地震に見舞われていたことが、地震学者などによって明らかにされている。その一つが貞観《じょうがん》十一年（八六九）七月に起ったとされる貞観大地震であったという。

その『日本三代実録』を繙くと、五月二十六日の条に「陸奥國《むつのくに》地《ち》大《おおき》に振動《しんどう》す、流光晝《ひる》の如く隠映《いんえい》す」とあり、大洗に現出した「光耀《こうよう》天に屬《つら》なる」現象と同じような怪光現象《かいこうげんしょう》が起こったことが記される。また、地層の研究などから、貞観大地震でも太平洋の海岸線から相当深くまで津波が押し寄せた形跡があり、海を去ること数十百里《すうじゅうひゃくり》、浩々《こうこう》として其の涯涘《がいし》を弁《べん》ぜず」などと記す。東日本大震災に匹敵《ひってき》する規模の大津波を伴ったことが知られよう。

大洗に怪光現象があったのが斉衡三年、そのあとは天安年間（八五七〜八五八）、貞観年間（八五九〜八七六）と続くから、地質学的にみれば、連続する地震活動期にあったことが推測できる。あらためて『日本文徳天皇実録』を読んでみると、斉衡三年だけでも多くの地震や異常現象が年間を通じ記録されている。

「夏四月癸酉朔《きゆうのさく》。地《ち》震《ふ》る」から始まり、六月一日にまた地震があり、七月十六日と十八日地震、八月七日官庁三カ所で同時に虹を見、八日安房国《あわのくに》で「黒灰」の雨が降ったという報告が来る。九月に入って二十一日、二十五日に地震、翌十月一日、十八日地震、二十四、二十五日と続けて地震、十一月に入っても一日、二日地震、十四日地震とあり、十八日に「御池水色黑に變ず」とあって、宮中の池の水が黒く濁《にご》ったことが記されている。日本列島に相当大きな地殻変動《ちかくへんどう》があったことが想像できよう。この年も押し詰まった十二月二十九日、常陸国から大洗磯前海岸に起きた異変の「上言」が報告され、この記事で斉衡三年の記述は終っているのである。翌年の「天安」改元は、瑞祥《ずいしょう》が現れたことによる吉祥改元《きっしょうかいげん》とされるが、これらの天変地異《てんぺんちい》の収束《しゅうそく》を願った天皇の発願《ほつがん》によるものでもあったと思われる。

また、「清浄石」の碑の周辺を歩いてみると、「茨城県北ジオパーク」と書いた大きな案内板が目に付く。案内板はこの辺りの海岸の地層形成について説明している。それによれば、平磯海岸は約二億四千年前の白亜紀《はくあき》の地層が地殻変動《ちかくへんどう》により褶曲《しゅうきょく》され、鋸《のこぎり》状《じょう》の岩場を形成している地形であるという。また、白亜紀層はアンモナイトの化石が見られることでも有名である。特に平磯海岸のそれは「異状巻《いじょうまき》アンモナイト」と言われ、他では見られない珍しいものであるという。ここ平磯海岸に立ち、果てしなく広がる太平洋を望むとき、太古から続く大地の営みが息づいていることを体感することが出来よう。

次に、競馬の到着点や磯下りの参集地を確かめようと、岬の北斜面を阿字ヶ浦海岸に向って下りて行く。道路左に広い駐車場が見え、一台のバスが止まっていた。たまたま運転手さんがいたので車を止め、この辺りにヤンサマチについて知る人がいるかどうか尋ねてみた。すると「そのことなら、う

阿字ヶ浦海岸（磐城方面を望む）

ちの社長に聞いてみましょう」と言って駐車場前の旅館に入って行き、直ぐに戻って来る。「社長がどうぞなかに入るよう言っていますよ」と運転手さん。

　そこで旅館の玄関に入って行くと、社長さんが出迎えて下さった。名刺を交換する。「ひたちなか市観光協会副会長黒沢一《くろさわはじめ》　旅館阿字ヶ浦クラブ」とある。筆者の名刺を見て、「あ、学校の先生ですか。私も師範《しはん》学校を出たんですよ」と親しげに話かけられる黒沢さん。間もなく奥から一枚の大きな写真パネルを出して来られ、「これは明治三十九年のヤンサマチの時に撮影されたものです」と言って写真について説明を始められた。

　写真に写っているのは阿字ヶ浦海岸に下りて来た部田野《へたの》の御輿だという。よく見ると、「釜上《かまがみ》大明神」、「辨財天《べんざいてん》」、「八幡宮」の御輿とその旗指物《はたさしもの》、大勢の供奉の人々が写っている。村年寄りは羽織袴に白い襷《たすき》を掛け、供の若衆は白鉢巻きに白襷、手には六尺棒を抱えて勇ましい。その中に、烏帽子《えぼし》をかぶり鎧《よろい》に身を固めた乗馬姿の子どもや、行列見物に来たと思われる多くの人波も写る。那珂郡内の御輿はこのように隊列を組んでこの海岸に参集したことが想像された。

また、写真中央には舟が何艘《なんそう》か写っており、稲藁《いなわら》を見事に編《あ》んだ覆《おお》いがかぶせてある。黒沢さんに聞くと、これは漁に出ないときの舟の状態で、休漁の時は藁《わら》がかぶせてあるのだという。当時はサンマ漁、鰹漁《かつおりょう》などの時に舟を出したそうである。また、写真をよく見ると、海岸線の家に沿って、煙らしきものが沢山たなびいている。何の煙か尋ねると、「それは塩を焼いている煙ですよ。この辺の海岸では塩の生産が盛んだったんです」と黒沢さん。茅葺《かやぶき》屋根の家々が並んで写っている風景も見られる。昭和三十年代まで何処《どこ》にでも見られた、古き良き日本の農村の原風景であった。

突然、玄関に来客が大勢入って来たので、黒沢さんの許可を得て、旅館のラウンジから海岸に出る。右手には酒列磯前神社が鎮座する丘が見える。その下の「えびのや」という看板のあるあたりが競馬の「鉾突場」だと教えてもらったので写真を撮る。御輿の参集地点もそのあたりだったに違いない。砂浜の先に石碑が二つと銅像らしき物が見える。近づいてみると、銅像は話のなかに出てきた黒沢さんの先代黒沢忠次翁《くろさわちゅうじおう》のもので、海岸を拓いた功績を顕彰《けんしょう》するものである。隣には「茨城百景阿字ヶ浦」の碑があり、その横に忠次翁が建てた『万葉集』の歌碑《かひ》も建っていた。帰ってから調べてみると、『万葉集』巻十二に載せられている相聞歌《そうもんか》の一つ、

磐城山直越《いわきやまただ》え来ませ礒崎《いそざき》の許奴美《こぬみ》の浜《はま》に吾《われ》立ち待たむ

を刻んだ歌碑であることが分かった。「磐城山をまっすぐに越えてきてください。礒崎の許奴美の濱に私は立ってお待ちしております」という意味である。この歌碑は、「許奴美」の浜を阿字ヶ浦周辺

に比定《ひてい》したことから建てられたものと思われる。建碑は昭和四十五年（一九七〇）、染筆は当時の明治神宮宮司甘露寺受長《かんろじおさなが》氏であった。

あとで『万葉集』の注釈書などをみると、「許奴美の濱」を現在の静岡県駿河湾《するがわん》の地に比定している説が多い。そこで、義公が『萬葉集』の注釈を依頼した契沖《けいちゅう》の『萬葉代匠記《まんようだいしょうき》』を繙《ひもと》いてみた。その精選本の巻一二下を見ると、この歌に関し、

磐城山許奴美乃濱、共ニ八雲御抄《やくもみしょう》ニ擧《あげ》サセ給ヒナカラ、何《いず》レノ國ニ在トモ定サセ給ハネハ、昔ヨリ此マヽナリケルニヤ。（中略）今按、今ノ哥ニ礒崎ト云ヘルヲ、俊頼朝臣《としよりあそん》、カナノ本ナトニイホサキト」〈書タカヘテ〉有ケルヲ見テヨマレタル歟。彼朝臣、和哥ノ風骨ハサル事ナレト、物ヲハコマヤカニモ見サリシ人ト見ユレハ、指南トシカタキ事多カリヌヘシ。〈礒崎ハ礒ノ崎ナリ。名所ニアラス。（中略）延喜式ニ、酒列礒前薬師菩薩神社トアルモ礒ノ前ナルヘシ〉哥ノ心ハ、磐城山ヲ直越ニ超テ歸リ來マセ、礒崎ノコヌミノ濱ニ我待チテアラムト、吾妻ノ女ノ男ノ旅ニ出ルニ別ルトテヨメルナリ。（以下略）

とある。契沖が言うには、後世になり、源俊頼が「礒崎」というべきところを「イホ崎」などと書き違った本などを見て歌などに詠んだので「イホ崎」が名所となり、この歌が駿河で詠まれたとする説が有力になってしまう。俊頼は「物ヲハコマヤカニモ見サリシ人ト見ユレハ、指南トシカタキ事多カリヌヘシ」と言い、考証の確実性に欠ける人物として信頼を置いていないように思える。同じ『代匠

記』初稿本の中で、「駿河風土記の説とて、由緒ある物語あり。（中略）八雲御抄以下、いは木山こぬみの濱、皆駿河國の名所なり。」と記した時の態度と比べ、大きな変化である。

順徳天皇の『八雲御抄《やくもみしょう》』を拝読すれば、第五　名所部に「こぬみの（万。いそさきの。）」とのみあり、「こぬみの濱」をいづれの国とも特定してはおられない。契沖も考証を厳にし、これに従ったと思われるし、さらには『大日本史』編纂において示された厳密な考証態度に影響されもしたのかも知れない。とすると、この歌に読まれた「こぬみの濱」を阿宇ヶ浦周辺の海岸に比定しても誤りではない。

『常陸国風土記』を見ると、

> 建御狭日命《たけみさひのみこと》、遣《つか》はされし時に當《あた》り、久慈《くじ》の堺《さかい》の助河《すけがわ》を以《も》ちて道前《みちのくち》と爲《な》し、郡《こおり》を去《さ》ること西南《ひつじさる》のかた三十里《さと》、今も猶《なお》、道前《みちのくち》の里《さと》と稱《い》ふ　陸奥《みちのおく》の國石城《いわき》の郡《こおり》の苦麻《くま》の村《むら》を道後《みちのしり》と爲《な》しき。

と記し、「助河《すけがわ》」（現日立市助川）までを「道前」と言い、その北を「道後」としたとあるから、「多珂《たが》」（多賀）と「石城《いわき》」（岩城）はもともと同じ行政区域に属していたことは明らかであり、「磐城山」の歌が阿宇ヶ浦付近で詠まれたとする説も十分根拠がある。遠くに阿武隈山系を配した美しい海岸であるからこそ、「吾妻ノ女ノ男ノ旅ニ出ルニ別ル」時にこの和歌が詠まれた、とすることはいかにも似つかわしいと思われる。

さて、黒沢さんに見せていただいた写真の中に六尺棒を持った青年が見えることを書いたが、このことについて、東海村照沼家文書中にある、寛政《かんせい》五年（一七九三）に書かれた「村々鎮守明神磯出につ

無比流棒術（弘道館対試場）

き書上」の中の、次の記述が気になっていた。

例年四月九日村々鎮守明神磯出之節白杖ト申八角之六尺棒八本宛　義公様より御奉納之由ニ而村々明神江相済居候由近年は右之外棒杖五拾本百本位宛持参面罷出通筋四ツ辻杯ニ而打唱シ鯨波之こへヲ上テ罷通リ候由

義公は祭礼にあたり、村々の鎮守に「白杖ト申八角之六尺棒八本宛」を奉納したというのである。祭りが盛大になると供奉する若者も増え、六尺棒の本数は五十本、百本と増えていった。写真に六尺棒を持つ青年が多く写っていることがその証明となろう。そこで筆者が思い出したのは、かつて、わが家に数本の六尺棒が立てかけてあったことである。天保《てんぽう》年間に活躍した先祖住谷藤七《すみやとうしち》は、無比流棒術《むひりゅうぼうじゅつ》の達人といわれ、家には佐々木哲齊《ささきてっさい》を始祖《しそ》とする「指南免許皆伝巻」という巻物が残されている。そこで、磯降りに使用された六尺棒は、義公が奉納した「白杖ト申八角之六尺棒」に起源をもち、当時、棒術を武術として奨励していたのではないかと推測してみた。

すると、願ってもない機会が訪れた。水戸の梅祭りのパンフレットを何気なく見ていると、二月二十八日の日曜日、弘道館対試場《こうどうかんたいしじょう》で田谷《たや》の棒術披露《ひろう》がある、との紹介記事があった。水戸市田谷町には、市指定の無形文化財として無比流棒術が受け継がれている。それが弘道館で披露されるとあれば、是非とも見ておかなくてはならない。二十八日朝、弘道館に急いだ。梅林の細道を歩いていると、後ろから武道のいでたちをした人達が来る。袴の縫い取りに「杖友会《じょうゆうかい》」とあり、一見して棒術を演武する人達とわかる。一緒になって弘道館に入り、「杖友会」の池田邦彦《いけだくにひこ》さんに取材を試みた。藤七の免許状コピーを見て頂きながらいろいろと話を伺う。

案の定、棒術は「義公の奨励により水戸藩各地で行われるようになったようです」と言われる。また、「現在、棒術は田谷のほかに湊でも続いています」、「約三百五十年前、水戸藩に入り、田谷には天明七年（一七八七）に伝わったと言われています」、「免許状にあるように、佐々木哲齊を祖とする無比流は六派あったと言われます」などと言われる。また、「田谷では免許状は出していないと聞いていますので、飯田あたりの流派のものかも知れませんね」、「調べたければ、大巻物《おおまきもの》が市の教育委員会に保管されているはずなので、そちらで聞かれたら良いでしょう」などと親切に教えて頂いた。

対試場で形の演武を見学しながらの調査であったが、観光に訪れた人達や演武を見学に訪れた人々も興味深く見守る。演武者の鋭い気合があたりにこだまし、緊張感が見学者にも伝わって来ていた。棒術はまったく実戦用の武道であることを実感した。

後日、水戸市立図書館に行ったついでに、「大巻物」が同市博物館に保管されているかどうか聞いてみた。窓口の職員さんが博物館に問い合わせてくれた。すると、「大巻物」はあるという。博物館長さんに会い事情を説明したところ、後日に閲覧可能と言われる。数日後、約束した時間に博物館に行き、「大巻物」と対面をした。なるほど太い巻物で、入門した人物名が年ごとに書き連ねられており、所々の氏名の冒頭に「免許」とある。田谷村を中心とする「無比流」の系譜では、免許皆伝の巻物を発行していないことがうかがえた。聞けば、那珂湊にも同じ流派の棒術が今でも伝えられているという。今後の研究が望まれる。

さて、義公が日頃から意を用いていたものに武備があり、『西山遺聞』巻下に「僧に帯刀を命じ給ひし事」として次の文章が見える。

一公ある時諸寺の僧を召されてのたまひけるハ、各にも知行を与へおくものなり、世は定めなきことなれハ、万一変あるときハいかゝ、あらんやとありけれハ、皆々御國恩にあつかる身なれハ万一の時は御馬のさきにて打死仕るへきなりと答へ奉る。公しからハ平日帶劍せすんハ急に使ふ事なるへからす、各もこれよりハ帶劍すへしとあり。其時石神長松寺始に命に應す。栗崎仏性寺も常に帯せりと云。（以下略）

この世はいつ何時、何が起こるか分からない。僧侶といえども知行《ちぎょう》を受けている以上、非常時にはそれなりの覚悟を持ってあたるべき、という義公の考えに対し、石神《いしがみ》の長松寺《ちょうしょうじ》と栗崎《くりざき》の仏性寺《ぶっしょうじ》住職は、これに応じて帯刀《たいとう》したというのである。

徳川の治世になって約百年、世の中はようやく太平の気分横溢《おういつ》しつつあったが、ひとり義公は治《ち》においで乱《らん》を忘れるような人ではない。当時にあって、すでに快風丸《かいふうまる》という大船を作らせ、蝦夷地《えぞち》探検まで実行させている。これらの事実は、江戸時代後期に『海国兵談《かいこくへいだん》』を書いて処罰された林子平《はやししへい》などの先駆《せんく》をなすものと言えないこともない。義公が恐れていたのは、人々が太平に慣れ、防備を怠ることである。ヤンサマチの祭事は競馬も含め、武術の奨励を伴うものであった。藩民を民兵《みんぺい》として養成し、非常時に備えようとすることを視野に入れた、自主防衛体制構築の一環とみることもできよう。

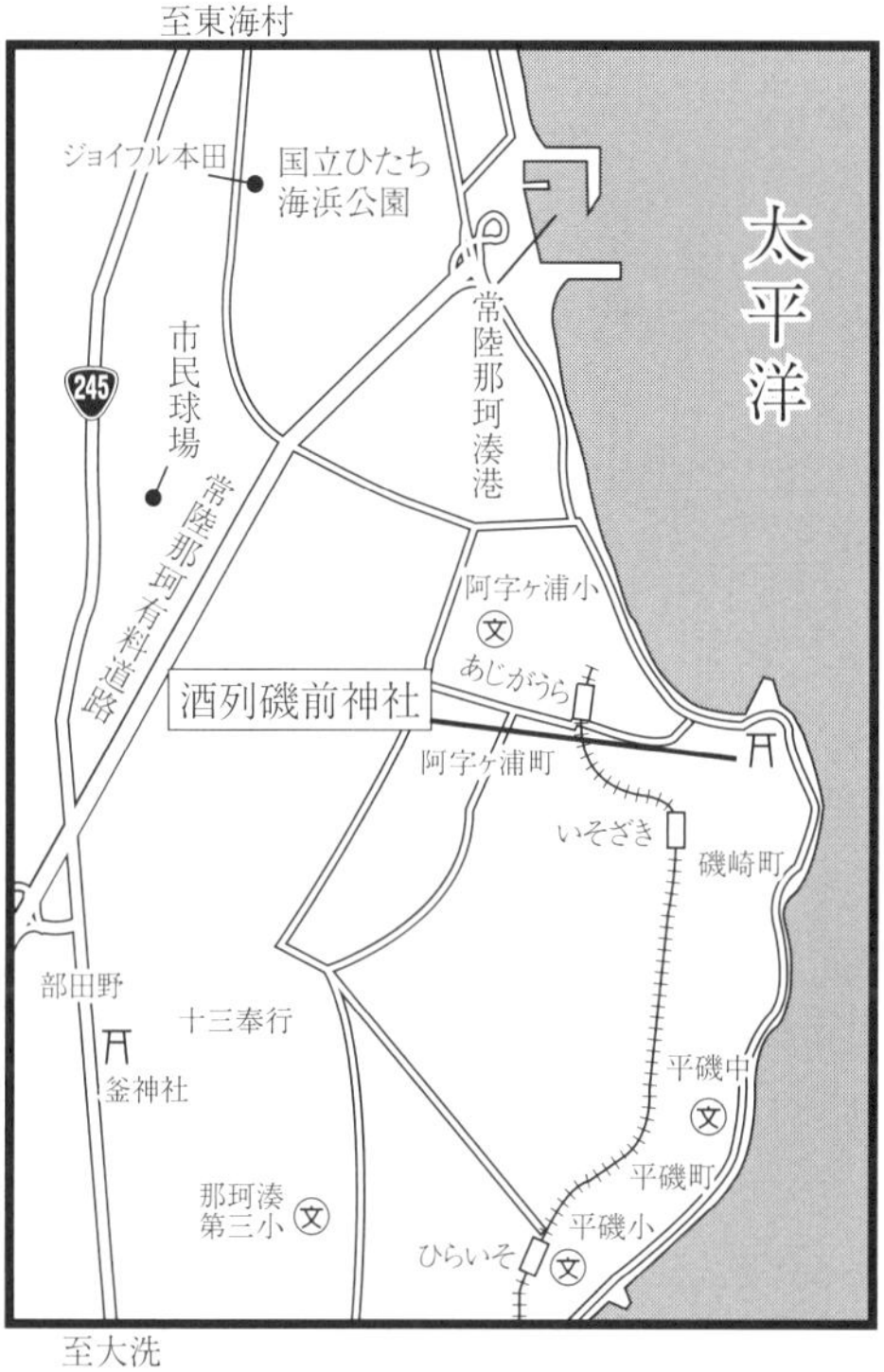

酒列磯前神社付近略図

常陸大宮市

一　鷲子山上神社

鷲子《とりのこ》と言えば鷲子様、すなわち鷲子山上神社《とりのこさんじょうじんじゃ》が鎮座《ちんざ》するところである。主祭神は天日鷲命《あめのひわしのみこと》であり、製紙と殖産の守護神であるという。相殿《あいどの》に大己貴命《おおなむちのみこと》と少彦名命《すくなひこなのみこと》も祀る。調べてみると、義公は何度かこの神社を訪れている。何か記録などがあるのではないかと思い、六月初旬参拝を試みた。国道二九三号線で馬頭《ばとう》方面に向う。鷲子の十字路を左折し五キロメートルほど行くと、国道の左側に大鳥《おおとり》居《い》が目に入る。その大鳥居を過ぎると直ぐに「鷲子山上神社」の標識がある。信号を右折すると、入り口付近に「鷲子神社2・5km」の表示もある。この日、車にほとんど遇《あ》わなかったので、登るには楽であったが、道路は狭いのでお祭りの時など容易ではないと思われる。駐車場は何カ所かあるが、なんといっても山の上でスペースがないので、情報に注意する必要があろう。

この日は神社すぐ下の駐車場がたまたま空いていたので、そこに車を止め、神社に向かう。参道を行くと、左手に本宮跡《もとみやあと》と表示された場所があり、もともとはこちらに鎮座していたらしい。見ると大きなフクロウの作り物がこちらを見下ろしている。まずは参拝にと本殿に向かった。境内には栃木県側からの参拝者も登ってくるので、想像していたよりも人出が多かった。この日は若い人が多く参拝していた。

参道正面には、「鷲子山」と大書した扁額がかかる大鳥居が聳《そび》えるように建っている。大鳥居をくぐるとその先に随身門《ずいじんもん》がある。二層構造の立派な作りで、県内ではなかなか見られない建物である。

大鳥居と楼門

その先に南向きに建つ本殿があった。本殿にぬかづいていると、いかにも霊峰《れいほう》という感じがしてくる。参拝を終えて拝殿を一周した。拝殿西側に、樹齢千年を超えるという大杉が空に向かって真直ぐに伸びていた。堂々と聳える古木には、畏敬《いけい》の念をおこさせる何物かが宿っているように感じられる。壮観《そうかん》である。

本殿から下りて行くと、元禄六年（一六九三）に寄進されたという古風な灯籠《とうろう》がある。「大那地《おおなち》」と刻んであるから、おそらく紙漉《かみす》きに関係ある人たちの寄進なのであろう。その下方には「十景碑《じゅっけいひ》」という石碑が建っている。案内には、義公が選定し、烈公が碑文を奉建させたとあり、鷲子山から見える優れた景色を選んだものであるという。『霊峰　とりのこ山』という小冊子によると、次のような解説がある。

海天旭日　晴れた日には太平洋がよく見え、旭日が拝めましたが、今は木が大きくなって見えません。

晃山霽色　日光連山がよく見えます。

富士晴雪　冬の富士山が美しく見えます。

村家炊煙　見おろす村々の朝夕の炊事の煙がたなびいて、風情があるということですが、今は炊事の方法が違うので見られません。

鹿浦睡望　御本社の東の峯より、鹿島浦が見えたのですが、今は木が茂って見えません。

杉林初月　杉木立の中の三日月は、風情この上なく、文人墨客の心にかないました。

河川帆景　昔、那珂川に帆掛け船が走っていた頃の望景でした。

雨堤暁晴　表参道旧道の雨堤といふところの朝の素晴らしい気分です。

野寺晩鐘　あちこちにのお寺さんの暮れ六つの鐘の聲です。

烏山城塁　昔は烏山城《からすやま》がよく見えました。

現在の神社の周囲は、杉木立《すぎこだち》が鬱蒼《うっそう》としていて見晴らしは利《き》かないが、義公時代、鷲子山からの眺望はかなり良かったことを示していよう。今でも富士山は見えるらしく、杉木立の間に方向を示す表示がある。

社務所を訪れると、お札を受ける人たちがいた。宮司さんにいろいろ尋ねようと思って職員の方に案内を請う。すると、「今、宮司は出掛けるところです。私で良ければお答えしますよ」と、社務所の方が親切に言われた。折角の機会なので、義公関係のことについて聞いてみた。「義公さんはこの地に何度か来られているのですが、鷲子神社とは出てこないのです。伍智院《ごちいん》と出てくるのですが、どうしてでしょうか」。すると、「ああそれは下の建物のことを言うのです」と言われる。「それはどのような建物なのですか」とさらに聞くと、「よかったら、伍智院のなかを御覧になったほうがいいでしょう」と言われる。初めて会ったばかりなのに、いきなりなかを見せると言われて内心驚いた。願ってもないことなので、二つ返事でお願いした。「そこの階段から下がって下さい」と言うので、社務所脇の石の階段を下る。

伍智院

今まで気づかなかったが、下ってみると、がっしりとした大きな建物が目の前に現われた。それが伍智院であった。「そこの階段を上がって下さい」と言われるまま、建物への階段を遠慮なく上がる。すると、金屛風《きんびょうぶ》が立つ立派な部屋が目の前に現われた。「徳川光圀卿　徳川斉昭卿　御逗留《とうりゅう》之

義公逗留の間

間」という案内札が立てられている。質素ではあるが、品格を感じさせる部屋がそこにはあった。部屋には東郷平八郎元帥の扁額《へんがく》が掲げてある。

室内を眺《なが》めていると、「良かったら、隣の部屋も見ていって下さい」と言われるので、隣の部屋も拝見することにした。すると、長押《なげし》などが煤《すす》で真っ黒な部屋であった。相当な年月、火を燃やし続けた痕跡《こんせき》がある。この部屋には護摩壇《ごまだん》がしつらえられ、護摩が焚《た》かれていたのであろう。中世以降神仏混淆《しんぶつこんこう》が進み、修験者《しゅげんじゃ》などが神社の別当として社務を司《つかさど》って来たことは数多くみられるが、鷲子神社の場合もそうであったに違いない。義公がこの山に巡遊したとき、記録などに伍智院と出てくる理由がこれで氷解《ひょうかい》した。

筆者にとって、この時の鷲子神社訪問は非常に大きな収穫であった。筆者を案内して下さったのは、社務所を預かる斉藤源一郎《さいとうげんいちろう》さんであった。帰り際に、「宮司は長倉樹《ながくらたつる》と申します」と斉藤さん。筆者が「神社の由緒書などありましたら譲っていただけますか」と言うと、「これは差し上げますからお持ち下さい」と言って『霊峰　とりのこ山』という小冊子を下さった。「また何かあったらお邪魔します」などと礼を述べ、感謝しながら山を下りた。斉藤さんは実直な方で、筆者を親切に案内して下さった。お陰で有意義な時間を山上神社で過ごすことが出来た。

家に戻ってから、御祭神の天日鷲命について詳しく調べてみた。まず『古事記』を見ると、

> 天地《あめつち》初めて發《ひら》けし時、高天原《たかまのはら》に成《な》れる神の名は、天之御中主神《あめのみなかぬしのかみ》、次に高御産巣日神《たかみむすひのかみ》、次に神《かみ》産巣日神《むすひのかみ》。此の三柱《みはしら》の神は並獨神《みなひとりがみ》と成り坐《ま》して、身を隠したまひき。

とある。続いて「國之常立神《くにのとこたちのかみ》」から「伊邪那岐神《いざなきのかみ》・伊邪那美神《いざなみのかみ》」の七神の記述となり、さらに「伊邪那岐神・伊邪那美神」二柱の神による「国生《くにう》み」の神話になることは、日本人なら誰でも知っていよう。

一方、斎部広成《いんべのひろなり》によって撰上《せんじょう》された『古語拾遺《しゅうい》』という書物を見ると、『古事記』のなかの三柱の神のうちの「高御産巣日神」（『古語拾遺』では「高皇産霊神」）には二男一女の子がおり、その一柱が「天太玉命《あめのふとたまのみこと》」という神である。この「天太玉命」はまた、五柱《ごはしら》の神々を率《ひき》いていたことが記されている。「天日鷲命」、「手置帆負命《たおきほおいのみこと》」、「彦狭知命《ひこさしりのみこと》」、「櫛明玉命《くしあかるたまのみこと》」、「天目一箇命《あめのまひとつのみこと》」がそれである。

その「天太玉命」という神は、『古事記』の中の有名な「天岩屋戸《あまのいわやと》」の神話のところに登場するが、『古事記』では「布刀玉命」と表わされている。

> 故《かれ》、是《ここ》に天照大御神《あまてらすおおみかみ》見畏みて、天の石屋戸《いわやと》を閉《と》じてさしこもり坐《ま》しき。爾《ここ》に高天原《たかまのはら》皆暗く、葦原中國《あしはらのなかつくに》悉《ことごと》に闇《くら》し。此《こ》れに因《よ》りて常夜《とこよ》往《ゆ》く。是に万《よろず》の神の聲《おとない》は狭蝿《さばえ》なす滿ち、萬の妖《わざわい》悉に發《おこ》りき。是を以《も》ちて八百萬《やおよろず》の神、天の安《やす》の河原《かわら》に神集《かむつど》ひ集ひて、高御産巣日神の子、思金神《おもひかねのかみ》に思

はしめて、常世《とこよ》の長鳴鳥《ながなきどり》を集めて鳴かしめて、天の安河《やすのかわ》の河上《かわかみ》の天の堅石《かたしは》を取り、天の金山《かなやま》の鐵《まがね》を取りて、鍛人《かぬち》天津麻羅《あまつまら》を求ぎて、伊斯許理度賣命《いしこりどめのみこと》に科《おお》せて鏡を作らしめ、玉祖命《たまのやのみこと》に科せて八《や》尺《さか》の勾璁《まがたま》の五百津《いおつ》の御《み》すまるの珠《たま》を作らしめて、天兒屋命《あめのこやねのみこと》・布刀玉命を召して、天《あめ》の香山《かぐやま》の眞《ま》男鹿《おしか》の肩を内抜《うつぬ》きに抜きて、天の香山の天のははかを取りて、占合《うらな》ひまかなはしめて、天の香山の五百津眞賢木《いおつまさかき》を根こじにこじて、上枝《ほつえ》に八尺の勾璁の五百津の御すまるの玉を取り著《つ》け、中枝《なかつえ》に八尺鏡《やあたのかがみ》を取り繋《か》け、下枝《しづえ》には白丹寸手《しらにぎて》・青丹寸手《あおにぎて》を取り垂《し》でて、此の種々《くさぐさ》の物は、布刀玉命ふと御幣《みてぐら》と取り持ちて、天兒屋命ふと詔戸言《のりとごと》禱《ほ》き白《もお》して、天手力男神《あめのたぢからをのかみ》戸の掖《わき》に隠《かく》り立ちて、天宇受賣命《あめのうずめの》、天の香山の天の日影《ひかげ》を手次《たすき》に繋《か》けて、天の眞拆《まさき》を鬘《かづら》と爲《し》て、天の香山の小竹葉《ささば》を手《た》草《ぐさ》に結《ゆ》いて、天の石屋戸にうけ伏せて蹈《ふ》みとどろこし、神懸《かむがか》り爲て、胸乳《むなち》を掛《か》き出《い》で裳緒《もひも》をほとに忍《お》し垂れき。爾に高天原動《とよ》みて八百萬の神共《とも》に咲《わら》ひき。

須佐之男命《すさのおのみこと》は乱暴狼藉《らんぼうろうぜき》をする神様であったから、その行いは天照大御神の恐れるところとなり、天照大御神はついに天の石屋戸にお隠れになってしまった。すると高天原はすっかり暗くなり、葦原中国も同じように真っ暗になってしまう。日のささない夜ばかりの日々が続くと、大勢の神々の騒ぐ声が世に満ち、悪いことが至るところでおこるようになった。この様子を見て、八百万の神は天の安河原に集まり、思金神に対策を考えさせた。その意見により常世の長鳴鳥を集めて鳴かせてみたり、鍛冶《かじ》の天津麻羅や伊斯許理度売命をよんで鏡を作らせる。

次には天児屋命・布刀玉命を呼んで占いをさせた。さらに、天の香山の榊《さかき》を掘ってこさせ、上の枝には勾玉を、中の枝には八咫鏡、下の枝には楮《こうぞ》の白い幣と麻の青い幣を下げさせた。これらのさまざまな品は布刀玉命が捧げ持ち、榊の前で天児屋命が祝詞を申し上げた。天手力男神は天の石屋戸の脇に隠れ、天の石屋戸の天照大御神を引き出し申し上げようと待ち構える。一方、天宇受売命は天の香山の日陰蔓を襷《たすき》に、真析縵を髪かざりにして、天の石屋戸の前で面白可笑《おもしろおか》しく舞った。すると多くの神々は、天宇受売命の舞の可笑しさにどっと笑った。

不思議に思われた天照大御神が、天の石屋戸からそっと身をのり出した瞬間、隠れていた天手力男神は、お手をとって大御神を引き出し申しあげた。こうして、多くの神々の努力によって、天照大御神は天の石屋戸から出られ、高天原も葦原中国も再び日が照り明るくなったというのである。

そのようななかで、布刀玉命の果たしている役割は、祭祀を司る立場であったり、それに必要な楮の白い幣や麻の青い幣を生産する役割である。その布刀玉命が率いる五柱の神々のなかに天日鷲命がいるが、この神様が鷲子山上神社の主祭神なのである。

天日鷲命はもともと四国の阿波《あわ》、すなわち今の徳島県で祀られていた忌部《いんべ》氏の神であったが、馬《ば》頭《とう》出身の宝珠上人《ほうじゅしょうにん》が修行のため四国に滞在していてこの神に出会い、鷲子に勧請《かんじょう》したとされている。『古事記』や『古語拾遺』のなかで重要な役割を果たしている天日鷲命は、穀（楮の一種）を植えて白和《しろにぎ》幣《て》をつくり、子孫に伝えた神と言われている。古代から、馬頭や鷲子地方は紙の生産が盛んであったから、宝珠上人が天日鷲命の勧請をした目的も、新しい技術を導入し、信仰によって人々の心を結びつけることにより、紙漉きを地域振興に役立てようとしたためであったかも知れない。

また、常陸国や下野国は古くから紙の生産地であり、朝廷の需要にかかわって来たことは文献からも知ることが出来る。例えば『延喜式』巻二十三には「常陸筆三百管。麻子七斗。」、「下野国筆一百管。麻紙一百張。麻子三斗。」とあり、朝廷に麻紙《まし》などを貢納《こうのう》していたことが見えている。奈良・平安時代には、写経の料紙《りょうし》としての需要が多かったろうし、鎌倉・室町時代になると、さまざまな公文書に紙が使用されて来たことも歴史の示すところである。要するに、いずれの時代にも常陸国や下野国は重要な紙の産地として、その需要に応《こた》えてきたのであった。

さて、常陸国の紙と言えば、現常陸大宮市西野内の地名に由来する「西ノ内紙」が全国的に知られている。西野内地域には「楮窪《こうぞくぼ》」という字名《あざめい》があったと言い、久慈川の流域に位置するこの地域には、古くから楮が自生していたのであろう。さらに、同市家和楽《やわら》には「梶畑《かじはた》」という字名が残る。梶は楮の一種と言われ、これらのことは久慈川流域が古くから楮の産地であったことを示していよう。楮の自生といい、久慈の清流といい、久慈川流域は和紙の生産が行われる条件が揃《そろ》っていたのである。

次に、具体的にどの村が和紙の生産に携わっていたのかを調べてみる。大子《だいご》の人、黒崎貞孝《くろさきさだたか》により文政《ぶんせい》九年（一八二六）に著わされた『常陸紀行《ひたちきこう》』を見ると、紙漉きに従事した村々についての詳しい記述があり、江戸期水戸藩領における紙の生産地域を知る上で非常に参考になる。

常陸國より紙を漉出せる事、上古よりの事なり。今此紙の種類數多《あまた》ありといへども、西野内と稱せるもの最多し。久慈郡大澤、栃原を最上とす。夫れよりして比藤、下小川、西金、相川の諸村は更なり。那珂郡鳥子、小田野、高部《たかぶ》、上檜澤《ひざわ》、下檜澤、氷《ひ》〈之〉野澤、上小瀬、下小瀬、那珂、門井、野口、大岩、小舟、小瀬、澤、吉丸、本郷、中井、千田、秋田、松野草、國長、野田、長倉、金井、大畠《はたけ》等、其他野州武茂郡大内、大那地《おおなち》、谷川、多部田《たべた》、矢久《やまた》、岡組、松野、富山等の諸村、比屋皆紙を漉事業とせり。常陸北郡の產物、最第一とす。鳥子村薄井氏、富豪にして紙を鬻《ひさ》ぐ事を業とし、鄕中に名あり。其他此數ヶ村中紙を鬻ぐ事を常とせるもの最多し。

夂久慈郡太田鄕中和久、松平、天下野《けがの》、高倉、小生瀬《なませ》、大門《かど》、國安、芦間、東連〈蓮〉寺等の數ヶ村、比屋《いえごと》紙を漉くことを業とせり。其の產物皆是其土の自然にして、來歴ある事なり。（以下略）

「比屋紙を漉くことを業とせり」と記しているように、これら那珂川、久慈川流域を中心とした地域の農家は、古くから副業として紙漉きに従事して来たことがわかる。自生していた楮は、蒟蒻《こんにゃく》などと一緒に畑で栽培されるようになり、紙の需要増加により産業として成立していったのである。

一方、紙の需要増加は、紙の用途に応じた紙漉きが行われることも意味する。江戸期に常陸や下野《しもつけ》を代表した「西ノ内紙」や「程村《ほどむら》紙」として江戸方面に送られた紙は、紙を産出する土地名で呼ばれたものである。「西ノ内紙」は江戸初期、西野内《にしのうち》に居住していた細貝《ほそがい》家が那珂郡や久慈郡の紙を買い集め、江戸表などに出荷する紙問屋として名をなしたことによるという。西野内居住の細貝家が出荷する紙が、そのまま「西ノ内紙」と呼ばれたのである。

しかし、栄枯盛衰は世の習いである。延享《えんきょう》三年（一七四六）紙問屋細貝家は火災に遭《あ》う。それ以降、細貝家は急速に衰え、ついに紙問屋の株を鷲子村の川和小右衛門《かわわこえもん》に譲渡することを余儀《よぎ》なくされたらしい。宝暦元年（一七五一）頃のことであった。

「西ノ内紙」は障子紙《しょうじがみ》や諸帳簿、公文書、各藩の御用紙など多くの需要に応じたという。特に江戸時代の商家では、大福帳《だいふくちょう》にこの「西ノ内紙」を多く用いた。「火事と喧嘩は江戸の華」などとよく言われるが、火事が多かった江戸時代、「西ノ内紙」を用いた大福帳は井戸に投げ入れても一枚一枚よくはがれ、文字も散ることなく、天日《てんぴ》で乾《かわ》かせば元通りになったからである。水戸藩の『大日本史』編纂にあたっても、料紙として「西ノ内紙」が使用されたのは勿論である。

さて、馬頭・鷲子地域について言えば、義公がその歴史的重要性に着目し、修復に力を注いだものに、湯津上村《ゆづがみむら》の那須国 造碑《なすのくにのみやつこひ》があったことは『水戸光圀の餘香を訪ねて』の中の「梅平大金家と那須国造碑」に書いたが、産業面でもこの地域の和紙の生産を奨励したことはあまり知られていない。和紙にはさまざまな用途があり、焼き物同様、日常生活には欠かせないものである。そのため、義公が紙の重要性を十分認識し、生産を奨励していたことは、さまざまな逸話から知ることが出来る。例えば『西山遺聞』巻下に、「紙を惜たまふ事」として次のような記述がある。

一公ハ紙を常に惜ミたまひ、御隠居の後にハ外より来る紙束の裏紙、長短のかまひなくつかせられ、つかハせられ、詩歌の稿には反故のうらを用たまひ、御疊に水こぼれたるには布木綿のきれにて拭ハしめられ、奥女中へたひ〳〵紙を費すへからすとありけれとも費多き故に、女中に寒中紙漉を観スへし、甚おもしろきものなりとありて、松の草村に女中大勢つかハされ、兼て紙すき場、川の上に桟敷を作らセ、からすがきの上、筵《むしろ》薄へりハかり四方吹拂にして、工人男女水中に入ハたらくを観セしめらる。

女中とも大に苦しミ自ら寒風にくるしミたること、又工人の難儀の事なと、歸りて公に告奉りしかハ、公、右のことく紙ハ容易ならさるものなれハ、ミたりに費すへからすとのたまひしと、佐ゝ木夷心妻の話なりと云。見聞録

義公自身、紙を無駄遣いしないよう普段から工夫を怠らなかった。しかし、奥向きの女中達はどうしても浪費する傾向が見られたのである。あるとき、鷲子近くの「松の草村」というところにある紙漉き場に女中達を見学に行かせた。良質な和紙を作るための紙漉きは寒中《かんちゅう》きれいな水を使って行うのが良いとされている。川の上に桟敷《さじき》を作ってそこに女中達を座らせ、職人達が寒風をついて作業するところを見せた。

職人たちの難儀《なんぎ》は勿論であるが、それを見守る女中達の我慢も相当なものであったろうと想像される。これを機に、紙を作ることがいかに大変なものか認識した女中達は、節約に心がけるようになったのである。

松野草紙漉資料館

この逸話からも知られるように、江戸時代になっても鷲子周辺は和紙づくりが盛んであった。現に、この逸話のなかに出てくる「松の草村」の紙漉き場跡には、小さな資料館が作られ、往時を偲ぶことが出来る。数年前までは、紙漉きに使用された道具類が展示されていたが、文化財に指定されたことから現在は撤去され、代わりに紙漉きの工程がパネルで展示されている。紙漉きの実際を知ろうとする人には一見の価値があろう。

　しかし、その楮も義公時代には値上りしていたらしい。『玄桐筆記《げんとうひっき》』の記事は、値上りに対しとった公の工夫を伝えていよう。

一近年楮高直にて、帋工も用ふる者もともに困みけれハ、大麦藁・小麦藁・稲藁・三叉・木槿・檉等にて被レ爲レ漉、いつれも好帋にすき出たり。三叉ハ帋潔白にして、美濃の上ゝ帋とも見まかふへき程也。麦藁をは麦光帋と名付て、江戸表へも被レ爲レ遣けるに、去ル貴御方殊外賞玩し給ひて、右の帋ともを中染村の仲衞門と云帋工に、井坂与五大夫より申付て爲レ漉けり。極而上手にてありしかは、いつれも不レ殘よく漉出したり。かやうに色ゝ被レ爲レ漉に付て、御物すきにて被二仰付一と心えて与五大夫と申合、銀杏葉にて漉て指上たり。まことに奇麗なる帋なりけれハ、定而御意に相かなひ、打續可レ被二仰付一と存セしに、御覧被レ遊て仰出けるハ、能漉出したり、帋も好品なり。但我心にハあらす、我本意ハ楮價貴して、世間困むによつて、草木の世上沢山有物にて、是を助ん爲なり。銀杏木は世間に多からぬ者なれハ、楮の助に用ふる事叶かたかるへし。自然物すきにて珍敷帋漉セん時ハ可レ然と被レ仰き。

紙の原料となる楮が値上がりすると、生産に従事する職人達や紙を使用する立場の人々は大いに困ることになる。そこで義公が考えたのは、楮以外の原料を使用し、安価な値段で手に入る材料を開発することであった。もともと和紙は植物繊維を使用するから、楮に代わる植物を探せばよいことになる。『玄桐筆記』にもあるように、麦わらや稲わら果ては銀杏《いちょう》の葉などに至るまで試みている。この時、三叉《みつまた》を使用してみたところ、こちらは美濃紙《みのがみ》にも劣らない良い出来映《できば》えであったので、楮に代わる材料として三叉の栽培を盛んに奨励している。一方、銀杏の葉を使用した紙も上出来であったが、これは材料確保の点で問題が発生するとして採用していない。

このような実験が可能であったのは、中染村《なかぞめむら》（現常陸太田市中染）に「仲衛門」という優れた紙工がいたからであったろう。「井坂与五大夫」を通じて「仲衛門」の手を借りたが、どんな材料でも使いこなすだけの力量があったらしい。これらのことからもわかるように、あくまでも現地にある材料を用いて生産し、それが同時に藩民の生活の向上につながるような方策をたてているところが、義公施策の特徴である。

一方、紙漉職人は楮を買い入れて生産にあたるが、資金面での力は弱く、生産資金が不足しがちである。そこで、商人達から資金を借り生産物で返済することにもなるが、職人の立場はどうしても弱くなり安く買いたたかれる。これに対し藩は、紙漉職人保護のため、「御手前買《おてまえがい》」と称する強制買い上げを実施することになる。山方町文化財保存研究会編『西ノ内紙』によると元禄元年(一六八八)、村々の庄屋等に通達されたと言う専売仕法《せんばいしほう》は次のようであった。

一、御領分中紙残らず今年より、御蔵へ買納め申すべき旨仰出され候。
　在々に役人を付置き買取らせ、然るべき紙市を取立て、諸国の商人に払いさせ申すべく候。
一、紙吟味厳敷く仕らず、値段等も相場より少し高く買取る心得に申し仕はさるべく候。
一、在方紙漉共密に前金など、他領より借り候事之あらば曲事たるべし。

要するに、藩が領内で生産した紙をすべて買い取るということであり、それは「御蔵」に収められる。その紙は紙市《かみいち》をたて、そこで他国の商人達に払い下げるということになる。値段等もなるべく高値で買い取るように指導し、生産にあたってはいやしくも前金などを他領の商人などから借りないように、との通達であった。

このような紙専売仕法の目的は、あくまでも紙漉農家の保護のためであった。実施にあたっては、それまでの借用金の有無を郡奉行に調査させ、あれば藩が農民に代わって返済した。その代わり、以後の紙漉分から返済させ、困窮している紙漉農家などには、楮買い入れの資金を藩が貸し与えることにしたのである。この紙専売仕法は義公薨去後に廃止されたというが、このような紙漉農家への手厚い保護があって、寛政年間（一七八九～一八〇一）に水戸藩が藩外に売出した農産物の総額九万九千両のうち、金額的に最も多かったのは「諸紙」と「煙草入并地紙」合わせて三万一千余両、次いで「煙草」の一万六千六百余両で、紙類の総額に占める割合は実に約三十二パーセントにものぼったという。

水戸の学問は実学である、とは先人の言《げん》であるが、義公に始まるこのような藩民のための政治や施策の積み重ねが、空理空論を排し、『弘道館記』の中にある「学問事業その效《こう》を殊《こと》にせず」という、理想と現実の調和をはかる精神につながっていると思われる。

現実的と言えば、次のような逸話も残されている。先に述べたように、義公が奥女中達に松の草村での紙漉きを見せ、紙の倹約に気づかせた話は、戦前、国語や修身の教科書にも取り入れられたことで有名になったが、その松野草村には小八兵衛《こはちべえ》と言う盗賊がいた。『歴世譚』巻二には次のような記事がある。

義公時代、松野草村小八兵衛と云るは、盗賊の頭にて、一晝夜に三十里を往來し、忍の術に達せし者なり、公の尊慮を以て助命仰付らるのみならす、生涯二人月俸を給はりしかば、恩恵の有り難きに感じ、吾命の有らん限りは、御領内へ盗賊立入せ間敷と云しが、果して彼が存生の中は、夜盗の憂なかりき、老人云傳ふ、又那珂湊村に喜兵衛と云へる博徒あり、剛強なる者にて、其徒五百餘人彼手下に屬す、常に言ふ、万一非常のことあらば、吾徒を以て一方の虎口を持つべしと、軍學をも學び、博奕を專とするにあらず、任俠を事とすと聞えたり、是又義公の御聴に達し、元祿元年三月朔日御用をも相達し、可申者に有之とのことにて、二人月俸を賜ふ。小八兵衛喜兵衛等如き、全く盗賊を防がせらるのみにはあるべからず、隣國の變事等をも告げ、間者にも御使ひ被成しことなるべし、（以下略）

数年前まで放映されていたテレビ番組『水戸黄門』の中には、隠密役の「風車の弥七」という人物が登場していた。ご老公の命を受けては影となって密かに情報を集め、ご老公の危機には必ず姿を現わして、ご老公をお助けし活躍する人物である。その「風車の弥七」のモデルと言われているのが、松草野村に住んでいた小八兵衛という実在の人物であると言う。勿論、テレビの中に登場する人物は実際の小八兵衛とは異なる人物に描かれてはいたろうが、その「風車の弥七」の墓と伝えられるものが、紙漉き資料館の近くにあり、一年を通じてかなりの観光客が訪れる観光スポットとなっている。

しかし、実際の小八兵衛は盗賊《とうぞく》の頭《かしら》であって、一度捕えられたようである。しかし、義公が見たところ単なる盗賊で終わらせるには惜しい人物であった。そこで義公は罪を許し、そのうえ「二人月俸」という禄まで賜わった。天下に名だたる黄門様に認められたとあっては、小八兵衛もいい加減な生き方は最早《もはや》出来なかったであろう。「自分の命がある限り、水戸藩領に盗賊を一歩たりとも近づけません」と約束したというのである。小八兵衛が約束した通り、それ以後の水戸藩内に夜盗《やとう》の類《たぐ》いは現れなかったと伝えられる。
また、那珂湊には喜兵衛《きへえ》と言う博徒《ばくと》もいた。喜兵衛のもとには五百人を超える手下がおり、日頃から水戸藩有事に備える準備を怠らなかったとある。そのために軍学《ぐんがく》さえ学び、賭博もさることながら、弱気を助け強気をくじくという心がけであった。これを聞いた義公は、早速喜兵衛に目通りをしたのであったろう。元禄元年三月一日を以って「二人月俸」を与えた。小八兵衛といい、喜兵衛といい、志あるものは身分にかかわらず用いようとする義公の懐《ふところ》の深さが知られよう。黄門様は人材を発掘し、人を生かす達人なのである。

さて、江戸期において、水戸藩のみならずわが国を代表する紙としてその名をはせた「西ノ内紙」生産の現状はどうかというと、僅か二軒が生産にあたるのみである。常陸大宮市内の国道一一八号線沿いに店を構える「伍介和紙《ごすけわし》」と、「紙の里《かみのさと》」の二軒がそれである。鷲子からの帰り道、便箋などを買うため「伍介和紙」の方に立寄ってみた。というのは筆者の友人で画家の岩城敏《いわきびん》氏から、「伍介和紙」の菊池浩《きくちひろし》氏に頼んで特製の紙を漉いてもらっているということを聞いていた。絵の背景に和紙を使い、能の一場面を描いた画は、幽玄《ゆうげん》の世界を表現するのに成功している。伝統的な和紙の持つ特性と可能性などについて、職人の立場からの意見を聞きたいと思っていたところであった。

筆者が立ち寄ったとき、丁度、菊池浩氏が外から戻って来られたので話を伺った。かつては近郷の農家が楮を栽培していたので、それを購入して和紙の生産にあたることが出来た。しかし、最近は楮の栽培農家が激減し、委託栽培《いたくさいばい》に頼るしかない現状があると氏はいう。「紙漉きをやっている以上、自分たちが生産してでも続けて行かなくてはならないと思っています」と言う。原料の楮を確保するのもなかなか大変なようであったが、氏の言葉には、伝統を守っていこうとする力強さがこもっていた。義公が何回か立寄った鷲子山上神社に参拝したことを話し、神社と山方《やまがた》周辺の紙漉き職人との関係を尋ねてみた。すると「昔は鷲子神社に参拝していたと父から聞いていますが、今はほとんど行かないでしょうね」、「神社には漉いた紙を奉納していたと思います」などとも言う。

さらに筆者が疑問に思っていたことも聞いてみた。それは鳥《とり》の子紙《こがみ》の名称についてである。筆者はかつて日本画に挑戦したことがある。料紙を鳥の子紙と言い、厚手のしっかりした紙で、ドーサ引きと言って膠《にかわ》を煮《に》、明礬《みょうばん》を少量加え水で溶《と》いたものをその上にひいてゆく。初めて手にした鳥の子紙は、そのような作業に十分堪えうるほどしっかりとした厚紙《あつがみ》、という印象であった。また和紙の名称は越《えち》前奉書紙《ぜんほうしょし》、美濃紙、杉原紙《すいばらがみ》、西ノ内紙などとその産出する土地名で呼ぶことが多いので、鳥の子紙も産地名と思っていた。しかし、辞書などをひくと、雁皮《がんぴ》を原料として卵色《たまごいろ》をしており、それが鳥の子紙の名の由来だという説明がほとんどである。筆者が一番聞きたかったのはこの点であった。

浩氏の答えは、「父に聞いていたことには、かつてこの辺りでも厚手の楮紙を漉いていたそうですが、時代と共に衰えてしまい、越前紙に地位を奪われてしまったということです。衰えてしまえば名前も取られてしまうんだ、とも言っていました」というものであった。

そこで、和紙についての歴史を調べてみる。鳥の子紙に関しての文献上の初出《しょしゅつ》は嘉暦《かりゃく》三年（一三二八）、『雑事記《ぞうじき》』に「鳥子色紙《とりのこいろがみ》」とあるらしい。雁皮紙については、初出は大永《だいえい》五年（一五二五）の『宗《そう》長日記《ちょうじつき》』というものにあるという。「西ノ内紙」についてはと言えば、義公時代の正保《しょうほう》五年（一六四八）に「西ノ内紙」と名付けられたらしい。

一方、常陸、下野周辺は天日鷲神勧請の歴史もあり、古代から良質の和紙の産地であった。建保《けんぽう》年間（一二一三〜一八）には、那須十郎《なすじゅうろう》が向田《むかいだ》に越前から奉書漉立職《すきたてしょく》を招き、那須《なす》奉書を漉いたという記録もある。この周辺の楮の質は全国的にみても良いものが多く、この頃は那須紙として有名であったという。このようなことを勘案すると、この後、常陸、下野周辺の厚手の楮紙が広く知られるようになり、鳥子周辺の良質で厚手の楮紙を鳥子紙と呼んだのではないかと思われる。

ちなみに、平安時代の女性達が愛用したのは、薄手の斐紙《ひし》即ち雁皮紙であるが、これを鳥子紙と呼んだ形跡は全くない。同じ時代、男性達が使用したのは楮を原料とした壇紙《だんし》と呼ばれた紙であるが、もとはその名の通り、壇《まゆみ》を原料に漉かれたものであった。嘉暦三年ごろに「鳥子色紙」と呼ばれる紙が登場するようになるのは、楮の代わりに雁皮だけを使用し、鳥子紙様《よう》の厚手の雁皮紙が漉かれるようになった事によるとも考えられる。薄手の雁皮紙も厚手のそれも、ともに卵の色をした美しい紙であったので、換骨奪胎《かんこつだったい》のようなことがおこり、総称して鳥子紙と呼ばれたのではないか、と推測してみたがどうであろうか。

貝原益軒《かいばらえきけん》の『大和本草《やまとほんぞう》』の中の「雁皮」についての説明には、「楮ノ如クニ煮テ紙ヲスク恰鳥ノ子紙ノ如ク堅クシテツヲシ」とある。この説明から考えると、「鳥ノ子紙」というのは、もともと楮を煮てつくられた厚紙をさしていたことになる。

九月下旬、再び鷲子山上神社に参拝した。事前に電話をすると「今日は居りますのでどうぞ」と現宮司夫人の長倉澄子《ながくらすみこ》さん。直ちに妻におにぎりを作ってもらい鷲子を目指した。

この日は土曜日であったので道路の混雑はなく、一時間ほどで神社に着いた。早速、社務所で仕事をしていた夫人にいろいろ話を伺った。常陸大宮市の関係者が作成してくれたという、紙漉きの村々が書き込まれたカラーパネルを見ながらの話になった。現在の栃木県東部と茨城県北西部一帯の村々が図示されている。「広い地域の紙漉き村の信仰があったのですね」と宮司夫人。続けて、「幕末の騒乱で人がいない時期があり、神社はかなり荒れました。文書類も相当あったでしょうが、ほとんど散逸して無くなってしまったそうです。だから記録はありません」とも言われる。

「最近、御鎮座千二百年祭があり、いろいろ調べて頂いたのですが、この神社の建築の素晴らしさをあらためて認識し、誇りに思っています」と夫人は言われる。聞くと、平成二十三年（二〇一一）三月十一日の東日本大震災の時、神社はびくともしなかったという。先祖の知恵の素晴らしさにあらためて畏敬《いけい》の念を持ち、日本文化の奥深さを実感したそうである。「神社を訪れて来る若い人達に、日本人の素晴らしさを伝えていくことが自分の使命だと感じました」ときっぱり言われる。「今の神社やお寺はもっとしっかりしなくてはいけないと思います」、「社会学習などで神社にやって来る子ども達にも、日本の文化の素晴らしさを伝えるように努力しているところです。主人ともこの神社をしっかり守って行こうと話し合っています」とも言われた。山の上にある神社を護ることのご苦労を感じつつ、宮司夫人の心のこもった話に筆者は勇気を与えられた。参拝者は切れ目無く、これ以上は迷惑がかかるので御礼を述べて社務所を辞した。

夫人は『鎮座千二百年記念　鷲子山上神社諸像調査報告書』と『阿吽《あうん》の大龍初公開　本殿彫刻（丸彫り）に関する報告書』、『鷲子山の六道と思い出の記』の三冊の小冊子を、お土産にと筆者に下さった。家に帰り、早速目を通した。『調査報告書』には享保《きょうほう》六年（一七二一）の「木簡《もっかん》」が載《の》せられている。「常陸國久慈郡保内相川村《ほないあいかわむら》」とあり「施主」として齋藤と野内《やない》二氏の名が記載され、仁王像の修理に「宿志」を果たしたことが書かれている。さらに「大黒像《だいこくぞう》」の寄進者を記した木片《もくへん》には、「天文十寅十月吉辰日　納主下野国那須郡衣郷矢又村《やまたむら》黒田住人桑野権兵衛菅原盛徳」と記されている。これらは、おそらく紙漉きに従事していた各地の人々が、信仰の証《あかし》として修復を行ったり寄進をしていたのであったろう。鷲子山上神社への信仰の広がりを証明するものである。

『鷲子山の六道と思い出の記』という冊子は、現宮司の叔母《おば》にあたる長倉ヨシという方の回想記である。その中に、鷲子山に登るには六本の道があり、そのうち大那地に抜ける道を「黄門道《こうもんみち》」と言ったとある。義公はその山道を通り伍智院を行き来したのであったろう。大正六年（一九一七）生まれの著者が、記憶をもとに大正、昭和の生活を回想されており、貴重な記録と言える。その中に「山は好いところだよ」という詩があった。その一節はこうである。

私の生まれは鷲子山　下野常陸の国境《くにざかい》
常よりでかいその家は　面倒見るのが大変だ
畳の部屋は京間敷《きょうまじき》　戸さえ並より大きいし
丸い柱は真っ黒で　天井だってばか高い
だから夏場は涼しいが　冬には部屋に風が吹く
それで住まいを継ぎ足して　下手の方へ引き伸ばし
囲炉裏《いろり》作って薪燃し《たきぎ》　煙《けむ》さこらえて暖《だん》を取る
参道は六本あるけれど　みんな山道ばっかしで
黄門様の御一行　お泊りに来た道だって
下駄《げた》履《ば》きなんかじゃ歩けない　草鞋《わらじ》を履《は》いて歩いたよ

早く母親を亡くし、幼い弟妹達の面倒を見ざるをえなかったという著者の労苦《ろうく》と健気《けなげ》な気持ちが行間から伝わって来る。時代を超えて神社を支え人々の信仰を支え、懸命に綱常《こうじょう》を維持しようとする社家の人たちの尊い努力をこの鷲子山で見た思いがした。義公が最も志願としたところもまた、そこにあったろうと思われる。

二　鷲子照願寺

本書一二七頁からは、同じ鷲子の岡山家について記すが、その岡山家跡から国道二九三号線を馬頭方面に七、八百メートルほど進み、右手に上がったところにあるのが、毘沙幢山《びさどうさん》無為院照願寺《むいいんしょうがんじ》である。寺の記録は、現在、常陸大宮市文書資料館に『照願寺記録』（以下『記録』）として残されている。

平成二十六年（二〇一四）秋、これを閲覧《えつらん》する機会があったので、寺の概要を記してみよう。

その『照願寺記録』によれば、寺は貞応《じょうおう》元年（一二二二）八月四日、念信《ねんしん》によって開基されたとある。念信はもと高澤氏信《たかさわうじのぶ》という武士であったが、「道徳衆ニ越エ」ていたからであろう、僧侶として生きる道を選んだ。建保《けんぽう》三年（一二一五）親鸞の弟子となり、出家して「那珂郡小舩《こぶね》村」に庵《いおり》を結んだという。この頃、常陸国稲田（現笠間市稲田）には、親鸞が稲田草庵《そうあん》を拠点に布教活動をし、真宗《しんしゅう》の教線《きょうせん》を拡大していた。念信は「守り本尊の観世音菩薩と父の遺言」もあり、草庵に親鸞を訪ねたと伝えられる。

その後、正安《しょうあん》二年（一三〇〇）六月十日、寺は小舟村から那珂郡鷲子村字春丸《はるまる》というところに移り、さらに正徳《しょうとく》二年（一七一二）十月九日、現在地である同村字城崎《しろさき》に移ったとされている。

十年ほど前、水戸藩第九代藩主斉昭公が起こした小砂《こいさご》の旧水戸藩御用窯調査の帰り、鷲子にある照願寺を訪れてみた。その頃は老夫人が独りで住んで居られ、義公のことなども伺ってみたが、詳しいことは分からずじまいになっていた。

照願寺山門

平成二十六年（二〇一四）八月のある日、岡山家の屋敷跡調査の帰り照願寺に立ち寄ってみると、寺の参道に面している民家に車を洗っている人が目に入った。早速、挨拶しながら寺の様子などについて聞いてみた。その人は照願寺に隣接している宗圓寺《そうえんじ》という寺の御住職であった。名刺を交換すると、「初原山《はつはらさん》宗圓寺　初原智明《ちみょう》」とある。「もしかしたら大子の初原と関係がありますか」と尋ねてみた。久慈郡大子町には初原という地名があり、古くから楮の栽培や和紙の生産にあたっていた村であると聞いていた。初原氏の話によると、義公の時代に初原にあった宗圓寺は、公の命によりここに移されたのだと言う。

「折角ですから寺に上がって見てきて下さい」。「鐘撞《かねつき》堂の鐘は新しいもので、薄井氏の子孫である映画俳優の長《なが》門《と》裕之《ひろゆき》らが寄進したものです。太子堂もありますよ」などと説明して下さった。山門の階段を上がって鐘楼《しょうろう》に登ってみる。鐘に彫られた寄進者の名前を確かめると、言われた通り「長門裕之」などの名が見える。江戸期に財をなした薄井一族の子孫が寄進したものであった。その隣に太子堂があるが、厨子《ずし》の中に納められ肝心の聖徳太子尊像は拝見できないので外から手を合わせ、後日を期すことにした。

照願寺は国道二九三号線沿いにあり、緩やかな参道を登って行くと本堂までの階段がある。南向きの本堂からはのどかな農村風景を見渡すことができ、一つの小宇宙を形成している。寺の名物は何と言っても春に咲く「見返りの桜」だと言う。寺の入り口に「毘沙幢山照願寺」の大きな石柱が建ち、直ぐ後ろに桜の古木を見る。相当な年代物らしく幹は横になり、そこから枝が上を向いて出ている。幹は空洞《くうどう》になっているらしく、樹脂《じゅし》などで修繕《しゅうぜん》した様子が歴然としている。

「見返りの桜」の由来を調べてみると、安貞《あんてい》二年（一二二八）早春、親鸞が照願寺を訪れたとき、庭にあった桜が一夜にして満開になった。人々は、親鸞を歓迎して桜が咲いたものだ、と感激しあったというのである。親鸞はこれを聞いて、念仏が盛んになる奇瑞《きずい》だと喜び、帰るときにはこの桜を振り返り振り返り念仏を唱えたという。それ以来、この桜を「見返りの桜」と呼ぶようになったと伝えられている。

親鸞が訪れたのは、小舟村に念信の草庵があった時のことで、桜は最初、小船村の草庵にあったものに違いない。寺伝が正しいとすれば、この話を伝え聞いた義公は、その桜を春丸の地に移すよう命じ、正徳年間、現在の地に再び移されたことになるが、それでは宗圓寺の移築の年代と矛盾が生ずるので、検討が必要である。いずれにせよ、「見返りの桜」は、寺の精神的遺産として、親鸞の教えとともに今日の照願寺に引き継がれることになったのである。僅《わず》か一本の桜に纏《まつ》わる逸話にすぎないが、

見返りの桜

桜を今の場所に移したからこそ信仰の有様と感激が伝えられた。このようなところにも義公の深慮をうかがうことができよう。

親鸞が出家したのは九歳のときのことで、それ以後二十年間にわたり比叡山《ひえいざん》で修行に励んでいる。しかし、古い体質の仏教に疑問を抱いた親鸞は比叡山を下り、京都六角堂《ろっかくどう》に参籠《さんろう》を始めた。参籠から九十五日目、親鸞は夢の中に現われた聖徳太子のお告げで迷いから覚め、法然《ほうねん》の念仏門《ねんぶつもん》に入ったという。真宗において聖徳太子信仰が盛んであるのは、この出来事があったからであるという。

ところが、法然の門に入って間もない建永《けんえい》二年（一二〇七）、念仏だけで浄土《じょうど》に往生《おうじょう》できると説いていた専修念仏《せんじゅねんぶつ》が、弾圧の憂き目に遭うことになる。法然は四国に、親鸞は越後に流される。親鸞が常陸国に移住するのは、建保二年（一二一四）のことであった。

常陸国に落ち着いた親鸞は稲田に草庵を開き、主著とされる『教行信証《きょうぎょうしんしょう》』の草稿を書き上げるかたわら、約二十年にわたり教線を拡大して行った。「二十四輩《にじゅうよはい》」と呼ばれる門弟が東国に教えを広めていったのも、この時代のことである。そのうち、最も信頼されたと言われるのは性信《しょうしん》で、下総法恩《しもふさほうおん》寺《じ》を開基し、次に真仏《しんぶつ》が下野高田《しもつけたかだ》の専修寺《せんじゅじ》を開き、順信《じゅんしん》は鉾田《ほこた》の無量寿寺《むりょうじゅじ》を開いた。照願寺を開いた念信も「二十四輩」の一人であった。

また、照願寺のすぐ近くには、「二十四輩」の一人である善念《ぜんねん》が開いた善徳寺《ぜんとくじ》があり、善念は水戸の善重寺《ぜんじゅうじ》も開いたとされる。真宗の寺々は優れた聖徳太子像を所蔵しており、その中でも水戸善重寺の聖徳太子立像《りゅうぞう》は、国の重要文化財に指定されていることで知られている。

『水戸市史』上巻によれば、

また親鸞の門下善念坊が、久慈郡東門部村に建てた善重寺は、その後退転して村田常広寺内にうつされ、天正十四年善空坊によって常磐村に、さらに酒門にうつされて今日にいたっている。なお、当寺には国指定重要文化財（旧国宝、大正四年八月十日指定）の聖徳太子立像があるが、これは水戸藩主徳川光圀によって他寺から移管されたものである。

と記述されている。現在の善重寺を訪れてみると、この聖徳太子立像を安置している立派なお堂があり、その前に立像の由緒が記されている。それには現城里《しろさと》町にあったとされる慈眼寺《じがんじ》から善重寺に移《い》管《かん》されたとある。このことについては、筆者の家に先祖代々言い伝えられてきたことがあるので紹介してみよう。それは次のようなことである。

○善重寺にある聖徳太子立像はもともと堤大聖院《たいしょういん》に安置されていたものである。

○江戸時代初めの頃、大聖院は廃寺となり、立像は那珂川近くの寺に移された。

○その後、立像はその寺から水戸の善重寺に移され、現在に至っている。
○このことがあって、水戸善重寺から年二回住職が来て、大聖院で法事を行う。
○明治・大正の頃まで、先祖達は善重寺に何度か返還を申し出て来た。

天保十二年（一八四一）の堤村絵図を見ると、「東照（聖）寺」と記された土地が二カ所ある。一カ所は現「聖徳太子尊」が建つ場所であり、一カ所は現在民有地となっている畑である。その畑地がもとの「大聖院」があったとされる場所である。また、この民有地の南端部には、山門があったとされ、門前は「中道《なかみち》」といって、村の鎮守静神社に通ずる、当時のメインストリートであった。

昭和五十年（一九七五）頃、当時茨城大学教授で仏教に造詣《ぞうけい》が深かった故宮田俊彦先生が、東京大学史料編纂所《へんさんじょ》などの依頼で、善重寺聖徳太子立像を調査されると聞き、立像について何か手がかりがあればと先生にお願いしてみた。しかし、墨書《ぼくしょ》などの仏像の由来を示すものは、何も発見できなかったとのお話であった。実に残念な思いをした記憶がある。

平成二十五年（二〇一三）十月、「岡倉天心と文化財」というテーマで、天心が文化財保護に果たした功績をあらためて顕彰する展示が、五浦《いづら》の天心記念美術館で開催された。現在の美術院国宝修理所に集約される、新納《にいろ》忠《ちゅう》之介《のすけ》をはじめとした先人達の古美術修理にかけた並々ならぬ苦労と努力が感じられた。そのなかには当然ながら、善重寺聖徳太子立像も展示されていた。

その解説の中に、

本像はもと大山（東茨城郡城里町の阿波山に比定される）の慈眼寺に安置されていたが、寛文一一年（一六七一）徳川光圀が移したものである。慈眼寺は中世茨城県北部を領した河内源氏の流れを汲む武将佐竹氏の一族が開基したと伝えられ、本像の作柄からは造像の背景に佐竹氏の存在が考えられよう。

という記述があった。しかしこの解説では、阿波山にあったという慈眼寺に聖徳太子立像が安置されたのはいつ頃のことか、あるいは、他の寺院から慈眼寺に立像が移された可能性はあるのかないのか、いま一つはっきりとしない。

一方、『太子町史』には、真宗がこの地域に普及する以前、各地に太子堂が存在していたらしい、とある。さらに、井上鋭夫《いのうえとしお》氏が「太子堂は僧侶のものでなく、金掘り、杣工《そまこう》、木地師あるいは鋳物師などの非農民に担われていたこと、さらにひろげて、仏像、堂塔の製作に関係する職人の神として定着するさまを明らか」にしていることを引用し、後になって真宗がこの人達を取り込んでいったのではないか、としている。

聖徳太子像のうちの孝養像の原形は、物部守屋《もののべもりや》討伐のため利剣《りけん》を持つ姿であるといわれる。左右の手に別個のものを持つ姿はその原形に近いもので、金沢法竜寺《かねさわほうりゅうじ》、水戸善重寺などの立像は古様であるという。さらにこれらの場合、修験《しゅげん》との関係も指摘されている。

ちなみに、現在の京都本願寺系統の寺院の聖徳太子像は、両手に柄香炉《えこうろ》を持つ姿で、これは新しい聖徳太子像の形だという。これらの違いは、聖徳太子信仰の変遷と真宗とのかかわりを考える上で特に注目すべき指摘であろう。

さて、那珂市内には、江戸期以前、「住谷尾張」という「塁主」が居住していたことが、東京大学史料編纂所所蔵「額田小野崎文書」に見える。住谷氏は額田小野崎氏の一族として額田や堤地区と深い関わりを持つ。また『那珂町史』のなかの、「那珂地方寺院の本末関係図」中に記された「山伏」の中に「大聖院」の名が見える。これはおそらく、堤大聖院のことと考えられる。そこに聖徳太子立像が安置されていたとすると、義公の寺院整理によって大聖院は廃され、聖徳太子立像は他寺に移されたものと推定出来る。かつての堤大聖院の聖徳太子立像は、その類《たぐ》いまれなる尊像のゆえに、近郷に広く知られていた。縁日ともなると人々が寄り集い、そこで配られるお札は「大聖院」と刷《す》られていた。これらの事実は、伝承が架空のものではなく、立像が堤大聖院から阿波山の慈眼寺に一旦移され、義公によって水戸善重寺に移されたと考えることは十分可能である。

さて、義公が照願寺を訪れたのは何時《いつ》のことであったろうか。先に述べた『記録』などから時系列《じけいれつ》で述べてみよう。公が照願寺を訪れた最初は、寛文五年（一六六五）八月のことである。『記録』にも、

三位宰相光圀公初而當院へ御成被レ為レ遊而親鸞聖人一代之繪傳四巻（外題奥書覚如上人筆）　御傳文（轉法輪殿公忠公御筆）　二河白導延書二一巻　奥六字名号（親鸞聖人筆）　入二御覧一候

などとある。

寛文五年八月、水戸に帰った義公は同八月十五日、早速岡山家を訪れた。岡山家では「御成御殿」をしつらえて準備していたと思われるが、時を同じくして近くにある照願寺も訪れたのである。この時、第十四代住職であった念了《ねんりょう》は、照願寺が保有する宝物を「御覧」に入れたと思われる。真宗の寺としてはいずれも重要な品々であったから、鑑定専門の法橋《ほうきょう》畠山牛庵《ぎゅうあん》がこれを鑑定し、本物としてお墨付《すみつ》きを与えた。義公はそれを受け、「親鸞聖人一代之繪傳四巻」などの宝物の表具《ひょうぐ》を、家康公ゆかりの葵の「紋切れ」を使い修復したのである。歴史的伝世品《でんせいひん》に対する義公の真摯《しんし》な保護の態度を知ることが出来よう。

二度目の照願寺「御成」と考えられるのは、寛文十年（一六七〇）十月のことである。十月二十四日に水戸を出た義公は、二十五日に金砂山に登り、二十六日には大子から鷲子方面に向い、二十八日に岡山次郎左衛門所に入ったと思われる。隣接する照願寺にも当然「御成」になったことと推測される。ところが、別の史料である『照願寺舊記』（以下『舊記』）には、翌寛文十一年（一六七一）二月十一日に義公「入御」となり、「中將姫稱讃浄《ちゅうじょうひめしょうさんじょう》土《ど》經《きょう》、聖徳太子略傳」などを「御覧」になったことが記されている。そこで寛文十一年の公の動静を探ってみると、二月十二日は紅葉《もみじ》方面に「放鷹《ほうよう》」に行っており、二十二日に水戸を発って江戸に登っている。江戸着は二十六日であるから、寛文十一年二月中の照願寺「御成」は無理だと考えられる。これらを合わせ考えると、二度目の照願寺「御成」は、寛文十年のことと思われる。

三度目は元禄五年（一六九二）六月のことである。この時の巡視は六月十六日に西山荘を発ち、小瀬《おせ》江畔寺《ごうはんじ》に入るのは十七日、同十九日には「鳥子」に入った。この後、岡山家の「御殿」に逗留となり、その間、大岩山《おおいわさん》を登山したり善徳寺を訪れたりと、かなりまめに巡遊している様子がうかがえる。『舊記』には、「中納言光圀公當山入御、紋付着衣被二下置一候」と見えるから、この時、住職は紋付《もんつき》の着物を賜ったのであったろう。

四度目は元禄六年（一六九三）八月である。『舊記』には、

　元禄六癸酉年八月十五日當山江御成。御土産白銀十枚、鯛二枚。式部卿江御紋附輪袈裟、羽二重壱疋。尤御紋附被二下置一候。
　松山江御成御泊り。夜月詠ヲ御供仕。
　　岡山次郎左衛門宅ニ於ゐて。
　十五夜ノ詩ニ曰ク
　　名月
　夜静風微桂子馨、金波蕩處沒稀星
　雲門高掛一圓鏡、照破秋色白殺青
　　中納言源光圀拝云
同十六日當山江御入被レ為レ遊候。御歌

前権中納言従三位源朝臣光圀拝

露霜とむすひしつみも消ゑぬへし鷲の御山を照す日かけに

安藤杢之進藤原定輔

わけ入いし鷲の御山のかへるさは手もとにかさす法の花ふさ

右十五日程御逗留御還御。西山へ御礼ニ次郎左衛門同伴いたし参上ス。御馳走頂戴。

と記される。八月十五日に「入御」した義公は、照願寺に「御土産」として白銀と鯛を与え、「式部卿」には袈裟《けさ》と羽二重《はぶたえ》を賜わったのであったろう。夕刻になると、中秋の名月を観賞するため岡山家に入って「明月」の七言詩を詠み、そのまま岡山家に宿泊したのである。翌十六日は照願寺に再び「御入」りとなり、和歌を詠んだのであったろう。それが「朝露」の和歌であるが、お供のなかには安藤為実《あんどうためざね》、為章《ためあき》兄弟とともに『礼儀類典《れいぎるいてん》』や『扶桑拾葉集《ふそうしゅうようしゅう》』の編纂に携《たずさ》わった安藤定輔《さだすけ》がおり、定輔の歌が「わけいりし」の歌であった。

義公拝領と伝える紋付着衣

翌元禄七年（一六九四）は義公にとり何かと慌《あわ》ただしい年であった。将軍綱吉の使者である河方善衛門が「来戌三月上旬ニ御参府遊ばされ候様ニ」との命を伝えて来たからである。義公は早速、瑞《ずい》龍山《りゅうさん》と久昌寺《きゅうしょうじ》に参詣《さんけい》を済ませ、二月二十八日西山荘を後にして江戸に向かった。笠間から稲田神社に参詣、西念寺《さいねんじ》に立ち寄り、筑波山の麓《ふもと》の北条から守谷《もりや》、小金と進み、三月四日江戸小石川邸に着いた。従って、この年の照願寺への「入御」はない。

次の照願寺への「入御」は元禄八年(一六九五)八月であった。

『舊記』には、

元禄八乙亥年八月十五日當山へ入御也。黄門源光圀公より信受江葵御紋附大小下され置候。其夜松山岡山次郎左衛門宅にて月を御覧遊ばされ候。尤松山には御成ニ附寛文五年より御殿建給置。

とあるから、この時の住職であった信受《しんじゅ》に大小を賜わったことや、岡山家の「御成御殿」は寛文五年に完成していたことなども知られよう。この記述のあとに岡山家と照願寺で詠んだ和歌が次のように載せてある。

松山田舎名月といふ事をよみ侍る

黄門光圀公

今宵しも名高き月の松影に小田のかり庵も光さしそふ

(照願寺信受―住谷補注)

名に高き今宵の月を君臣のまとゐしてみん鳥の声まて

照願寺信受

我君の恵を添て移しつつ月末とをき千代の松山

黄門公

移し樹てて緑を添ふる松山に千代の初めの春は來にけり

中秋　　黄門光圀

自從占地西山麓　今夜初逢三五秋
憶昔玉樓金殿月　不如對影酌忘憂

右の通り被為遊候。御帰り十六日に當山に入御、十六日月を御覧被為遊候。

黄門光圀

入はやし出るはおそし谷の戸に只半空の月をこそ見れ
十六夜の月のかしらも雲晴れてながめはあかぬ山里の庵

御供の人々井上玄洞、江幡六助、鈴木宗与各々一同御相手になり十日程御逗留御還り。

また、この記述に続けて次の事が記されている。

同乙亥秋の暮當山へ入御、夫より日光へ御参籠、同照願寺信受御供被仰付候。宇津宮にて御一宿被為遊候て御歌　同落葉と共に雁がね抔聞て

古里のなほなつかしき旅なるを木の葉落ち添ふ雁かねの聲

御帰掛に當山に御入にて三日御逗留被レ為レ遊候。鈴木宗与井上玄洞両人にて金拾枚被二下置一候

也。御礼ニ西山まで参殿ス。

前半の和歌は岡山家で中秋の名月を観ながら詠んだ歌であろう。義公が中心となって行われる詩会は、いつもながら和気藹々《わきあいあい》とした雰囲気が伝わって来るような気がしてくる。世事に通じ、しかも人心を良く理解している義公ならではの詩会の様子である。

しかし、この記述のなかには誤りも含まれていよう。「中秋」と題する七言詩は「地を西山の麓に占めしより、今夜初めて逢う三五《さんご》の秋」とあるから、西山で初めて十五夜を迎えるという意味である。元禄八年はそれから四年が経過している。内容からも鶩子で詠んだものではなかろう。そこで『日乗上人日記』（以下『日記』）にあたってみると、元禄四年（一六九一）八月十五日の条に、義公が初めて西山荘で迎えた中秋の夜の出来事が記されている。

今日午後西山にまいる。御客恵明院、自足軒也。予ハ御台所にいたるに御ろうかまで御出にて、ア丶御坊そこにござるよ、こなたへ参れとお丶せられし。おどろきて御前にまいる。

日乗が西山荘に参上すると、大洗願入寺《おおあらいがんにゅうじ》の恵明院瑛兼《えみょういんえいけん》や自足軒常覚《じそくけんじょうかく》などが客として来ていた。台所付近に控えていると、義公は廊下まで出て来られ「ア丶御坊そこにござるよ、こなたへ参れ」といきなり声をかけられたので、日乗は驚いて御前に出たというのである。三百三十余年の時空《じくう》を越え、義公の生《なま》の声が聞こえてくるような場面である。

次に、

御料理過て日暮に雨天はれて、月見ゆるほどなれバ御庭に御座敷しつらいて出でたまふ。近衆の人々多し。御歌御詩あるべしとて、詩ハ一年の名月中秋にありといふ意を切韻して人々詩つくり給ふ。歌ハ山里の月といふ言を句の下におきてよむ事也。当座の事なればおもひの外也。

御詩中秋得秋字

自従占地西山麓　今夜初逢三五秋　憶昔玉楼金殿月

不如対影酌忘憂

光圀稿

御当座の御歌

入ははやし出るはおそし谷の戸にたゞ中そらの月をこそ見れ

とあり、続けて自足軒常覚、恵明院瑛兼、皆如院慈性《かいじょいんじしょう》の歌が載せられている。昼間は雨であったが、夕刻になって雨が上がった。中秋の名月に詩会がないはずはない。早速詩会が催され、初めて西山荘で迎えた中秋の感慨を義公は詠んだのである。これらの事から、『舊記』には記録の混乱があることが知られる。長い年月を経れば、記録の混乱は致し方ないというべきである。義公五度目の「入御」のときの出来事であったろう。

問題は同年の「秋の暮」、「日光へ御参籠《ごさんろう》」とあることである。照願寺から住職の信受がお供をして日光東照宮に参拝したというのである。途中宇都宮《うつのみや》に一泊し、「古里の」の和歌を詠んでいるともある。「秋の暮」というのであれば九月中のこととしなければならないが、鷲子から大子、徳田《とくだ》、磯原《いそはら》をへて西山荘に「帰御」するのは九月十五日のことであった。その後は西山荘にいたと考えられ、二十八日には天徳寺《てんとくじ》の心越禅師《しんえつぜんじ》危篤《きとく》のため至急水戸に出ている。日時から考えて、「秋の暮」に日光参詣に出たとは考えにくい。この部分も何かの誤記であろうか。

次の照願寺への「入御」は元禄十年八月の時のことである。八月八日に西山荘を発ち、十五日に照願寺で中秋の名月を観賞したことは確実である。『常山文集《じょうざんぶんしゅう》 拾遺《しゅうい》』（以下『拾遺』）に「中秋遊山寺」と題する七言詩がある。時期は元禄十年（一六九七）の位置に記載されている。

月夕攜秋到上方　　月夕《げっせき》を攜《たずさ》えて秋上方《じょうほう》に到《いた》る
迷雲四散更無障　　迷雲四散《めいうんしさん》して更《さら》に障《さわ》ることなし
一輪照破彼諸願　　一輪照《いちりんしょう》破《は》す彼《か》の諸願《しょがん》
天外高懸圓滿光　　天外《てんがい》高く懸《かか》げたり圓滿光《えんまんこう》

それまであった雲がすっかり晴れ、煌々《こうこう》とした中秋の名月が辺《あた》り一面を照らし出している。衆生を照らす阿弥陀如来の後光《ごこう》のように、と詠んでいるのであろう。三句目の「一輪照破彼諸願」には「照」と「願」の二字が読み込まれている。この七言詩は『記録』にも出てくるが、時期を元禄十一年（一六九八）八月とし、弓野氏の『行脚』でもそのまま記載している。しかし、何度か触れているように、元禄十一年八月十五日の中秋の名月の時、義公一行は黒沢飯村家で詩会をしており、『記録』の日時は明らかに間違いである。六度目の「御成」であったろう。

元禄十一年の巡遊は義公七十一歳の時である。八月三日に西山荘を発ち、「帰御」したのは二十四日のことである。約二十日間にわたる長期の巡遊であった。長倉《ながくら》、小瀬《おせ》をへて鷲子岡山家に入るのは八月七日夜のことであった。翌八日に照願寺に「御成」になり、十日に岡山家を発って馬頭村に向っている。『記録』では同年十一月に義公が落飾《らくしょく》し「形より」の和歌を詠んだことが記され、『行脚』もそのまま記録しているが、義公の落飾は元禄九年（一六九六）のことであり、この記事も何かの取り違えと思われる。七度目の照願寺「御成」となろう。

最後の「御成」は元禄十三年（一七〇〇）のことと思われる。八月十七日に石塚方面に出た義公は、二十日長倉村伊兵衛《いへえ》宅に「御成」になり、檜澤萬福寺《ひざわまんぷくじ》をへて二十二日に岡山家に着いた。昼食のため鷲子伍智院に立寄り、馬頭村北条伊兵衛方に宿泊したのは二十六日であったから、この間は岡山家を中心にして巡遊したと思われる。『記録』には元禄十二年（一六九九）三月十八日のこととして、「當山御成二十日御逗留其間遠近御巡見あり」とある。しかし、この年の三月十八日は岩船願入寺《いわふねがんにゅうじ》から田《た》中中《なこうち》の大内家に入り、二、三泊して西山荘に戻っている。元禄十三年も照願寺に「御成」になっていると判断されるから、『記録』にある「十二年」は十三年の間違いではなかろうか。八度目の「御成」と考えてよいと思われる。

しかし、元禄十三年になると、義公は体力が急速に落ち、衰えが目立つ状態になっていたと想像される。『日記』四月十一日の条には、

一、午後西山御殿へ参る也。召御前、今日ハ御つかへおこりて物もまいらず、かいもちまいらんとて被仰付、そこに来らんほどに御相伴被仰付、まいらんと思召し仰ありてかいもちまいる。予にも給りたり。今日明日御セちみなり。今日ハ御こゝちあしく給ふて、御きそくあしく見ゆる也。終日夜更迄さふらいて帰山。

義公位牌

とある。この頃には食べ物が喉《のど》を通らないほど健康が悪化している様子が記されている。体重なども落ち、何かと不便をかこって生活していたものと想像される。にもかかわらず十一月末まで各地を巡遊し、翌月六日に臨終を迎えるまで働き続けていた。まさしく「斃れて後止む」の心境であったと想像される。

だが、多くの藩民の願いもむなしく、元禄十三年十二月六日、『大日本史』の完成を心待ちにしながら、近世の巨人義公は遂にこの世を去る。翌元禄十四年（一七〇一）正月二十五日になると、義公の位牌《いはい》が岡山次郎左衛門の弟次郎兵衛《じろうべえ》に守られながら照願寺にもたらされた。位牌表には「故権中納言従三位源義公神位」、裏面《りめん》には「寛永五戊辰《ぼしん》六月十日降誕《こうたん》、元禄十三庚辰《こうしん》十二月六日薨歳七十三」と記されたとある。

平成二十七年（二〇一五）四月の昭和の日、同好の士による遠足で照願寺を訪れた。高澤信司《たかさわしんじ》住職に案内を請い、寺の内陣《ないじん》を見せて頂きながらいろいろと話を伺う機会を得た。まず、本尊の阿弥陀如来《あみだにょらい》を拝した。すらりとした端正《たんせい》な姿に心を打たれる。右隣には聖徳太子像の掛け物があった。これは両手で柄香炉《えこうろ》を持つ姿で、真宗寺院で一般的にみられる孝養像である。善重寺聖徳太子立像のように、左右別々のものを持つ姿は古様である、といわれていることにあらためて納得させられる。内陣の梁《はり》には浄土に棲《す》むという動物や寺紋《じもん》が

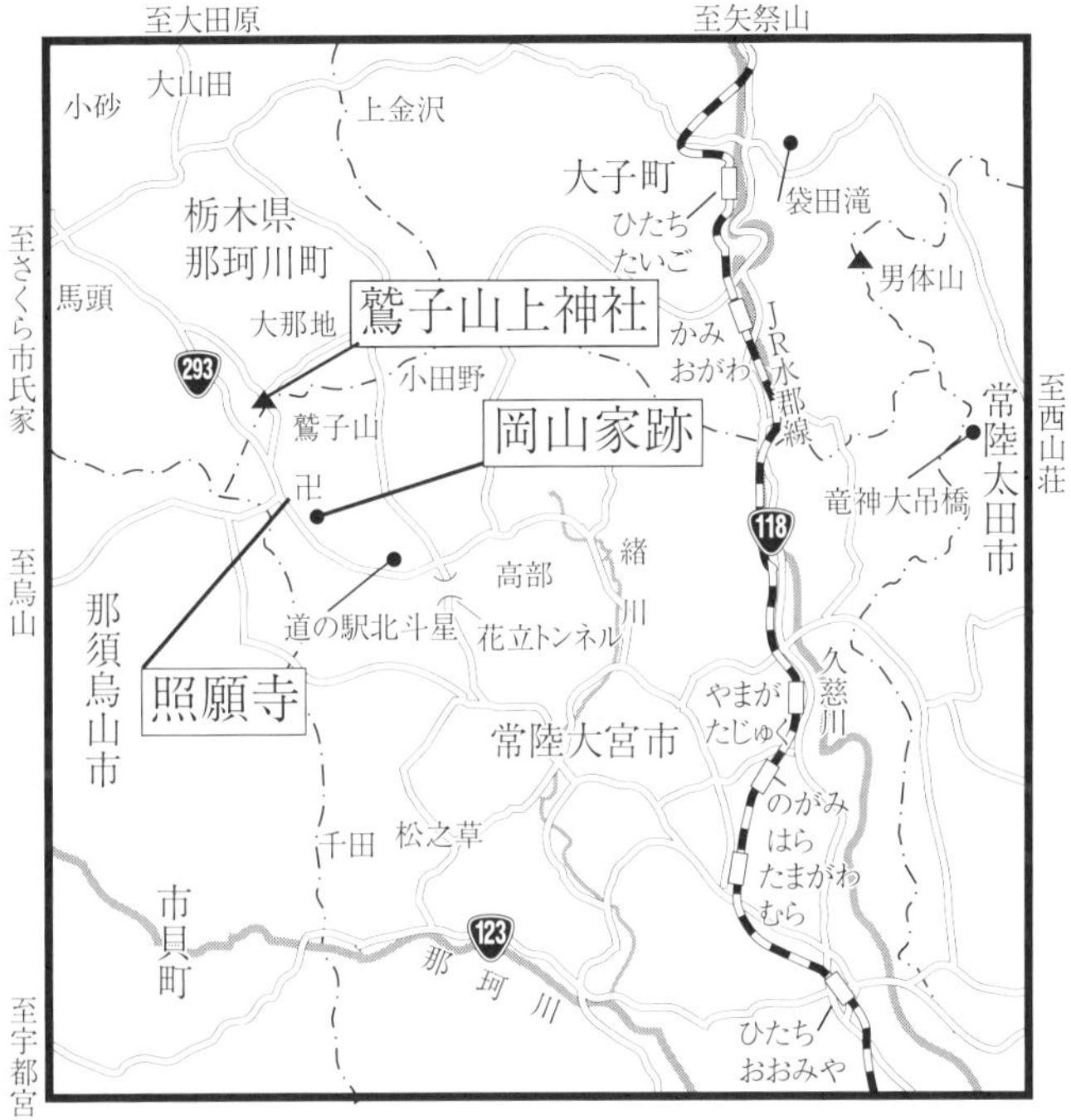

鷲子周辺略図

あしらわれている。「寺紋の一つの抱葉菊《だきはぎく》は、佐竹氏の古紋ですよ」と高澤師は言われる。これは初耳であった。

本堂の西隣には義公寄進という太子堂もある。高台に位置し、舞台に立つと周囲の山々を見渡すことができる。建物の扉の細工は実に精巧であり、板壁《いたべい》には朱《しゅ》が塗られた形跡がある。お堂全体が朱であったとすれば、この太子堂は寺の守護神の意味があろうか。義公が照願寺に「御成」になったのは、おもに中秋の名月の頃である。太子堂の舞台に立ちながら、公もここで名月を観賞したのかも知れない、とふと思った。

約束の時間はとうに過ぎていた。「ご住職、次の予定もありますのでそろそろ失礼いたします」と言って皆で礼を述べ、照願寺をあとにした。高澤師はわざわざ本堂をおり、下の国道まで見送りに出て来て下さった。聞けば、師は「初代念信から数えて二十七代目にあたります」と言われる。探究心旺盛《おうせい》で飾らない人柄からは、この寺の歴史を支えてきたものが何であったかを見た思いがした。数度にわたる義公の「御成」の動機も、あるいはそのあたりにあったのかも知れない。

三　山方金子家

当時の記録などによれば、義公が県北地方を巡遊する時には、「北筋御成《きたすじおなり》」などと言っていたようである。西山荘から行くとすれば、常陸太田市大方《おおかた》から玉造《たまつくり》を経て、久慈川沿いに北上したと思われる。この道筋の場合、大子方面に向かうにしても馬頭方面に向かうにしても、旧山方町《やまがたまち》周辺に宿泊所などがなくては、巡遊にも困難が生じるのではないかとしばしば考えていた。

最近になって、旧山方町の中に金子《かねこ》という家があり、その家に黄門様が立ち寄った事があるらしいという話を耳にした。たまたま常陸大宮市小瀬《おせ》というところに用事があったので、その帰路、道路際の民家に立ち寄って聞くことがあった。すると、長田《おさだ》という地区には金子という苗字が多いから、そちらに行ってみてはどうかという。六月のある日、常陸大宮市長田地区を訪ねた。

長田地区は谷あいにある閑静《かんせい》な地域であった。まず、高台にある稲荷神社に参拝した。北隣にはかつての長田小学校があるが、過疎化による児童減少のためであろう、廃校の憂き目にあっている。田舎はどこでも小中学校の統廃合問題で揺れている。少子高齢化により、我が国が時代の大きな転換点に立っているという実感が、ひしひしと身に迫って来る。農作業をしていた老人に金子姓が多くある場所を尋ねてみた。「この少し先を行った所に人家があるから、そこでまた聞いて下さい」と教えてくれた。

金子姓が多くあるという地区に向かう。着いてみると、そこは東に向って谷が開け、家々が南西側の緩《ゆる》やかな斜面に美しく並んでいるところであった。道路際にある郵便局が目に入ったので、そこを訪ねた。聞けば局長さんも金子姓だという。「うちも古い方だけど、黄門様が来たという話は聞いた事ないですね」と言う。「あのあたりの家で聞いてみたらどうですか」と言って、住宅が建てこんでいるあたりの大きな屋根の家を指さす。

教えられたあたりに行って何軒か訪ねた。しかし人がいない。数軒訪ねて、やっとある金子さんの家で話を聞く事が出来た。やはり、黄門様が立ち寄ったという話は聞いた事がないと言う。暫《しばら》く雑談をし、礼を述べて帰路についた。

家に帰ってからあらためて『山方町誌』を読んでみた。すると、義公の漢詩が載せてあるところがあった。よく読んでみると、山方の宿《しゅく》に金子という家があり、江戸時代の初め庄屋を勤めていたことが書いてある。現在の山方宿の中心地にはそれらしき家は見当たらないので、著者は宿の中にはないと思い込んでいた。

早速、大子町にある飯村家の取材の時お世話になった、水戸史学会理事の飯村尋道《いいむらじゅんどう》氏に問い合わせてみると、快く調査に応じてくれた。調べた結果によれば、宿の中にその子孫の家が残っているらしいという。氏と日時を打ち合わせて伝え聞いた金子家近くに行き、近所の人にいろいろと訪ねてみた。すると、現当主は水戸に移り、今は誰も住んでいないという。暫くすると、金子家から嫁いだ方が諸沢《もろさわ》に住んでいるという新たな情報を得たので、飯村氏にそちらの調査も依頼した。嫁いだ先は菊池さんという家で、諸沢は久慈川の対岸にある地域だという。

後日、飯村氏の案内で菊池和子《かずこ》さんを宿《しゅく》に訪ね、金子家の言い伝えなどについて聞く事が出来た。話によると、現在地にある家は江戸期のものではなく、当初は山方宿《やまがたじゅく》の中心部にあったという。今の金子家がある場所は、地形的にみて庄屋の家の佇まいとしては、いかにも物足りないという印象を持っていた。筆者が考えたように、義公が巡遊した頃の金子家は堂々としたそれで、しかも地理的に見晴らしがきくところに立地していたのであったろう。栄枯盛衰は世の習い、栄える時もあれば零落する時もあるから致し方ない。話を伺ってみて、いろいろな事が氷解《ひょうかい》する。『山方町誌』に載せられている、金子家で詠んだとされる義公の漢詩についてもそうである。七言詩は次のようにある。

乗輿偶登玉粲楼　　輿《きょう》に乗りて偶《たまたま》玉粲楼《ぎょくさんろう》に登る
雪翻天外凝吟眸　　雪は天外に翻《ひるがえ》り吟眸《ぎんぼう》を凝《こ》らす
人間多少亦如此　　人間《じんかん》多少亦《また》此《かく》の如し
黒髪山頭易白頭　　黒髪山頭白頭《くろかみさんとうはくとう》に易《かわ》る

この詩は、山方の宿にあった金子家に「御成」になった義公が、「屏風岩《びょうぶいわ》」を望見した時の七言詩と言われている。旅館に着いて、さあ、どのような景色と対面出来るのであろうかと、わくわくして二階に上がってみる。すると、外は突然の雪に見舞われていた。眼を凝《こ》らして久慈川の清流に映《うつ》る山々を見ていると、対岸のごつごつした山の黒い岩肌は、みるみるうちに真白に染められていく。あたかも青年の美しい黒髪が瞬《また》く間に白髪に変わってしまうようだといい、人生の儚《はかな》さをさりげなく詠んでいる。年を重ねてきた義公の実感が、強く滲《にじ》んでいる七言詩のように思われる。詩の内容からすると、眺望のきく場所からでないとこの詩は詠めないと考えられる。眼前に景色を遮《さえぎ》るものは何もない。久慈川の流れや山々に対した、開放感のある場所に義公は立っていたのである。

たまたま、石川忠久《いしかわただひさ》著『漢詩と人生』という本を読んでいたところ、晩唐《ばんとう》の詩人杜牧《とぼく》の作と言われる「秋思」という七言詩があった。

琪樹西風枕簟秋　　琪樹《きじゅ》の西風《せいふう》枕簟《ちんてん》の秋《あき》
楚雲湘水憶同遊　　楚雲《そうん》湘水《しょうすい》同遊《どうゆう》を憶《おも》う
高歌一曲掩明鏡　　高歌《こうか》一曲《いっきょく》明鏡《めいきょう》を掩《おお》う
昨日少年今白頭　　昨日《きのう》の少年《しょうねん》今《いま》は白頭《はくとう》

というのがそれである。現実を離れ、過去に遊んだ甘い幻想の世界に浸《ひた》ろうとしていた作者は、さまざまな出来事を思い巡らしては次第に心が高ぶっていく。つい青春の頃の歌を口ずさんでいて、思わず鏡を見た。そこで、はっと現実に引き戻される。鏡の中の自分は白髪の老人、幻想の世界は一気に冷《さ》めてしまった、というのがその内容であろう。義公の七言詩をじっくりと味わえば、この杜牧の七言詩と通底《つうてい》する詩趣《ししゅ》を感ずる事が出来よう。

さて、この時の和子夫人の話は、かつて金子家にあった時分の記憶を辿《たど》りながらであった。「黄門様から頂いたという金の縁取りの扇子がありまして、それが病気に効くというので村の人たちがもらいに来たそうです。庄屋という立場でしたから、皆の為になるのならというので、少しずつ削ってあげたと言われています。扇子の下の方は欠けていたと思いましたよ」、「金子家も火事に遭ったことがあり、箱か何かにその時の焦げた跡があると思います」、などという貴重な話を聞く事が出来た。また和子夫人が、「黄門様の歌か何か書いたようなものが何枚かあったような気もします」などと言われるので、「是非その書き付けを見たいですね。御当主に取り次いで頂ければ有難いのですが」などとお願いした。現当主の金子《かねこ》要《かなめ》氏は水戸に住んでおり、会社を経営していると言われる。「金子家の大事なものは水戸に持って行っているので、あとで本人に聞いてからどうするか、飯村先生の方に連絡いたしましょう」と言って下さったので連絡を待つ事にし、この日は退散した。

山方宿の町並と屏風岩遠望

　それから間もなくして、飯村氏から電話が入った。「会っても良いので、水戸市内の会社まで来て欲しい」という金子要氏からの伝言である。飯村氏と日時を打ち合わせて、小吹町《こぶきちょう》にある会社を訪れた。訪れてみて驚いた。筆者の妹の嫁ぎ先の直ぐ近くで、通りなれた道の途中にあった。最近建設したばかりの真新しい建物が要氏の会社である。

　玄関に入ると、若い受付嬢がさわやかな笑顔で出迎えてくれた。用件を話すと奥から経営者と思われる人が出てこられた。挨拶すると名刺を差し出される。「株式会社　明豊　代表取締役　金子要」とある。金子家現当主であった。「お忙しいところ申し訳ありません。菊池さんを訪ねたところ、いろいろお持ちだと聞いてお伺いしました」などと挨拶した。「二階へどうぞ」と言って、要氏は我々を招き入れて下さった。

あらためて義公の足跡を訪ねていることを述べ、拙著『続水戸光圀の餘香を訪ねて』を進呈した。「姉から聞いています。今持ってきます」と言って、要氏は奥から箱の類を三箇持って来られた。大、中、小とさまざまな大きさの箱である。「どうぞ開けてみて下さい」と言われるので、まず一番小さな箱をそっと開けてみる。和紙に包まれていた中身を慎重に取り出す。和紙の小片が出てきた。包み紙には「義公様御詩」と書かれ、小片を開くと、それは義公の筆によるという七言詩であった。よほど大切にしてきた事が感じられた。『山方町誌』には見られないが、題字と思われる四文字が書かれている。「俯鏡泉流」とあり、「鏡」には「カヽミル」と振り仮名が付いている。「俯《ふ》して泉流《せんりゅう》を鏡《かがみ》る」と読ませるのであろうか。

題字からあらためて考えてみると、義公の七言詩は杜牧《とぼく》のそれと比べてみて、人の一生に対する諦《てい》念《ねん》のようなものが詠まれているような気がする。「屏風岩」を映し出す久慈の清流はあくまでも清く、滔々《とうとう》と流れ続けて止むことがない。自然の運行に比べると、人生はいかにもはかなく抗《あらが》い難いものである、というのが詩の意味であろう。一方、「雪は天外に翻《ひるがえ》り」という詩の内容からすると、季節は冬と思われる。雪が降る時期に義公の「御成」はあったのであろうかという、新たな疑問も湧いてくる。

次の箱を開ける。要氏が「箱に火事の時の焼け跡が残っています。ここがそうです」と言って、黒く焦《こ》げた所を示された。なるほど火による焦げ跡が残り、その部分はかなりへこんでいる。箱の材質は桐と思われ、そのために焼失を免れたのであろう。中から出てきたのは、金箔をはったと思われる扇子である。重厚さは今も失われてはいない。当時これを持てるのは、身分の高い人物に限られよう。まさしく義公拝領の扇子に違いない。扇子の下方はかなり欠けている事がわかり、菊池さんを訪ねたときに聞いた話に間違いはなかった。「扇子には、当時病気の人々に乞われて切り取った跡があると記憶しているので、それが今でも残っているはず」、と言われたのがこれであろう。

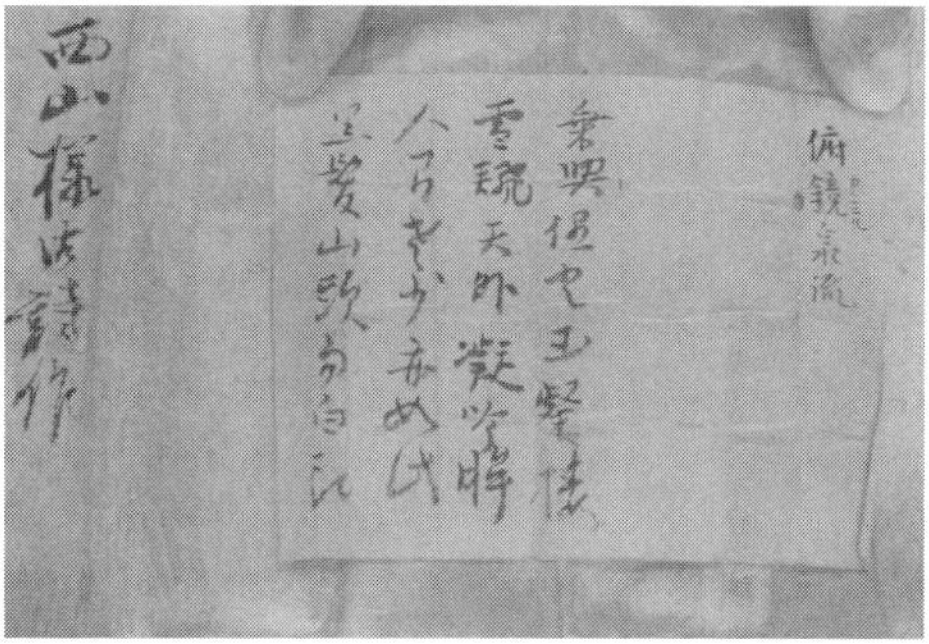

義公七言詩「俯鏡泉流」

　最後の箱を開ける。中から出てきたのは古文書であった。かなりの枚数である。無理に詰め込んであったので、広げてみると驚くほどの数の文書が出てきた。直ぐには読み切れる枚数ではない。要氏にお願いして、カメラに収めさせていただく。それぞれの文書を二回づつ撮った。ざっと見たところ、義公「御成」の時の覚え書きの類、陰陽山《いんようさん》に関する書き付け、庄屋の任免に関する文書、山方村の歴代庄屋に関する文書などであった。

　訪問してからかなりの時間がたっていた。仕事の邪魔をしてしまってはと、引き揚げる事にした。「文書については、時

義公より拝領の扇子

間をかけて解読してみます。またご報告に伺う事にして、今日はこれで失礼します。」と言って、会社を辞した。帰り道、飯村氏と今日の収穫を語りあった。

帰って直ぐ、カメラに収めた文書を印刷し、解読にあたる。その中には、義公が金子家に「御成」になった日時を記した覚え書きが数枚あった。おそらく、数代あとの金子家当主与治兵衛《よじへえ》が藩に提出した覚え書きの下書きであることが知られる。時期は明和《めいわ》年間（一七六四～一七七二）、何度か推敲《すいこう》している様子がうかがわれる。これらは十数枚にのぼるが、合わせてみると、義公「御成」の時期が判明する。天和《てんな》三年（一六八三）七月、元禄三年四月、元禄六年八月、元禄七年七月、元禄十年八月、元禄十三年八月の都合六回が記されている。

このうち、「元禄七年七月」の項目に限っては、明らかに記録違いである。よく知られているように、元禄七年と言えば藤井紋太夫事件があった年である。将軍綱吉《つなよし》の命により、義公はこの年の二月二十八日、江戸に向って出立した。小石川《こいしかわ》の水戸邸に入るのが三月四日、四月には綱吉の前で『大学』の講義をしている。紋太夫事件は、この歳の十一月二十三日の事である。江戸で越年《えつねん》した義公は、翌元禄八年正月十六日江戸を立ち、小金《こがね》、木下《きおろし》、銚子《ちょうし》、鉾田《ほこた》方面をへて、二十八日に住み慣《な》れた西山荘に戻っている。従って、元禄七年の記事を除けば、諸記録から見ても金子家の記録で間違いないと思われる。

一方、それぞれの年には、「御成」の時の出来事が記録されており、状況がよくわかるが、筆者が確かめたかった「御成御殿」の記述を発見することが出来たのは、大きな収穫である。元禄十三年までの「御成」の記述の後に、

右前ニ御殿《ごてん》等取付仕候。度ゝ御旅館等御座候ニ付、御成被レ為レ遊候。

とあり、成立年代は不明であるが「御成御殿」の存在が確かめられよう。また、

御西山江壱ヶ年ニ四五度宛罷上《まかりのぼ》り申候。其節ハ御料理度ゝ頂戴仕候。

という記録も見られるから、与治兵衛はしばしば西山荘に出入し、ご馳走まで「頂戴」していた。天和から元禄年間にかけて義公とかかわった時代は、金子家得意《とくい》の時期であったろう。金子家の古文書を解読して時系列でまとめてみると、次のようになると思われる。

義公最初の「御成」は天和三年七月である。諸記録より、六月から七月にかけ馬頭、鳥子（鷲子）などの「北筋」を巡視していることが知られるから、その時の「御成」であったろう。

二度目は元禄三年四月で、文書には次のようにある。

此節陰陽山へ御登被レ為レ遊候。曽祖父与治兵衛御安内《ママ》罷在候。

義公が近くの陰陽山に登山したのは、この時のことで、案内役は、当時の山方村庄屋金子与治兵衛、

四月二十七日のことであった。『山方町誌』を見ると、頂上の岩があまりにも立派であったので、公は神社を建てることを命じ、陰陽神社と名付けられたという。

三度目は元禄六年八月のことである。『日記』八月十七日の条には「今日、黄門公帰御ノ由告來る」とあるから、八月前半に「北筋」巡遊に出かけ、十七日に帰山したものと推定される。文書の一枚には、「此節御褒美仕候」とあり、別の一枚には、「諸職人并ニ無事衛門孝養ニ付御者うひ（褒美）仕候」とある。公は七月中、金子家の今までの苦労に対し「御褒美」を授け、八月に入ってからの山方村「御成」の節、無事衛門の親孝行や山方村職人達の精励に対し、「御者うひ」を授けたのであったろう。

四度目は元禄十年のことで、『日記』八月七日の条に「公、明日出御のよし」とあり、八日に「大君北すじへ出御、万之助御供にまいる、方金壱分遣ス。中間惣三郎付テ遣ス。」とあり、このあと十一日に山方村へ「御成」になり、鳥子、長倉方面へと巡遊している。西山荘に「帰御」するのは、同月十八日になってからである。

金子家の文書には、

此節伯父与治兵衛五ツ罷成候節
御前　近ク御召被レ遊候而
御直ニ　御扇子頂戴仕候
唯今ニ所持仕候

御さしくし　祖母つ祢《ね》頂戴仕候
御帷子　　　曾祖母いよ頂戴仕候
不残御目見仕候

などとあるから、「御扇子」を「拝領」したのはこの時のことと思われる。さらに、一族は「御さしくし」、「御帷子」のほかにも「銀子」、「お盆」なども「拝領」した事が記されている。現在金子家に保管されている扇子は、元禄十年八月、与治兵衛に与えられたものと考えて間違いないと思われる。

五度目は元禄十三年八月で、この時の詳しい記録は見当たらない。しかし、『日記』などによると、八月十七日に石塚、長倉、鳥子方面へと巡遊し、九月四日に「帰御」しているから、金子家には八月下旬に「御成」になっていたのであったろう。

さて、「御成」にあたって、義公を迎えることになった各地の家々は、料理を出す事があったと思われるが、公の好物はうどんやそば切りであったことは、拙著『水戸光圀の餘香を訪ねて』「徳田大森家」のところですでに書いたとおりである。金子家でもやはり「饂飩《うどん》」と「蕎麥切《そばき》り」を出していることが史料の上で確認出来るが、それと一緒に「鮎鮭《あゆさけ》」も献上したことが「文書」からうかがえる。鮎は久慈川の名物であることは今も昔も変わりがないが、「鮭」はどうであったろうかと考えた。しかし、飯村氏から聞いたところでは、大子飯村家の言い伝えとして、鮭の干物の作り方を義公が指導したことがあるという。しかも当時は、飯村家あたりの鮭が最も美味と言われていたという。この事から考えると、やはり金子家でも「鮭」を出していたのであろう。

また、「饂飩」「蕎麦切り」が好物であった事は疑いないであろうが、義公は人に迷惑をかける事を極力避けた。調理が簡単で、しかも健康にも良い事がその背景にあったのではなかろうか。ちなみに金子家の記録には、御供の人々にも「饂飩」、「蕎麦切り」、それに「赤飯」を出していることが記されている。御供が大勢であれば、当家の苦労は並大抵ではなかったはずである。このようなところにも、義公の配慮が行き届いていたと思われる。

これとは別に、加藤寛斎『常陸國北郡里程間數之記《ひたちのくにほくぐんりていかんすうのき》』の中に、当時の山方村の様子が記されているが、その中に気になる記述が見える。

慶長七年、佐竹侯羽州秋田へ國替の砌、佐竹侯の役人収納取立として山方村ニ出張す、百姓思ひらく、國を去り往く人に納めんより、跡の國主へ社可納事当然也、と百姓共相談して、金才料なるもの、此村枇杷川前にて（坪ノ名ナリ）、鉄炮にて打殺し、其金を奪けるとぞ、佐竹家より人数を出し、百姓皆伐捨ニせしニ、叶田、金子両姓計隠れ忍びて生を全ふせしと云、金子は裏の古井ニ身を隠し、叶田ハ常安寺ニ参り合、騒動を聞て寺の縁下ニ忍ふ、此二姓ハ残り、餘ハ皆亡ふ、其後他村他邦より来り百姓と成とぞ、生瀬乱に彷彿たり、此頃は下強暴にして如此、頃藤村里正惣六なるもの、生瀬乱の時右村を忍出て頃藤村ニ来り、百姓と成しと云、何れも土人の説。

慶長《けいちょう》七年（一六〇二）と言えば関ヶ原の戦の直後であり、豊臣氏が敗れ、天下の覇権を徳川氏が握ろうとしていた時代である。徳川政権もいまだ固まっておらず、地方においてはより不安定な状況にあった。年貢を納める百姓の立場としては、実に不透明な事態に遭遇したと言って良い。旧領主の佐竹氏に納めるべきか、それとも新領主に納めるべきか、村人は迷っていた。今さら佐竹氏に義理立てして年貢を差し出したところで、新たな領主が決まれば、さらに年貢を差し出さなくてはならない。そうだとすると、自分たちの生活はいよいよ苦しくなるだけである。それならばということで、年貢徴収に来た佐竹氏の役人を枇杷川《びわがわ》というところで撃ち殺したというのである。

当然のことながら、村の百姓達は佐竹氏から報復を受ける事となる。一説によると一村皆殺しとなったと言い、あるいは他村へ逃散したともいう。その一村皆殺しにあった中に、運良く殺害を逃れた村人が二氏あった。自分の家の古井戸に身を隠して助かった金子氏と、常安寺《じょうあんじ》の縁の下に難を避けて命を長らえた叶田《かのうだ》氏がそれであるという。また、山方宿から十キロメートルほど北に位置する頃藤《ころふじ》村《むら》というところにも、同じような話が残るとある。頃藤村の庄屋惣六《そうろく》という人物は、「生瀬《なませ》の乱」での皆殺しからかろうじて逃れた農民で、生瀬から頃藤まで密かに逃走、のちに頃藤村の庄屋になったという話である。金子・叶田両氏と同じような事件が「生瀬の乱」にはあったと地元では言い伝えられている、と寛斎は記している。

これは無視できない貴重な記録と言える。水戸藩初代藩主徳川頼房《よりふさ》公の生誕は慶長八年（一六〇三）、枇杷川事件の一年後のことである。頼房公から始まる水戸藩の成立はさらにその七年後、慶長十四年

（一六〇九）十二月のことであった。頃藤村庄屋の惣六の場合や山方村の枇杷川での出来事は、水戸藩成立の七年ほど前と考えられ、豊臣氏から徳川氏に政権が交代する混乱期におこった、さまざまな悲劇のうちの一つであったことを示唆《しさ》している。元和偃武《げんなえんぶ》の頃までは、全国の各藩に、想像を超える紆《う》余曲折《よきょくせつ》があったことであろう。

さらに、金子家文書の中には、山方村庄屋代々の氏名を書いた文書二枚が残されているので、この事件のあと、どのような人物が庄屋として藩政の一翼を担ったかが知られる。枇杷川事件以後は再び村が形成され、人口も増えていったと想像されるが、寛永《かんえい》十八年（一六四一）時点では、赤土《あかつち》という所から来た小河原利兵衛《おがわらりへえ》が庄屋を勤めている。その後、倅《せがれ》の利兵衛が明暦《めいれき》三年（一六五七）まで十四年間勤め、これを引き継いだのが金子次郎衛門《かねこじろうえもん》で、万治《まんじ》元年（一六五八）から天和元年（一六八一）まで、二十四年の長きにわたり庄屋を勤めていたことがわかる。次郎衛門のあとを次いだのは倅の与次平（与治兵衛）で、記録では、天和二年（一六八二）から元禄十二年（一六九九）までの十八年間庄屋を勤めた。元禄十三年からの庄屋は、与次平の倅の与惣次《よそうじ》である。

義公の藩主就任は寛文元年（一六六一）八月十九日のことであり、薨去は元禄十三年十二月六日であったから、公の山方村「御成」の時に関わりのあった庄屋は、次郎衛門、与次平、与惣次の三人であることが知られよう。従って、山方村への公「御成」の時に主として係わった人物は、与次平であったと考えられる。

これらについて調べようと、平成二十五年（二〇一三）八月の末日、飯村氏と金子家の墓所の調査に向かった。墓所は、山方の宿の中心にある曹洞宗太平山常安寺《そうとうしゅうたいへいざんじょうあんじ》である。寺の入口にさしかかると、巨大な五輪塔《ごりんとう》が目につく。案内板には鹿島清房《かしまきよふさ》の墓とあり、佐竹義宣《さたけよしのぶ》の命令でここ山方で殺害された鹿島氏のものであるという。

常陸南部の支配を目論んだ佐竹義宣は、天正十九年（一五九一）二月、祝い事にかこつけて南部三十三館の主を太田に集め、これを悉く《ことごと》謀殺《ぼうさつ》して常陸南部の支配権を得た。そのうちの一人が鹿島城主鹿島清房で、山方能登守《やまがたのとのかみ》によって殺害されたので、この地に墓があるというのである。『群書類従《ぐんしょるいじゅう》』に収録された「和光院過去帳《わこういんかこちょう》」には、この事件で犠牲になった十六人の名前が載せられている。この悲《ひ》惨《さん》な事件に遭った鹿島氏の墓が、このような所にあるとは予想だにしなかったところであった。飯村氏の説明によると、この五輪塔は近くの奥州街道《おうしゅうかいどう》脇にあったが、最近になってこの地に移されたという。思わず手を合わせて冥福《めいふく》を祈った。

常安寺の直ぐ下は水郡線が走っているが、その線路はいわゆる切り通しで、寺の境内を半分ほど削るかたちで通線したと言われている。水郡線が開通したことで、そこにあった墓地は現在地に移転された。寺の入り口付近にあった大串家《おおくしけ》の墓は線路によって分断され、現在地に孤立した格好になって残っている。大串家と言えば、義公が親孝行として顕彰した無事衛門の墓が現存しているが、この話は後日としよう。

飯村氏と調査を始めようとしていたところ、住職の鈴木泰全《すずきたいぜん》師が我々を見つけて出て来られた。師は寺の歴史などについていろいろと話をして下さった。住職の墓地は本堂に向い合った高台にあり、その左隣に金子家の墓地があるという。飯村氏と高台に向い墓石を見る。住職の言われた通り、金子家の墓所には古い五輪塔が数体、自然石の墓石が数体、角形の墓石が十数体ある。しかし、全体が摩耗《まもう》した墓石が多く、文字が読めるものはそう多くはない。その中に戒名がはっきり読める数体があり、義公時代の与次兵衛とその妻のものと考えられる墓石があった。表面に「頓覺中圓居士」とあり、「金子氏自休信冬」、「宝永六巳丑十月初五日」、「行年五十八逝」とある。宝永六年は西暦一七〇九年であるから、これが与次兵衛のものとすると、生年は慶安四年（一六五一）のこととなる。天和二年に庄屋役を引き継いだ時は三十一歳になっていたはずであるから、最も充実した年代にあたる。墓石にある戒名と言い歿年と言い、与次兵衛のものと考えて良いと思われる。

また、金子氏の墓の隣を見ると、先に述べた叶田氏の墓があり、二氏の墓には共に古い五輪の塔の墓石があり、位置関係からして寺中で最も古いと考えられる。これらの事実は、加藤寛斎の記録した枇杷川事件発生の信憑性を傍証するものになると思われる。

この調査の直前、金子与次兵衛が元禄三年四月二十七日、義公を案内したという陰陽山に登ってみた。陰陽山は常安寺から西に三キロメートルほどのところにある。この日は気温が三十八度あり、酷暑であった。旧山方町庁舎から西に向かい、四、五分走って陰陽神社駐車場に車を止める。神社本殿

陰陽神社とありし日の陰陽石

へ行くには、駐車場脇の階段を登ることになる。階段は百五十段ほどあり、意外に急であった。登り切ると社務所があり、それを左手に見てさらに登って行くと急に開けた平地に出る。そこが陰陽神社の境内である。

神社は南向きに建っており、周囲はいかにも神々しい雰囲気である。建物はそう大きくはないが、屋根の勾配といい、彫刻といい、実に見事な建造物である。参拝の後、しばらく見とれた。本殿をカメラに収める。神社の北東側には所謂「夫婦岩《めおといわ》」があり、それが見事な形をしていたので、義公は「陰陽石《せき》」と名を改めさせ、この神社を創始したという。

しかし、筆者はこの時まで知らなかったのであるが、一昨年の東日本大震災により、神社の後《うし》ろにあったとされる陰陽石の主要部分は崩れ落ち、原形を留《とど》めていないように見えた。念のため神社の北側に回り崩壊の程度を確かめたが、「陰陽石」らしい形状は全く確認することができなかった。義公が保護したにもかかわらず、今回の地震で崩壊してしまったことは、実に残念なことと言わなければならない。後日、飯村氏を通じ、陰陽神社の鷹巣《たかす》照定《てるさだ》宮司に在《あ》りし日の陰陽石の写真を提供して頂いた。写真で目にする陰陽石は、「夫婦岩」というよりも、むしろ「磐座《いわくら》」というのが相応《ふさわ》しい神々しいもので、筆者の想像したものとは違っていた。義公が神社を創建した意味がわかるような気がした。

　神社の東側に展望台があったのでそこに登ってみる。真下にはゴルフ場の美しい芝生が見え、その向こうには常陸大宮市街が展望できる。空気

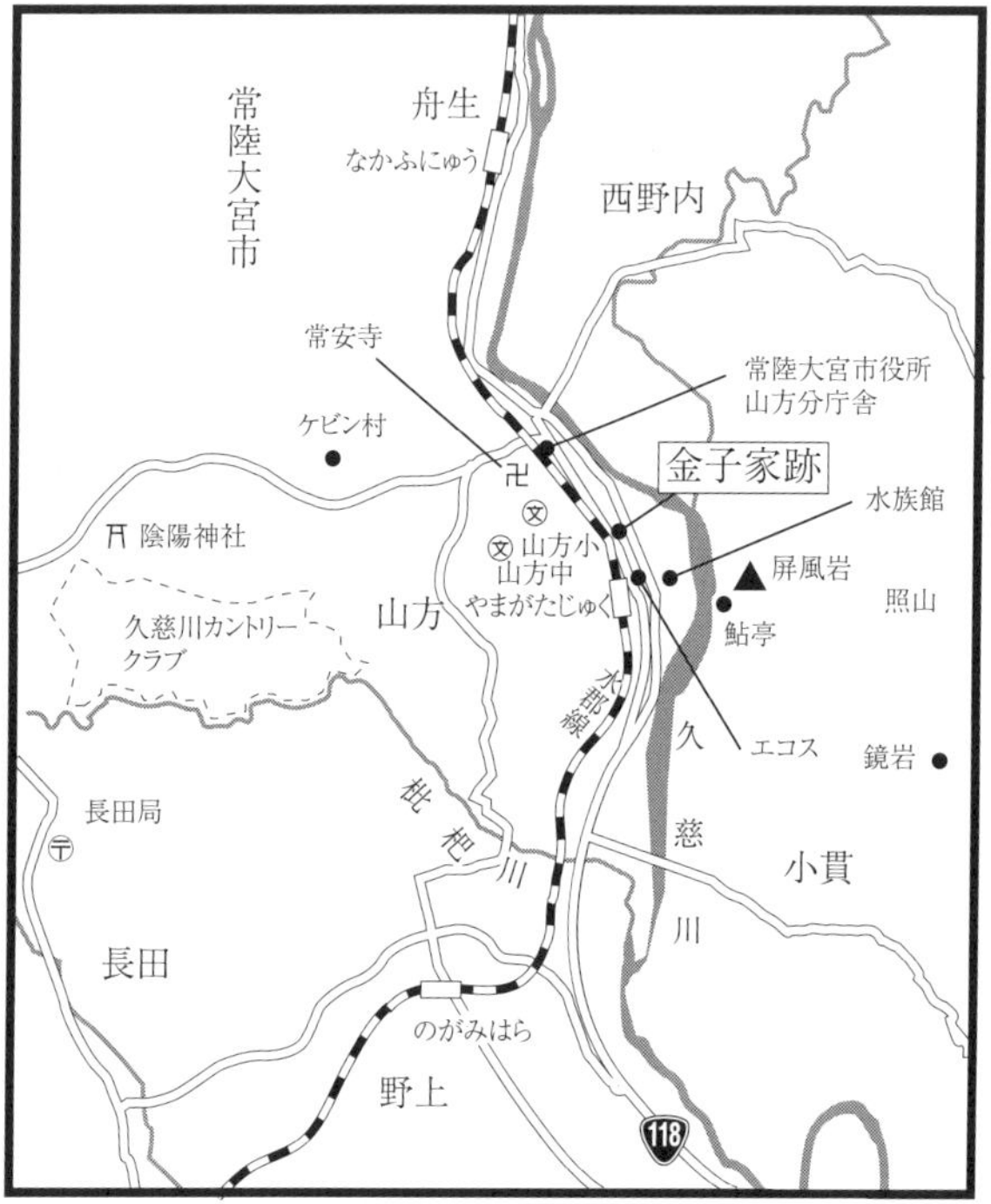

旧金子家付近略図

が澄んでいれば、その先に水戸市街が遠望出来るはずである。一方、水戸の高台からは、陰陽山も含めて、近くにある男体山の勇姿や長福山《ちょうふくさん》の美しい山容などとともに、阿武隈山系の山々を遠望することが出来る。義公は、藩領の「国見《くにみ》」を水戸からしていたであろう。土俗的な信仰の対象であった「夫婦岩」を「陰陽石」という名に改めさせ、神社を創建して祭礼方式を定め、厳修させるなどの仕置きは、水戸藩領民の民度を向上させ、今に至るまで精神文化の維持発展に寄与し続けていると思われる。「金子家文書」を通じ、その一端をここ陰陽神社に見ることが出来よう。

四　鷲子岡山家

『西山遺事俚老雑話』（以下『俚老雑話』）のなかに、「鷲子村松山ノ次郎左衛門か事」という記事がある。「鷲子村」とあるのは、旧那珂郡美和《みわ》村鷲子《むらとりのこ》、現在の常陸大宮市鷲子のことである。『水府志料』を見ると「舊鳥子に作る。元禄十六年より鷲子に改む」とあるから、義公時代には「鳥子」と呼ばれていたのであろう。義公の時代、この地に岡山次郎左衛門と名乗る人物がいた。次郎左衛門は、百姓といっても何か販売関係の仕事をしていたらしい。江戸で相当な財をなし、しかも常陸国出身ということで、その評判が義公の耳に入った。恐らく義公は、江戸において次郎左衛門と面識を持ったと思われる。『俚老雑話』の記事は次のようにある。

鷲子村の内、松山といへる処に、岡山氏を称し次郎左衛門といへるハ、

岡山家跡

義公様御代、富有にて大家の百姓なりしとそ。賣用にて江戸ニ登りし折から、風とせし処におゐて、初しめて御目見へせし申傳へなと有れとも、誠にあやしけなる事故、爰（ママ）漏らしぬ。至て氣象も世に異なるものにして、御意に叶ひしおのこなりしとそ。彼か持分之地に、松の古木一株有り。續ひて繁茂せし松樹有りし故、次郎左衞門か住所を松山といへるとそ。右一株の松、或年枯れたりしを悉く惜しみ歎きける。

公御聞遊ハし、松山の二字を篆字にかゝせ給ひ被ニ下置一、今に傳へて祕藏す。又拝領せし御脇差しなとも傳へ藏すとそ。扨又次郎左衞門か実弟次郎兵衞といへるハ、人品骨から世に稀れにして、武藝を好きける由、

公の御眼に止り、召出されて御家侍と成り、子孫于レ今存す。

義公が会ってみたところ、次郎左衛門は「至て氣象も世に異なる」人物であり、よく義公の意に叶ったらしい。どのような人物であったか想像の域を出ないが、「御意に叶ひしおのこ」という表現から考えられるのは、豪放磊落《ごうほうらいらく》な人物か、あるいは剛胆《ごうたん》な快男児《かいだんじ》であったろうか。兎に角、義公のめがねにかなったスケールの大きい人物であった事は間違いない。そのような人物であったとすれば、

義公が鷲子方面を巡遊するにあたっては、必ず次郎左衛門の家に立寄ったであろう。そこで、鷲子方面での義公の動静を探ってみることにした。

岡山家について段々調べているうちに、常陸大宮市高部《たかぶ》にある造り酒屋が岡山次郎左衛門の一族ではないか、という話を耳にした。早速、平成二十六年（二〇一四）六月のある日、高部まで車を走らせた。那珂市の自宅から高部に行くには、県道三一号線で那珂市中里まで行き、国道一一八号線に乗る。その一一八号線を常陸大宮市姥賀《うばが》まで行き、姥賀で国道二九三号線に乗れば、常陸大宮市小田野《おだの》までは一本道である。小田野で右折すると、そこは高部の市街地であり、今回の目的地である。

岡山家を訪れてみると酒造りは廃業したらしく、広い敷地内に人影はなかった。家人にうかがったところ、史料などは常陸大宮市の資料館に入っているという。そちらに行って見て欲しいという話であったので、礼を述べて岡山家を辞した。過疎化の波は、この山あいの町にも確実に押し寄せていた。この日に会った人は、タクシーの運転手さんと学校帰りの中学生二人、途中、道を尋ねた中年の男性の四人だけであった。しかし、最近の中学生は、挨拶をしっかり出来る生徒が多い。この時も、二人の女子生徒が人懐《ひとなつ》こい表情で「こんにちは」と声をそろえ、見知らぬ筆者に挨拶してくれた。この時ばかりは、挨拶が音楽に聞こえたものである。

数日後、今度は常陸大宮市役所に隣接する郷土資料館を訪れた。受付嬢に聞くと、市町村合併で資料や文書の整理が行われている最中とのことであった。今年度中には文書館が開館する予定になっていること、責任者は高村さんであること、文書館の電話番号などを親切に教えてくれた。その足で、塩子《しおご》というところにある常陸大宮市文書館予定地に直行した。着いてみると、そこはもと塩田《しおた》小学校で、学校の統合で空き校舎になった建物を文書館としてリニューアルしたものであった。すでに内装工事は終え、資料館としての準備が着々と進行しているように見受けられた。この時、高村さんは不在であったので、館長さんに名刺を差し出して挨拶し、今後のことをお願いして自宅に戻った。

数日後、高村さんに電話をしたところ、「在館しています」と言うので再び塩子に向かった。初対面の挨拶をし、名刺を交換した。「常陸大宮市教育委員会　生涯学習課　文書館G　主幹　高村恵美《たかむらめぐみ》」とある。早速、岡山次郎左衛門や照願寺《しょうがんじ》の関係史料などがあるかどうかを尋ねてみた。すると、「丁度、照願寺の史料を持ってきていますよ」という。願ってもない機会なので、是非見せてくれるようお願いした。そこで、『照願寺記録』と墨書《ぼくしょ》された原本コピーを見せてもらうことが出来た。一枚一枚めくっていくと、筆者が探している岡山家に関する記述を何ヵ所か見いだすことが出来た。「これを写真に撮ってもいいですか」と言うと、「結構ですよ」と高村さん。「文章にするなら、あとで所有者に許可をとります」とのことであった。そのほか、高部地区や桧沢《ひざわ》地区などの文書を集め目次をつけたものを見せてくれ、「必要なものは今度用意しておきますので、紙に書いておいて下さい」と親切に高村さん。目を通したいもの数点を候補に挙げ、出来たら次回は見たい旨を伝えてこの日は辞した。

七月下旬のある朝、自宅の電話が鳴った。文書館の高村さんからの電話である。「今、先日言われました資料をこちらに持ってきました。いつ来られますか」という。「すぐ行きますから」と言って準備してあった鞄を持ち、文書館に向った。途中、ふと思いついたことがあった。国道二九三号線は、水郡線玉川村駅の直ぐ側を通る。玉川村駅近くには、知る人ぞ知る「田舎まんじゅう」の店があり、これが評判で、午後にはいつも売り切れる。今回は是非ともこの饅頭を買って、文書館のお土産にしようというのである。作りたての饅頭を買うことが出来たのは上出来であった。

午前十一時前に文書館に着き、申し込んでおいた文書類に目を通す。この日は文書の整理作業が始まったらしく、人が大勢いる。その中に、どこか見覚えのある人がいた。はて誰であったろうかと考えていると、先に「住谷先生ですよね」と言われる。「松本です」と言われたところで思い出した。妻の教え子で、平成十八年（二〇〇六）実家に住むことになった時、早速駆けつけてくれたのが松本さんであった。思わぬところで思わぬ人に遇う不思議議を、この時も味わったのである。

文書を見ていて新たな発見があった。本書一〇八頁からは山方の金子家について書いている。ところがこの時、岡崎家の記録の中に、金子家の文書と同一の記録があるのを発見した。この記録についてみると、旧山方村と旧美和村の接点や、旧家の記録の性格をどう考えるかなど、新たな課題がありそうな気がした。また　同記録の中に、次のような記事があるのも発見した。

鷲子村

百姓　　次郎左衛門

一義公様數度御成被レ爲レ在候
由之處留無レ之候　度數聢《しか》与《と》
相知不レ申候
但し拝領之品左之通
一御眞筆掛物一幅　元祿五年
享保丁未年小池友賢様右御筆
松山大文字之儀ニ附御出納有レ之候
一御脇差　御紋附　一腰
一御鉄炮　一挺
メ三品

内容からすると、元禄五年（一六九二）に義公から「拝領」の「松山」と大書した「掛物」を岡山家は所有していた。享保十二年（一七二七）になり、「小池友賢《こいけゆうけん》」が来宅して調査のため藩に持ち帰り、あとで返却したことが推定される。また、のちの岡山次郎左衛門の時代になると、「義公様」が何度「御成」になったかはっきりしないことを申告している。この「掛物」のほかに「拝領」の品として「御紋付」の「脇差」一腰、「鉄炮」一挺を保持していたことがうかがえるが、「御成」の詳細については、明らかではないようである。しかし、この記事の意味は大きい。一通り目を通したあと、旧岡山家周辺の写真を撮るため、天気が良いこの日に鷲子まで行こうと考えた。テキパキと、しかも痒《かゆ》いところに手の届くような仕事ぶりの高村さんに感謝をし、文書館をあとにした。

目指す旧鷲子村は、常陸大宮市文書館から北西に二十五キロメートルほど行ったあたりである。この日は常陸大宮市の市議会議員選挙運動期間中ということもあって、選挙カーが数台「〇〇候補をよろしくお願いします」などと、拡声器のボリューム一杯に連呼する車にすれ違う。日中の気温も三十五、六度の異常な暑さであった。

岡山次郎左衛門の屋敷跡は、国道二九三号線沿いにあった。ところが、屋敷は高台に位置していたので、今は人家の敷地を通らないと上ることが出来ない。屋敷跡からの写真を撮りたいと考えていたので、どこか上れる場所はないか探した。東端《とうたん》に民家が一軒あったが、そこからは上れそうもない。屋敷下にも民家があるが、そこからも屋敷跡に行く道はない。西側はといえば数軒の民家があり、西《せい》端《たん》に山道が通っているように見えた。そこからなら崖《がけ》を登れそうだと判断した。取りあえず細道を行ってみる。急勾配の土地に家が数軒、へばり付くように建っていた。そのうちの二軒はすでに廃屋《はいおく》である。民家が途切れたあたりに、やや勾配のゆるい場所が目に付いた。地盤は軟かく滑りやすかったが、何とか上りきる。そこが岡山家の屋敷跡であった。

上ってみれば屋敷跡は広い平坦地《へいたんち》で、下から見上げていたのとは様相《ようそう》が異なっている。今は畑となり、梅の木が多く植えてあって、当時の岡山家屋敷の面影を偲《しの》ばせるようなものは全く見当たらなかった。しかし、眺望《ちょうぼう》は想像した以上のものがあった。眼下《がんか》に国道二九三号線が見え、車が何台も連なって走るのが見える。あたり一面は青々とした水田が豊かに広がっている。その向こうには小川が流れ、眼前には山々が連なる。これで月でも上れば言うこと無しである。屋敷はうしろに山を背負い、義公の時代には松林が山を覆っていたとも言う。いざという時には要害にもなり、平時には風を聞き、月を愛でることが出来る地形である。義公が度々この地を訪れたというのも、よくわかる気がする。周囲の写真を数枚撮ってから岡山家跡をあとにした。

家に戻ってから、鷲子・馬頭周辺の巡視や巡遊について調べにかかった。諸記録から、初回は寛文三年（一六六三）であることがわかる。藩主に就任して最初の藩内巡視のおり、助川《すけがわ》（日立市助川）から北上し、荒川《あらかわ》、袋田《ふくろだ》、大子《だいご》と進み、町付《まちづき》、佐貫《さぬき》、大山田下郷《おおやまだしもごう》から馬頭に至っている。馬頭からは船で那珂川を下り、水戸に戻っているので、この時、岡山家への「御成」はなかったであろう。

次の馬頭方面への巡視は寛文五年（一六六五）のことである。『美和《みわ》村史』には次のように記されている。

八月十五日鳥子村岡山次郎左衛門宅に一泊、岡山家では光圀を迎えるため、御殿を新築して接待した。光圀は屋敷内の老松のみごとな枝ぶりを賞して、「松山」の二字を扁額に書いて下付、地名を「松山」と命名した。「松山」の二字扁額については、享保十年（一七二五）の小池友賢の鑑定書にも記されている。また照願寺を訪ずれ寺宝、什物をみ、畠山牛庵にその真偽を確認させ、牛庵が疑いなく本物であることを申し上げると、光圀は住職に対し「重宝であるからよく保存するよう」いわれたという。さらに渓流《けいりゅう》に河鹿《かじか》の鳴く声を聴き、渓流一帯の地を「蛙の里」と命名したという。

おそらく、義公の岡山家「御成」はこれが最初であったろう。二泊していることが記されているので、すでに「御殿」は出来上がっていたと推測される。この年、義公が就藩《しゅうはん》した日時を調べると、八月七日のことであった。江戸を発ったのが八月三日、小金、守谷、北条と進み、六日には筑波山に登っている。この日は柿岡《かきおか》に泊まり、住吉、鯉渕をへて、水戸に帰城するのは翌七日のことである。瑞龍にある父威公頼房《いこうよりふさ》の墓参に行ったのが八月二十二日であったから、その間の僅《わず》かな期間を利用して、岡山家に「御成」になったことが知られよう。

そう考えると、岡山家に急いで行くような理由があったのかも知れない。想像を逞《たくま》しくすれば、寛文の初め江戸において相知った二人は、身分を越えて肝胆相照《かんたんあいて》らす仲となり、義公が帰国した暁《あかつき》には「鳥子」の岡山家を訪ねる、という約束があったのかも知れない。次郎左衛門は「御成」のための「御殿」をしつらえ、心待ちにしていた。義公が訪れてみると、話の通り、松の古木が見事な枝振りを見せている。屋敷裏も一面の松林で蔽《おお》われ、風雅《ふうが》をこととする義公の意にかなった佇まいをみせていたのであったろう。

岡山家周辺の風景が心に染みた義公は、のちに「松山」の二字をしたため、扁額にして次郎左衛門に賜い、地名を「松山」とするように命じた。また、宿泊してみると、夜は夜で趣のある河鹿の鳴き声が風に乗り、渓流から頻《しき》りに聞えてくる。風情《ふぜい》のある鳴き声に因《ちな》んで、渓流一帯を「蛙《かわず》の里《さと》」とするよう命じてもいる。地元の人々は、今もこの優雅な名前を大切にしていると言う。

二度目の岡山家訪問は、寛文十年（一六七〇）のことである。九月に就藩を果たした義公は、十月二十四日から北辺の巡視に出かけている。二十五日に金砂山に登り、二十六日には大子、二十八日には鷲子入りをした形跡がある。三十日には石塚に行き、十一月朔日に水戸城帰還となっているので、おそらく二十八日には、岡山家の「御殿」に宿泊したと推測される。

三度目は延宝《えんぽう》元年（一六七三）、九月のことであろう。八月十八日に水戸を出た義公は、九日間にわたり、川尻と磯原を巡視し、小菅、高倉、町付をへて、九月四日に鷲子に入っている。鷲子には二泊し、前回同様、石塚から水戸に帰城している。この時の経路を詳しくみれば、町付から初原、上金沢、大那地から鷲子伍智院に立寄り、岡山家に入ったようである。伍智院は、今の鷲子神社が鎮座するその場所で、義公の休息場所としてしばしば登場する。

九月五日には、岡山家を出て武茂《むも》の唐御所《からごしょ》の遺跡を訪ね、和見《わみ》から那珂川を高瀬舟《たかせぶね》に乗り、松野《まつの》に行く。松野からは鷲子に戻り、岡山家に宿泊している。翌六日には岡山家を出発し、小瀬《おせ》から野口《のぐち》にまわり、そこから船で赤沢《あかさわ》に下り、粟野《あわの》から石塚まで行って宿泊、翌七日帰城した。約二十日間の長期にわたる巡視であった。

四度目は天和三年（一六八三）六月中のことである。この時、義公は馬頭村の大金重貞《おおがねしげさだ》と会っている。詳しくは『水戸光圀の餘香を訪ねて』、「小口《こぐち》大金家」のところで述べておいたが、貞重の献上した『那須記《なすき》』によって那須国造《なすのくにのみやつこ》碑《ひ》の存在を知り、佐々宗淳《さっさむねきよ》に命じて、その修復と近くにある侍塚《さむらいづか》古墳の発掘保存に力を尽くすようになる。六月中の義公の動きをみると、馬頭の梅平《うめだいら》方への「御成」が七日、大金貞重が『那須記』を献上したのが八日であり、九日には和見から小砂《こいさご》東光寺《とうこうじ》、那須七騎《なすしちき》の居城《きょじょう》跡を遠望して馬頭に宿泊し、間もなく水戸に帰城している。

次いで、六月二十四日、再び北辺の巡視に出発した。二十七日に馬頭宿泊、二十九日に鷲子宿泊、七月朔日《ついたち》に帰城しているので、岡山家には六月二十九日に宿泊したと考えられる。この年は那須国造碑や侍塚古墳の発掘、維持保存に意を用いていたように思われる。

貞享四年（一六八七）になると、九月二十四日に石塚から馬頭に入り、「那須湯津上村《ゆづがみむら》古碑修復之儀仰出さる」ということになり、調査が進んで修復が計画されることになったようである。この時、義公は八溝山《やみぞさん》に登り、間もなく水戸に帰っているので、鷲子に立寄る余裕はなかったと推測される。

五度目は、義公が終《つい》の棲家《すみか》として太田の西山荘に隠居した翌年、元禄五年（一六九二）六月のことである。六月十六日、西山荘を発った公の一行は、塩原、寺田、桧沢と進み、十七日、小瀬の江畔寺《ごうはんじ》に宿泊した。武部川筋《たけべかわすじ》を回ったあと、二十日から岡山家に逗留《とうりゅう》している。二十三日には馬頭村に「出御」となり、二十七日まで馬頭周辺を細部にわたって巡遊している。この時は馬頭村地蔵院《じぞういん》、湯津上村石碑、侍塚古墳などの主な史蹟を見学したあと、町付の飯村家に入っている。町付までの途中、各地の社寺を重点的に回っている様子がうかがえる。二十九日に町付の飯村家を出たあとは、下宮《しものみや》から船で下り、山方を過ぎて樫村《かしむら》というところで下りている。西山荘に着いたのは「戌下刻《いぬのげこく》」、午後九時頃であった。

六度目は元禄六年（一六九三）の八月のことであった。十五日、近くの照願寺に「御成」になったあと、夕刻に岡山家に入ったようである。『常山文集』巻十二には、「中秋」と題して次の七言詩が載せられている。岡山家において中秋の名月を観賞した時の作と思われる。

夜靜風微桂子馨　　夜靜まり風微かにて桂子馨《けいしかお》る
金波蕩處没稀星　　金波《きんぱ》蕩《きざ》す處《ところ》稀星《きせい》没《かく》る
雲間高挂一圓鏡　　雲間《うんかん》高く挂《か》かる一圓鏡《いちえんきょう》
照破秋天白殺青　　秋天《しゅうてん》を照破《しょうは》して白殺青《はくさつせい》

山里の夜は静かに暮れ、風もほとんど無いが、どこからともなくほのかに桂子の香が漂ってくる。漆黒《しっこく》のなか、月の光がさして来て星はどこかに隠れてしまった。やがて満月が雲間から姿を現わしてきた。物の影が無いほど、秋空一杯にひかり輝いていることよ、というような意味であろうか。風雅の道をこととする義公にとって、十五夜の月を愛でることはまた格別なのである。翌十六日は再び照願寺に入り、十七日には西山荘に戻っている。『日記』の八月十七日の条に「今日黄門公帰御ノ由告来る」とあるのがそれである。
七度目は元禄八年（一六九五）三月下旬のことであった。『日記』三月二十日の条に、「公ハ今日より自足殿《じそくどの》御同道にて、北すじへ御出なりし也。」とあり、この日は岡山家に直行したらしい。二十一日は、鷲子から松野、久那瀬《くなせ》と進み、梅平の小衛門《こえもん》宅に宿泊した。翌二十三日には小衛門の案内で黒羽《くろばね》桜馬場、小砂から再び梅平の小衛門宅に戻り、夕食をすませてから八ッ過ぎ三河又《みかわまた》新田をへて船で那珂川を下った。勝倉《かつくら》に至るのは夜明け近く、この日は湊御殿《みなとごてん》に入ったと思われる。わずか四日間にすぎないこの旅は、岡山家の松の老木と黒羽の桜を自足軒常覚に見せるための巡遊であったような気がする。

中秋の名月（岡山家跡より）

この年の八月十二日、岡山家で再び十五夜の月を鑑賞するため、義公は西山荘を出た。十三日、十四日の鷲子に着くまでの二日間は、主に「川殺生《せっしょう》」をし、十五日に岡山家で月見の宴を張った。前年に、懸案《けんあん》の藤井紋太夫《ふじいもんだゆう》一件を払拭《ふっしょく》した後の月見の宴であっただけに、その味わいはまた格別であったに違いない。岡山家では、「松山観月」と題する七言詩を詠んでいる。

偶遇中秋忘旅情　　偶《たまたま》中秋に遇《あ》いて旅情を忘る
松山風砕葉間瓊　　松山風は砕く葉間の瓊《たま》

清光假有陰晴異　　清光假に陰晴を異にすること有るも
更不能埋今夜名　　更に今夜の名を埋《うず》むること能《あた》わず

旅先で中秋に遇い、ゆったりとした気分で名月を眺《なが》めようとしている。風にそよぐ見事な松の枝が時に月を隠してしまうようなことがあっても、それはそれで良い。どのように見ても名月は名月である、というような意味であろうか。中秋の名月を心ゆくまで眺めている義公がそこにはいる。

翌十六日には小田野の東福寺《とうふくじ》に三浦介《みうらのすけ》の肖像を見、鷲子の伍智院で昼食にそばを食している。このあと山田村の阿久津重廣《あくつしげひろ》宅に一泊し、十七日からは馬頭村の星小野衛門《ほしおのえもん》宅、二十六日には大山田村《おおやまだむら》、二十七日は金沢《かねさわ》の寺などを回り、九月四日に、町付《まちづき》の飯村武介《いいむらぶすけ》所に「御成」となる。

『常山文集』巻十三には、八月二十一日、馬頭村滞在中に詠んだと思われる次の詩があり、義公の死生観《しせいかん》の一端《いったん》をうかがうことが出来よう。「雨中鴈」と題する七言詩は次のようである。

出塞圖南倦苦辛　　塞《さい》を出でて南《みなみ》を圖《はか》り苦辛《くしん》に倦《う》む
一聲和雨助哀呻　　一聲《いっせい》雨に和して哀呻《あいしん》を助く
蕭蕭檐滴故郷涙　　蕭蕭《しょうしょう》たる檐滴《えんてき》故郷の涙
彼亦來賓我亦賓　　彼また來賓《らいひん》我また賓《ひん》

『列子《れっし》』湯問篇第五に「山に面して居《お》り、山北《さんぼく》の塞《ふさ》がりて出入《しゅつにゅう》の迂《う》なるに懲《くる》しむ」とあり、初句はこれを踏まえていよう。山の北側に閉じ込められているような住処《すみか》なので、南の町に行くにも遠回りをしなければならない不便を託《かこ》っているとの意味である。ここでは山道を辿《たど》っている時の労苦《ろうく》を言うと思われるが、あるいは来し方をそこに重ね合わせているのかも知れない。旅館に落ち着いて詩を捻《ひね》っていると、雁《かり》が一声寂しげに鳴いた。外は雨がしとしと降り、頻《しき》りに懐旧《かいきゅう》の情がもよおされる。思えばあの雁もこの自分も、ここでは客人にすぎないのだ、というような意味かと思われる。天地自然の悠久《ゆうきゅう》の運行からみれば、長いと思われる人生も、短い旅のようなものである。老いの深まるなかで、過ぎし人生を振り返っているような感がある七言詩である。

馬頭からは大山田、町付さらに大子、徳田に渡り、九月九日の重陽《ちょうよう》の節句は、徳田村の大森源五衛門所で迎えている。義公がこの巡遊を終えるのは九月十五日。『日記』九月十五日の条に、「黄門公帰御」とあり、翌十六日の条には、

午後より西山に参る。久しく対面給ハらぬよし御意ありて、夜更る迄御殿にさふらいて帰る。

此ほどの御詩歌拝見セし也。

とある。久々に対面した日乗に巡遊で詠んだ漢詩や和歌を見せ、詩歌の感想などを聞いたのであろうか。いずれにしても、元禄八年八月のこの巡遊は、義公の生涯のなかでも最も心安らかな旅となったように思われてならない。八度目の「御成」の時のことであった。

九度目は元禄十年(一六九七)八月である。『日記』八月八日の条に、「大君、北すじへ出御」とある。このときの巡遊で詠んだ「中秋遊山寺」と題する七言詩が、『常山文集拾遺』に載せられている。『照

願寺記録』にもこの詩が載せられているので、八月十五日は、照願寺で月見をしたことが明らかである。とすると、当然、岡山家にも「御成」があったであろう。七言詩はこうである。

月夕攜秋到上方
迷雲四散更無障
一輪照破彼諸願
天外高懸圓滿光

月夕《げっせき》を攜《たずさ》え秋 上方《じょうほう》に到《いた》る
迷雲《めいうん》四散《しさん》して更に障《さわ》りなし
一輪照《いちりんしょう》破《は》す彼《か》の諸願《しょがん》
天外《てんがい》高く懸《か》かる圓滿光《えんまんこう》

義公がなにかと縁の深い真宗の寺であったから、今回は照願寺での名月鑑賞となったのであろう。「月夕」は八月十五日の中秋節の意、「上方」とあるのは寺の別名であり、ここでは照願寺のことである。時はまさに秋たけなわ、夕暮れになって月が昇って来た。空には雲がほとんど無く、周囲を明るく照らし出す月の光は、世の人々の願いを知っているごとくである。中天に懸《かか》るころの月の光は、世の中を照らす仏円光《ぶつえんこう》そのものと言って良い、というのであろうか。いかにも仏寺での七言詩らしく、月に言寄《ことよせ》せて人々の救済を願う義公の真情が詠まれていよう。この日は久昌寺の日乗も同じ月を観ていた。『日記』に「今宵月さへておもしろかりけり」とあるから、この年の十五夜の月は、特に見事であったのかも知れない。義公はこのあと、十七日に大畠村寿命寺《おおはたむらじゅみょうじ》へ「御成」となり、十八日には西山荘に「帰御」しているので、この行は、寿命寺に用事があったのであろうか。

十度目は、元禄十一年（一六九八）八月である。この時は約二十日間の長旅であった。八月三日に西山荘を出た義公一行は、三美から野口村に入り、長倉に三日間逗留している。同七日、小田野の玉泉《ぎょくせん》寺《じ》に入り、そこで詩会を行ったのち岡山家宿泊となる。岡山家には十日朝まで逗留するが、その間、近くの照願寺にも立ち寄っている。鷲子からは大山田に入り、庄屋石井長衛門《いしいちょうえもん》所に逗留した後、八月十五日、町付の飯村武介所で月見の詩会を催すことになる。

この後、十六日に町付を出た一行は、袋田から月居山《つきよりさん》を越えて上高倉に出た。上高倉では細谷吉兵衛《ほそやきちべえ》の屋敷にある「御殿」に入ったものと思われる。細谷家では、東の山々の間から登る十六夜月《いざよい》を観た感慨《かんがい》を七言詩に詠んでいる。このあと、和久というところにある後藤勘兵衛《ごとうかんべえ》家の「御殿」に「御成」となる。ここでは詩会あり、獅子舞《ししまい》あり、花火ありで、おそらくは年老いた義公を慰めるため、いろいろな催し物が用意されたものであろう。なんと言っても公はすでに七十一歳、古希《こき》をすぎていた。ご老公のこれまでの労苦を慰めようとする、領民の願いが感じられよう。西山荘に「帰御」したのは、八月二十四日のことであった。

最後の岡山家への「御成」は、元禄十三年（一七〇〇）八月のことである。八月十七日に石塚方面に「出御」し、長倉から桧沢へと入り、鷲子岡山家に「御成」になったのは二十二日である。二十六日に伍智院に立ち寄り馬頭村に向ったから、四、五日逗留したのであったろう。馬頭から大子町保内《ほない》をへて「帰御」したのは、九月四日のことであった。

諸記録から確かめられる岡山家への「御成」は、以上十一回ということになる。いずれにせよ、引退後毎年のように鷲子を訪れていることから考えると、岡山次郎左衛門という人物は、義公の御眼鏡にかなった信頼の厚い人物であったろう。

一方、弓野氏の『行脚』のなかに、次のような注目すべき記述がある。

予は隙を見て鷲子山に登り義公のお馴染な松山次郎左衛門の後を訪ふの下心を有してゐた、所が折よくも武藤師がその松山家の近親であり、且松山家は零落して鷲子には現在遺族も住んではゐず、義公に關する古文書の類も皆武藤師方にあるといふのを聞いて一先づ安心の胸をなでおろした。

『行脚』が書かれたのは昭和三年（一九二八）のことであったから、岡山（松山）家はすでに零落《れいらく》して鷲子には居らず、記録は長倉村の蒼泉寺《そうせんじ》住職であった武藤岩雄《むとういわお》師の手にあったことになる。しかも『行脚』の「鷲子物語」という文章のなかで、「古文書より摘錄すれば」として、

一、御脇差　一腰　（康次作御紋付）
一、御鐵砲　一挺
一、御人形　一組
右いづれも義公様被レ爲レ成候御砌拜領云々御人形は御手自ら女子へ拜領被二仰付一候由、尊慮により女は加治郎左衛門へ嫁ぐ云々
一、御策御懸物　一軸

御同君様御逗留被レ遊候御折云々

と書き、さらに「松山家」という文のなかで、

抑もこの松山家といふのは藤原爲久の後裔で、數世の孫岡山兵部なる者、紀州本願寺派に屬し當時織田信長の一敵國であつたが、彼の石山合戰の時信長の猛襲に本願寺は沒落し、岡山兵部は關東に遁れて常陸に入り鷲子の山村に隱れたのであつた。その五世の裔が即ち義公の知遇を得た六右衛門常久（後に松山次郎左衛門）である。（中略）以上は武藤師が蒼泉禪寺の庫裏の奥の間で傳來の古文書に面を曝しつゝ、予に語る所の綜合であるが（以下略）

と書いている。岡山家についての古文書は、少なくとも昭和の初め頃までは蒼泉寺に存在していたのである。内容的にみると、先に引用した岡崎家文書もこれの写しと言えるかも知れない。

そこで筆者は、水戸から国道一二三号線を通り、長倉城跡に建つ蒼泉寺を訪れた。曹洞宗のこの寺は「南嶽山蒼泉寺」と言い、慶長元年（一五九六）、長倉城主佐竹義典《さたけよしのり》が創建したと伝える。往時《おうじ》は十三ヶ寺の末寺を有したとされ、文化三年（一八〇六）に諸堂を焼失したと言う。現在の堂宇《どうう》は、文化八年（一八一一）に再建された時のものだと言う。

山門には「南嶽山《なんがくさん》」の扁額がかかり、直進すると本堂に行き着く。本堂の右手に庫裏《くり》があって、その玄関で若いお坊さんに話を聞いた。『水戸史学』に掲載した「義公の足跡を訪ねて」の抜き刷りを差し出して自己紹介をした。『行脚』に書かれた内容などについて話をし、鷲子岡山家の古文書など

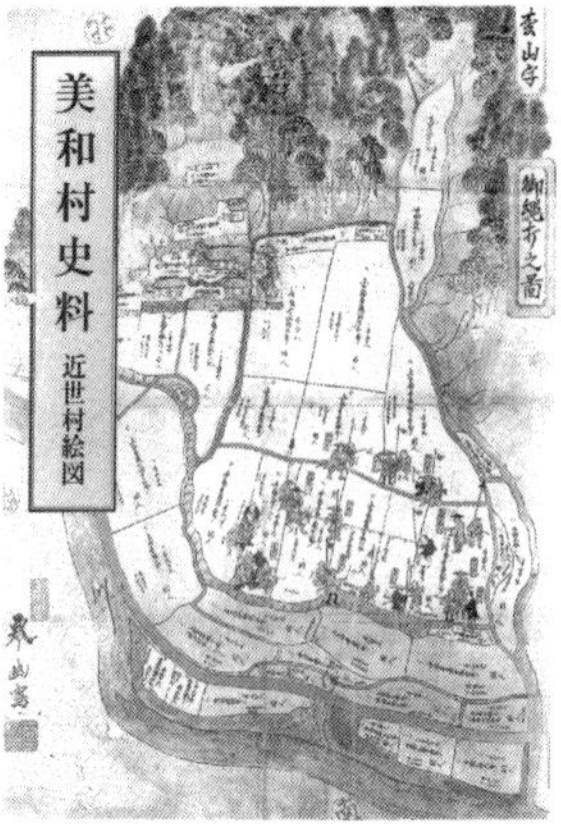

岡山家御縄打之図

があるかどうか尋ねてみた。すると「そのようなことは聞いていませんね」、「私には今のところ、なんともお答えは出来ないのです」とお坊さん。どうやら詳しいことは分からないらしい。なにか分ったら知らせてくれるよう頼んで、この日は辞した。

　現在までのところ、岡山家に関する資料を見ることは出来ないが、その代わり新たな発見があった。茨城県立図書館の郷土資料室に行った時、『美和村史料近世村絵図』という史料が目に付いた。見ると表紙に絵図が載せられ、「松山字《まつやまあざ》」「御縄打之圖《おなわうちのず》」とある。亘罯幽《わたりせんゆう》の手になるその絵図は、なんと岡山次郎左衛門屋敷の「御縄打」の様子を描いたものである。左上に家屋の様子がはっきりと描かれ、屋敷裏の山林に松の大木も描かれている。屋敷前に広がる土地は二町歩《にちょうぶ》以上あり、総て次郎左衛門の所有である。当時の岡山家の繁栄ぶりを物語る。よく見ると、八棟《はちむね》ほどの家屋の中に、母屋と形のよい松が描かれ、松に隠れて「御成御殿」のような建物が見える。「中秋」や「松山観月」の七言詩は、その岡山家の「御殿」から月を観て詠んだものであろうと確信した。

　そこで、松山の月をこの眼で確かめたいと思い、妻を伴って鷲子へ出かけた。この時の中秋の名月は、重陽の節句と重なる九月九日であった。午後五時に家を出て、六時三十分から岡山邸跡付近で待機する。東側の山から月が上がるのを待つこと三〇分、山の端《は》が明るくなってもなかなか満月は姿を現わさない。待つこと約四〇分。午後七時十分過ぎ、やっと大きな満月が姿を現わした。漆黒《しっこく》の中からわき上がってくるような満月は、明るくあたりを照らし出す。まさに名月の名に恥じない上りようである。今は杉林が山を蔽っているが、義公当時は松林の中を見え隠れする満月を観たと思われ、その趣はさらなるものがあったろう。満月を観ながらしばし佇んでいた。吹いてくる風はいかにも心地よく、義公主従《しゅじゅう》の詩会の会話さえ聞こえてくるような錯覚《さっかく》を覚えた。

鹿嶋市

常陸一ノ宮鹿島神宮

今を遡《さかのぼ》ること二千六百余年前、神武天皇が橿原宮《かしはらのみや》で御即位になり、わが国の歴史はそこから始まるとされるが、鹿島神宮の創建もこの頃とされる。御祭神は武甕槌神《たけみかずちのかみ》である。『古事記』を見ると、天照大神《あまてらすおおみかみ》の命により、高天原《たかまがはら》から使者として遣《つか》わされた武甕槌神が、大国主命《おおくにぬしのみこと》と国譲《くにゆず》りの交渉をする様子が描かれている。武甕槌神は命を受けると出雲の国に降り立ち、大国主命との交渉に臨む。大国主命が言うには、二人の子神があるからそれぞれに意見を聞いて欲しい。二人とも賛成すれば、自分は譲っても良いという。

そこで、武甕槌神はまず事代主神《ことしろぬしのかみ》と談判する。事代主神は、天照大神の御意向とあれば是非もありません、と言って身を隠す。ところが、その弟神である建御名方神《たけみなかたのかみ》は賛成しない。武甕槌神と力《ちから》比《くら》べをし雌雄《しゆう》を決することになった。しかし、所詮敵《しょせんかな》う相手ではない。建御名方神は力比べに敗れ、信州《しんしゅう》の諏訪湖《すわこ》の辺まで逃げたところで武甕槌神に命を助けられ、その地に鎮まった。こうして、武甕槌神は無事勤めを果たして高天原に復命《ふくめい》、任務を完了したのであった。

この後、邇邇芸命《ににぎのみこと》は「三種神器《さんしゅのじんぎ》」を携《たずさ》え、高天原から地上の世界に天下《あまくだ》る。この時一緒に天下ったのは、智恵者《ちえしゃ》で知られる思金神《おもいかねのかみ》や力持ちの手力男神《たじからおのかみ》など数神あったが、その中に中臣《なかとみ》氏の祖と言われる天児屋命《あめのこやねのみこと》がいる。邇邇芸命の御子は火遠理命《ほおりのみこと》、その子が鵜葺草葺不合命《うがやふきあえずのみこと》、その子が神倭伊波礼毘古命《かんやまといわれひこのみこと》、即ち神武天皇である。

また、『常陸風土記』香島郡の条を見ると、

古老《ふるおきな》の曰《い》へらく、「勤波《なにわ》の長柄《ながら》の豊前《とよさき》の大朝《おおみや》に馭宇《あめのしたしろ》しめしし天皇《すめらみこと》のみ世、己酉《つちのととり》の年《とし》に、大乙《だいおつの》上中臣《かみつしなかとみの》□子《こ》・大乙下中臣部兎子等《だいおつのしもつしなかとみべのうのこら》、惣領高向《すべおさたかむこ》の大夫《まえつぎみ》に請《こ》ひて、下總《しもつふさ》の國、海上《うなかみ》の國造《くにのみやつこ》の部内《くぬち》、輕野《かるの》より南の一里《ひとさと》と、那賀《なか》の國造《くにのみやつこ》の部内《くぬち》、寒田《さむた》より北の五里《いつさと》とを割《さ》きて、別《わ》きて神の郡《こおり》を置きき。

其處《そこ》に有《い》ませる天《あめ》の大神《おおかみ》の社《やしろ》・坂戸《さかと》の社・沼尾《ぬまお》の社《やしろ》の三處《みところ》を合《あわ》せて、惣《す》べて香島《かしま》の天《あめ》の大神《おおかみ》と偁《い》ふ。因《よ》りて郡《こおり》に名づく。風俗《くにぶり》の説《ことば》に『霰零《あられふ》る香島《かしま》の國《くに》』といふ。

とあり、「香島」という郡名が登場するのは、第三十六代孝徳《こうとく》天皇の御代《みよ》になってからのようである。「中臣□子」と「中臣部兎子」等が「高向の大夫」に申請して下総の海上郡の一里と、常陸の那賀郡の五里を分割し、神郡《しんぐん》としたのである。

この頃に、「天の大神の社」と「坂戸の社」・「沼尾の社」三社を合わせ、総合して「香島の天の大

神」と呼んだことがわかる。鹿島神宮の原型が成立したのである。

その後、欽明《きんめい》天皇の御代に仏教がもたらされる。仏教隆盛の時代を経ると、神社には神宮寺《じんぐうじ》なるものが付属するに至る。鹿島神宮も例外では無かった。神宮寺は最初、鉢形《はちがた》という所に創建され、ついで神宮境内に移されたという。

しかし、江戸初期の延宝年間（一六七二～八〇）になると、神宮境内の西方、新町というところに移されたと言われている。当時の義公と鹿島神宮との関係から推測すると、この時の移動は、所謂《いわゆる》、神仏分離のためであったろうか。寛文年間（一六六一～七二）の、義公の大規模な宗教政策は周知の事実であるが、この時の神宮寺の移動も義公の影響があったと考えるのが自然であろう。

『桃源遺事』巻之二を見ると、

> 同七年丁未十月、吉田日本武尊、常州茨城郡吉田郷・静手力雄尊、常州那珂郡静村の祠を修造仰付られ、唯一宗源の神道に御改め、乙女八人・神樂男五人づゝさしおかれ、日月四神の幡および樂器、もろ〳〵神宝を御納め給ひ、社僧を廢し別寺に住さしめ、其田をもつて修復の料にハいたし申やうニと神職の者に被ニ仰付一候
>
> （以下略）

とある。「同七年丁未《ていび》十月」というのは寛文七年（一六六七）のことである。那珂市瓜連の静神社、水戸市下市《しもいち》の吉田神社を唯一神道に改め、神は神、仏は仏として、あるべき姿に戻そうとしたのであった。鹿島神宮の歴史的重要性からみると、当然のことながら、他の神社同様の純粋性が要求されることに

なったであろう。

また、神宮には要石《かなめいし》という遺跡が存在し、古くから、地震を起こす鯰《なまず》の頭を押さえている石であるという伝承がある。ある時、神宮を訪れた黄門様が、この石の正体を確かめるため掘らせてみたところ、余りに地下深く埋もれていたので、途中で掘ることを諦《あきら》めたという。伝承自体は荒唐無稽《こうとうむけい》なところもあるが、義公が神宮を参詣したおり要石を調べたということがあったので、このような伝承に姿を変えたのかも知れない。

そうだとすると、この頃、公と交流のあった大宮司《だいぐうじ》は誰であったかを知ることも、重要になってくる。『水戸義公書簡集』を見ると、鹿島神宮大宮司に宛てた書簡が六通あることがわかる。それによると、書簡の相手はすべて「鹿島大宮司　伊織《いおり》殿」となっているから、同一人物に宛てたものであると考えられる。その十月二十七日付け書簡には、次のようにある。


去十八日拝㆓任大宮司職㆒、再被㆑復㆓本知㆒之由、多年鬱望忽開、恐悦之趣、早々示諭、於㆓下官㆒珍重多々、彌謹厚被㆓相勤㆒、神徳逐日繁榮之事尤所㆑希也、頓首

十月廿七日　　西山前中納言

光圀

鹿島大宮司

伊織殿

書簡の内容からすると、十月十八日付で「伊織」なる人物が大宮司職に再び就任したことに対してのお祝いの手紙である。文中、その事は「多年の鬱望《うつぼう》」であったとあるから、伊織なる人物を特定することは、そう難しいことではあるまい。『藝林《げいりん》』第四十八巻二号掲載の梶山孝夫《かじやまたかお》博士論文「義公光圀と鹿島大宮司則直・則長父子」によると、「伊織」なる人物は鹿島則長《かしまのりなが》であるという。則長の父は則直《のりなお》といい、三十四歳の若さで亡くなったというから、その子則長はわずか六歳で大宮司職を継がなければならなかった。しかし、鹿島神宮の大宮司職ともなると重職、六歳で役目が果たせる道理はないであろう。

果たせるかな、貞享《じょうきょう》四年(一六八七)八月十八日、十三歳の時に職を失なうに至ったという。それ以後、大宮司職は欠員となる。その後、則長は寺社奉行などへの働きかけを活発に行ない、その甲斐《かい》あって、元禄六年(一六九三)十月十八日、大宮司職に復職したのであった。右の書簡は、則長が目出度く復職したことに対する、義公のお祝いの手紙であることが判明する。「神徳遂日繁栄之事尤所希也」などと書き添えているから、公も陰に陽に、復職を支援していたのであったろう。とすると、義公が潮来方面を巡遊した元禄九年(一六九六)頃の鹿島神宮大宮司は鹿島則長として良いから、他の書簡の時期についても、ある程度年代の推測が可能となろう。

「潮来窪谷家」のところでは、『日記』や『俚老雑話』などを根拠として、元禄九年二月十五日の義公一行の行動を推理してみた。恐らく、義公一行の鹿島神宮への参詣は行われたであろうと考えていたところ、『水戸義公元禄九年御書草案』中に次の書簡があることに気が付いた。

昨日ハ御入來之處、不レ接二芝眉一、殘念多々、爲レ申レ謝如レ此候、

頓首

二月十七日　是も板久ニ而文ハ認ル由　西山

鹿嶋大宮司也

塙伊織殿

この書簡中には、「昨日ハ御入來之處」とあるから、二月十六日、鹿島則長は潮来に滞留している義公宿泊所まで挨拶に来たことが推測されよう。しかし、この時、義公は不在であった。予定に従って潮来周辺を巡遊していたと考えられる。では、なぜ則長が挨拶に参上したかと言えば、前日十五日に義公が鹿島神宮に参詣したことについて、返礼の意味があったからだと思われる。

そこで、二月十五日前後の則長の動きを調べていると、茨城県立歴史館に『鹿島則幸《かしまのりゆき》家文書』が所蔵されているということを聞いた。三月中旬、県立歴史館に出かけた。閲覧室に行き、受付に文書の閲覧を申し出る。文書は一冊づつ袋に入れられていた。取り出してみると、かなり虫食いがひどい。元禄九年二月前後の事が書かれている一冊を見る。二月十四日の条を見ると、「中納言様」、「中納言

殿」という記載が数カ所あり、「中納言様御参詣の由」という記事や、「御口上者、中納言殿板久江御越ニ付、志のひ《（忍び）》下候て御当宮参詣ニ参候。御出ニ及不レ申候と被二申越一候」などとある。神宮側のあわただしい様子がうかがえる。参詣のことが前もって伝えられていたことが、はっきり確かめられた。

天保五年（一八三四）水戸藩第九代藩主斉昭公の参詣では、実に五百名を超える家臣団を引き連れてのことであったという記録もある。しかし、この時の義公は隠居の身、しかも、潮来方面巡遊途中での参詣である。神宮の行事などを妨げることがないよう、あくまで「志のひ下候て」であることを徹底させる公の意図が知られよう。しかも「御出ニ及不申候と被申越候」と付け加えてあり、神宮側が特に接待に出ないよう、念を入れている。このように先触れをしているから、余程の事故でも無い限り、当日になって参詣を取りやめるということは、ほとんど考えられない。二月十五日の参詣は、行われたとするのが良いと筆者は考える。

「志のひ下候て御当宮参詣」をしたので、参詣時点での神社への申し出はなかったであろう。従って、則長はこの時、義公に会っていないと思われる。だからこそ、則長は翌二月十六日、急遽、潮来まで挨拶に来たのであったろう。しかし義公は、生憎《あいにく》不在であった。二月十七日付け「塙伊織」宛ての義公の手紙は、この来訪に対する詫び状であったものと推定される。

則長の日記を見ると、この年二月、則長は水戸を訪れている記事がある。九日の暮六ツに水戸に到着し、翌十日に太《おお》田《た》原《わら》傳七《でんしち》を見舞う。ところが、この時、義公は多忙であった。『日記』では、則長が水戸に着いた時、義公も水戸に「出御」したことが記されている。　義公はこの後十日に、「津田《つだ》」というところにあった伊藤七内《いとうしちない》の屋敷に入る。十一日になると、「自足軒殿」や「尊明院殿」などの多数の人々が集まって詩歌の会があり、西山荘へ「御帰り」となるのは十四日になってからであった。このため、則長は十二日、十三日と控えていたが、御目通《おめどお》りは叶わず、結局、鹿島に帰らざるをえなかったのであった。

鹿島に帰着してから、則長は義公に対し手紙を出したことであったろう。それに対して義公も返事を書いたと推定出来る。というのは、その返事と考えられる書簡が『義公書簡集』にある。次の書簡がそれである。

飛簡落手、先頃ハ遠境訊問之處、創卒之體、殘念此事候、
愈無レ恙候由、珍々重々、當地無二異儀一候、猶期二他日一而已、頓首

西山隠士
光圀

三月廿日
鹿島大宮司
伊織殿

大宮司則長日記（茨城県立歴史館蔵）

書簡中、「創卒《そうそつ》之《の》體《たい》」とあるのはあわただしく日々を送っていることを言うから、ここでは、水戸に出て人々を接待している事を指しているのであろう。書簡の遣り取りをみると、則長に対する義公の、細《こま》やかな心遣いが感じられる。

さらに則長の日記を見ると、元禄八年（一六九五）三月にも、則長が西山荘を訪れていることがわかる。この時は三月六日夜に水戸着、義兄弟の谷《たに》小《こ》左《ざ》衛門《えもん》の指図《さしず》で太田まで往き、九日に無事御目見えが出来た。

西山では「御料理」を頂戴し、晩には「そは切」まで頂戴し、十日になると「ずいりやう」（瑞龍）などを見物、「鷹壹羽絹壹疋」拝領して十一日、水戸に戻る。四月四日には、「御直書」が届いたとある。これらのことを考え合わせると、義公は則長の庇護者のような印象を受ける。

さらに『常山文集』巻之四中には、次の五言詩が載せられている。日時は元禄十一年（一六九八）七月二十一日と思われる。

鹿島宗長蓄唐蓮。　鹿島宗長唐蓮《とうれん》を蓄え、
今年始生雙頭。　今年始めて雙頭《そうとう》を生ず。
七月二十一日予觀焉。　七月二十一日予観《み》たり。
偶啓和尙來會。　偶《たま》ま啓和尙《けいおしょう》來會。
共愛花賀瑞。　共に花を愛《め》で瑞《ずい》を賀し、
各述志以韻云　各《おのおの》の志を述ぶるに韻を以てすと云う

芙蓉今示瑞　芙蓉《ふよう》今瑞《ずい》を示す
分黱共同莖　黱《たい》を分ち共に莖《けい》を同くす
大小色爭美　大小色美《いろび》を争い
夷齊香益清　夷齊《いせい》の香益《こうますま》す清し
紅衣浮水潔　紅衣《こうい》水に浮んで潔く
綠蓋受風輕　綠蓋《りょくがい》風を受けて輕《かろ》し
池浸連不影　池に浸《しず》み連なりて影《あらわ》れず
雙雙花弟兄　雙雙《そうそう》として花弟兄《ていけい》たり

鹿島宗長なる人物が蓮を愛し、その蓮を西山荘の義公のもとに送ってきたのであったろう。それが花開いたところを見ると、なんと、一本の茎から二つの花を付けているのである。丁度、正宗寺《しょうじゅうじ》の住職雷啓和尚《らいけいおしょう》がやって来た。そこで、各々の志を五言詩に詠んだというのである。ここで「宗長」なる人物は、やはり、鹿島神宮に関係する人物だと思われるが、神宮諸家の系図中に「宗長」という名は見当たらない。「宗」は「のり」で「則」に通ずるから、則長のことだと筆者は考えるが、どうであろうか。

五言詩中、伯夷《はくい》・叔斉《しゅくせい》の故事について考えると、兄弟がともに志すところは道の実践であった。それが、義公畢生《ひっせい》の目標であったことは、しばしば述べて来たところであるが、この詩からも、そのことが充分うかがえよう。義公青年の時の感動は、老年までほとんど変わることなく持続されていることを知る。偉大な人物の心性《しんせい》はかくのごとくである。また、「隻隻として花弟兄たり」の一句には、今は亡き兄、高松藩主松平頼重公に対する、懐《なつ》かしさや思慕《しぼ》の情が込められているような印象さえ受ける。

『日記』には、その二カ月後の元禄十一年九月五日の条に、

今日御殿へ御用ある間可参と用意セしが、御客有よしなれバ参らず。鹿島ノ社人とかや。

と記されている。『日記』から、鹿島神宮の関係者が西山荘を訪れていたことは明らかであるが、それが誰であったかは特定出来ない。則長以外に西山荘を訪れていた神官がいたのであろうか。唐蓮との関連性が考えられよう。

筆者が鹿島神宮を訪れたのは平成二十三年（二〇一一）秋のことである。九月中旬、荊妻《けいさい》の妹夫婦がはるばる新潟県長岡市からやって来た。義妹が看護師としての病院務めを終え定年退職したので、東

日本大震災の見舞いも兼ね、やって来たのである。平成十六年（二〇〇四）十月の新潟の大地震では家が傾き、義妹達も大きな被害を受けた。最近になってやっと家を建て直し、日常を取り戻したところだという。ところが今度は、姉の家が大きな被害を受けた。大地震に遭ったものでなければ、その苦労は分らない。連日、テレビなどで被害の状況を見るにつけ、心配の余りついに来たのであった。

折角、水戸まで来たので、これを機にどこか見学したい所はないか聞いたところ、義弟は即座に、鹿島神宮を参拝したいという。水戸には何度か来たが、鹿島神宮はまだ参拝したことがなかった。神宮の大鳥居が崩壊し、被害が甚大という報道もあったので、早速、九月のある日、四人で出掛けた。

那珂市の我が家から国道六号線を行く。途中、水戸市渋井町で国道五一号線に乗り換え、大洗町を経て鹿島灘の海岸線を走る。道路はどこも凹凸がひどく、特に大洗から先は、海岸側道路の車線半分が崩落している。いたるところで工事が行われていた。一時間半程で鹿島神宮に着いた。

車を神宮前の駐車場に入れ、まず大きな楼門《ろうもん》をくぐる。水戸藩初代藩主威公頼房《いこうよりふさ》の寄進になるという楼門は、九州阿蘇《あそ》神社、同筥崎宮《はこざきぐう》とともに我国三楼門の一つといわれ、鬱蒼《うっそう》とした杉木立の中に悠然と建つ。入口左側には社務所があり、端正な出立《いでたち》の巫女《みこ》さん達が参拝客に御札やお守りを分けている。

現宮司は高校時代からの友人、鹿島則良《かしまのりよし》氏である。五年前、高校時代の同窓会が還暦を機に開かれた。その時は大洗の宿舎から鹿島鉄道に乗り、一同揃って神宮に参拝したものであった。鹿島宮司と

鹿島神宮楼門

はその時以来であったから、受付の若い禰宜《ねぎ》さんに宮司に挨拶を申し上げたい旨を告げ、案内を乞う。

すると間もなく、鹿島宮司が奥から出て来られた。折角遠方から参拝してくれたので、少しの時間案内しようという。言葉に甘えて案内を乞う。こういう時、友人とは有難いものである。まず、応接室で、宮司から今回の大地震のことについて話を聞く。

三月初め、五十二頭の「カズハゴンドウ」が海岸に打ち上げられ、二十二頭が犠牲になったという。海岸に埋葬してお祭りをしたが、その時、近々《きんきん》何事かあるのではないか、と話題になったと言う。三月九日は有名な祭頭祭《さいとうさい》で、これを執行した二日後に地震があったことなどを話題にされた。祭頭祭の人出は一万五千人もあったというから、まさに危機一髪であったと宮司は言う。今にして思えば、「カズハゴンドウ」の事件は地震の予兆であったかと言われた。

宮司が「応接室の床間を見て下さい」と言うので、そちらに眼を遣《や》ると、大きな写真が飾られていた。一見して、神社の御神札であることがわかった。「諏訪大明神祈禱神爾」と墨書されているのが判る。宮司の話によると、御神札は一メートル三十センチあり、四月十一日、鹿島灘の荒野《こうや》地区に流れ着いたものだという。荒野地区の老人から社務所に連絡があり、二人の神主が受領に行ったらしい。発見された時は、砂と油にまみれていた御神札であったが、心を込めて清め、応接室に安置したのだという。

その後神宮では、この御神札の持主を探すため、全国諏訪社の中心である長野県諏訪市にある諏訪《すわ》大社《たいしゃ》に一旦届け、善後処置をお願いした。すると、六月八日になってから、京都平野神社《ひらのじんじゃ》の宮司を通じ、鹿島に流れ着いた御神札は、岩手県陸前高田市気仙町今泉《りくぜんたかだしけせんちょういまいずみ》諏訪神社の斎館《さいかん》の御神札らしいと連絡が入ったという。しかもこの御神札は、なんと御本社、即ち諏訪大社から受けてきたものだというのである。

冒頭で述べた『古事記』に書かれている国譲りの神話は、鹿島神宮に祀られている武甕槌神と、諏訪大社に祀られている建御名方神の物語でもある。二千六百有余年の後、大震災を機に、再び武甕槌神と建御名方神のこのような物語が綴《つづ》られようとは、誰一人想像出来なかったことであろう。神々の幸《さきわ》う国日本ならではの、実に不可思議な感動的な話である。これを聞いた筆者らは、心打たれる良い話しであったと、後で語りあった。現代に生きる我々は、遠い祖先が紡《つむ》いだこのような物語に、もっと関心を持つべきであろう。

さらに宮司は、次のような話もしてくれた。それは「千木落御《ちぎらくぎょ》」のことである。千木とは屋根の上に載っている×の形をした飾りのことである。鹿島神宮の千木は「置千木《おきちぎ》」といって、「ほぞ」に差し込んで固定してあるという。その大切な千木が、今回の大地震で外れ、落下してしまった。

奈良にある春日大社《かすがたいしゃ》が延宝八年(一六八〇)に定めた「春日社法《かすがしゃほう》」には、「社頭《しゃとう》において非常の怪《かい》有ればすなわち上聞《じょうぶん》に達す。怪は神殿鳴動《めいどう》、神鏡落飾《らくしょく》、或いは千木落御《ちぎらくぎょ》等の類なり」とあるという。もし神殿や神鏡、千木などに異常があれば、「春日社法」に従って、祭祀《さいし》の王であらせられる天皇陛下に報告しなければならない、という定めである。

神宮としては一大事、「春日社法」の定めに従わなければならない。鹿島宮司は経過奉告のため、後日、宮内庁に参向したという。宮司は、この間の事情について、神宮の機関誌である『要石』第七十八号の冒頭の挨拶で、次のように書いている。

今回の震災で、鹿島神宮の境内は大鳥居、灯籠の倒壊といった被害に遭いましたが境内に参拝者は戻り、日々の祭典も恙無く奉仕致し、この度一年に一度の例祭日を迎えられますことは御神徳の賜物であり、氏子崇敬者の皆様のお陰と深く感謝しております。

さて、先日全国の勅祭社宮司会《ちょくさいしゃぐうじかい》が開催され天皇陛下に拝謁する機会を得、各神宮神社の祭祀に対しての労《ねぎら》いと震災で被災した神社へのお見舞いのお言葉を賜りました。殊に鹿島神宮についてお心を掛けられ御下問《ごかもん》があり、復興を終了した旨言上致しました。

これは異例の事であり、真に恐れ多く感謝の極みでありました。この感動を胸に、皇室の弥栄《いやさか》、被災地の復興と国家の安寧《あんねい》を祈る使命を果たすべく職員一同祭祀の厳修に励み、鹿島の大神様の御神徳が愈々《いよいよ》輝きを増すよう務めて参る所存です。

先に宮内庁に参向して報告した内容は陛下に奏上され、それが勅祭社宮司会での、神宮に対するお見舞いのお言葉になったのであろうと想像される。突然の御下問に鹿島宮司は非常に緊張したと同時に、恐れ多い極みであったという。宮司は滅多にない経験に、自《みずか》らが置かれている立場の重さを、ひしひしと感じたらしい。

説明が終わったところで、「ご本殿などご案内します。外で待っていて下さい」と宮司が言われる。我々は外に出て待つ。宮司は直ぐに出て来られ、我々を本殿前まで案内して説明をしてくださった。「現在のご本殿は、第二代将軍秀忠《ひでただ》公の寄進になります。昔は伊勢神宮と同じように、二十年に一度建て替えられていたということです」、「先ほどお話した千木が御覧のように落ちています。鎖《くさり》が付いているので、下までは幸い落下しないで済んでいます」などと説明された。千木は相当重量があるという。地上まで落ちれば、破壊を免れなかったであろうと思われた。「ご本殿の後ろにあるのがご神木です。樹齢は千年以上と言われています。樹高は三十メートルを超えます」という。本殿はいつ見ても重厚そのもの、神宮の長い歴史を語りかけているように感じられる。

次に宝物館の案内をしていただく。宝物館の目玉は、「韴霊剣《ふつのみたまのつるぎ》」とも言われている国宝の直刀である。『常陸風土記』を見ると、

鹿島神宮本殿

慶雲元年《けいうんのはじめのとし》、國《くに》の司《つかさ》婇女《うねめ》朝臣《あそみ》、鍛《かぬち》、佐備《さび》の大麻呂《おおまろ》等《ら》を率《い》て若松《わかまつ》の濱《はま》の鐵《まがね》を採《と》りて、劍《つるぎ》を造《つく》りき。此《ここ》より南、輕野《かるの》の里《さと》の若松《わかまつ》の濱《はま》に至《いた》る間《あいだ》、卅《みそ》餘里《さとあまり》ばかり、此《こ》は皆松山《まつやま》なり。伏苓《まつほど》・伏神《ねあるまつほど》を年毎《としごと》に掘《ほ》る。其の若松《わかまつ》の浦《うら》は、即《すなわ》ち常陸《ひたち》と下總《しもつふさ》と二つの國の堺《さかい》なる安是《あぜ》の湖《みなと》のあるところなり。沙鐵《すなごのあらがね》は劍を造《つく》るに、大《はなは》だ利《と》し。然れども、香島《かしま》の神山《かみやま》たれば、輙《たやす》く入《い》りて、松を伐《き》り鐵《まがね》を穿《ほ》ることを得ず。

とある。古代から鹿島地方は良質の砂鉄が採《と》れたのであろう。高松という地名は旧波崎町《はさきまち》北部にあたり、昭和四十年代までは、松林が限りなく続く美しい海岸線を見ることが出来た。しかし、鹿島開発により一大コンビナートが形成され、今その姿は消失している。

鉄剣の製作は、およそ千三百年前と聞いて、義弟も流石《さすが》に驚いた様子。この他に狛犬《こまいぬ》が数体展示されていたが、鎌倉時代の製作と思われる古いものが目を引いた。また、室町時代に活躍したといわれる雪村周継《せっそんしゅうけい》が、神宮に百日間参籠《さんろう》して描いたと言われる「百馬図《ひゃくばず》」は、馬の動きを的確に捉《とら》えていて見事である。一枚一枚「奉神鹿島大神宮」と書かれている。雪村の強い神宮信仰が感じられる。この他に刀剣類、鎧《よろい》、甲冑《かっちゅう》類など、多くの貴重な文化財が収納されている。悠久《ゆうきゅう》の歴史を秘めた鹿島神宮の宝物だけのことはある、と感心させられた。しかも、人々の参拝、参観は途切れることがない。

少しの時間で失礼しようと思っていたが、そう短時間で済《す》むような話しではなかった。見るべきものは多く、楼門、本殿、宝物館を拝観しただけでも、優に一時間は越えていた。最後のところで宮司は、「実は石の鳥居が倒れてしまいましたので、今度は神宮の杉の木で鳥居を再建しようと思います。再建には四本の大杉が必要ですが、今、選定をしています。再建したら是非参拝にお出かけ下さい」「来月には神宮にかかわりのある常陸帯《ひたちおび》の薪能《たきぎのう》がありますので、良かったら見に来て下さい。」などと言われる。随分長居したので、来月の薪能での再会を約して鹿島宮司と別れた。

我々はそこから鬱蒼とした巨木の杉木立《すぎこだち》を歩いて、家康公寄進の「奥宮」を参拝し、さらに南奥の森の中にある要石《かなめいし》を見に行く。石垣に囲まれた要石を拝してから、やや北に下った所にある「御手洗《みたらし》」まで歩き、途中に鹿が飼われている「鹿園《ろくえん》」に立ち寄ってから帰った。すべてこれ広大な神宮樹《じゅ》叢《そう》の中にある。面積は七十ヘクタール、二十一万坪という。

実際に参拝してみると、元禄九年二月十四日、義公が「志のひ《（忍び）》下候て御当宮参詣ニ参候。御出ニ及不申候」という口上を述べさせた理由がよく分かるような気がする。もし、神宮側が応対しなければならないとすると、とても短時間では済まないし、迷惑も甚だしい。翌十五日の義公の行動は、そのようなことにまで気を配った上でのことであったと思われる。『日記』に書かれた「鹿島一見に参る」という一文は、義公の言葉そのものであったに違いない。こういうところに、義公の面目躍如たるものを見る思いがする。

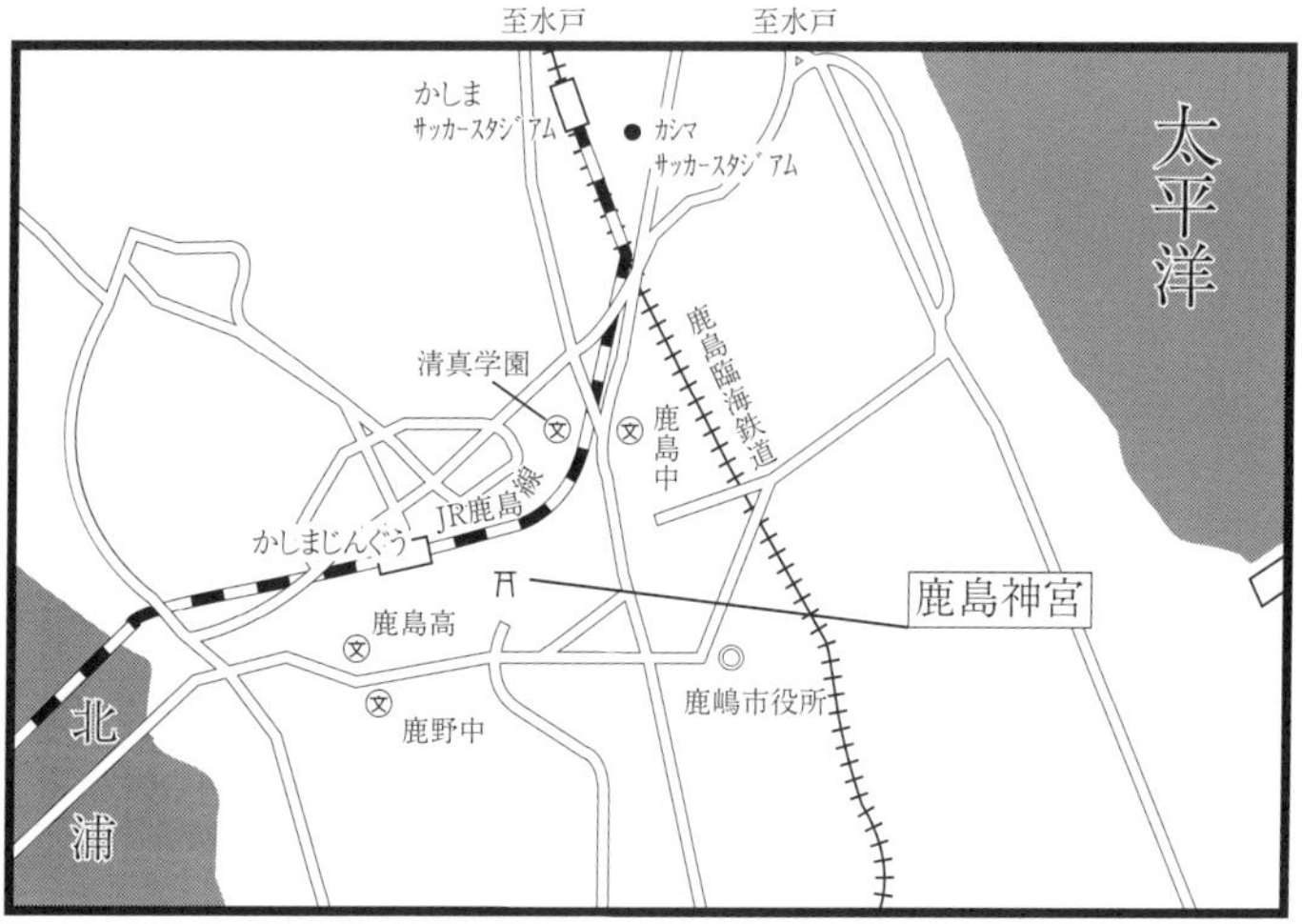

鹿島神宮付近略図

潮来市

一　築地妙光寺

水戸から潮来市に行くには幾本かの道筋がある。最も一般的なのは、国道五一号線づたいに大洗を経て鹿嶋市に向い、鹿嶋から潮来市に至る道筋である。その他には国道六号線を茨城町まで行き、紅葉《もみじ》から茨城空港（航空自衛隊百里基地）北側を経て、県道五〇号線を潮来まで行く道筋、あるいは茨城町上石崎から涸沼《ひぬま》湖岸の海老沢《えびさわ》を抜け、鉾田市繁昌《はんじょう》を経て県道五〇号線で潮来に至る道筋などがある。

北浦西岸を通り潮来への道を走っていたある時、道路際に「奇桜《きざくら》・光圀公御手植えの桜」という標柱が目に入った。案内板を見ると、義公が潮来市築地《ついじ》付近に御成りになった時に植えた桜の木であるという。地図を見たところ、近くには妙光寺《みょうこうじ》という寺があることが分かった。後日訪問してみることにして、この日は潮来市内の取材に向った。

家に戻ったあとで妙光寺について調べてみた。すると、『俚老雑話』中に、「潮來御領築地村里老申傳へ之事」として次のような逸話が載せられている。

或年

公潮來御領ヘ入御、築地村妙光寺後ロ通り、往還之道筋十文字なる所に、老夫夫婦にて住居せるもの有りしに、其路傍を御通行の時、さる年此家にて茶を貰ひ給へし事在りしと、御意有りしを、御案内ニ出たる築地村之役人ほのかに承り、此筋御通行の御時、右やうの御事ハ更に覚へさる事なり、いかゝの御事にやと、彼夫婦の者に、何んそ覚へ有るらめと尋ねけれハ、老婦答へて、外に覚へハなく候か、二三年以前いつの頃、朝茶を煎し二人してたうべ居候へは、おさむらいさまお二人りつれにて御入り、婆ゝ茶を一ツくれひと仰故、ぢゝいか不斷にたへ候茶碗をすゝき、これへ上げ候へハ、ふちの欠けたる所より召し上るへき御やうす故、そこハ不斷ぢちかたべ候所に候間、向ふの方より御上り候へと申し、茶をまいらせ候事候へ(ひ)し。若しや夫れか　殿様にても候へきやといゝける由、申傳へしと時の庄屋栄介か物語なり。されハ誠にこと〳〵く御忍ひ、所ゝへ御通行被レ遊し御事も被レ爲レ在しにや。是ハ慥成申傳へなり。

ある年、義公が潮来付近に「御成」になり、築地の妙光寺付近を通りかかったことがあった。喉《のど》が渇《かわ》いたからであろうか、義公はいきなり道路脇の老夫婦の住む家に入っていった。ちょうど茶の時間で、老夫婦は二人して茶を飲んでいるところであった。公が茶を所望《しょもう》したので、老婆は「ぢい」さんの茶碗で茶を差し出した。茶碗を受け取った公がその欠けたところから飲む様子であったので、老婆は「そこはうちの爺さんが日頃飲んでいるところなので、反対側から飲んで下さいよ」、と言ってすすめたというのである。

この出来事から二、三年あとになって義公が築地付近を通りかかった時、役人はこの事実を「ほのかに」漏《も》れ知ったのでこの老夫婦に会って確かめた。すると、「それが殿様だったのかも知れないなあ」と老夫婦が答えたと、その頃の築地の庄屋栄介が語ったというのである。

この時のお供の侍は二人。出来るだけ仰々しくならないように配慮して控えていた。老夫婦はそれが義公とは気づかなかったくらいであったから、義公の恰好《かっこう》はいかにも田舎の老人と見分けがつかないものであったろうと思われる。行為の主が元藩主で、天下に名だたる水戸黄門様であることが、何とも言えず微笑《ほほえ》ましい。庶民と同じような状況に身を置いてはばからない殿様は、恐らく、当時としては皆無であったろう。義公の深い人間観を窺《うかが》うことが出来ると同時に、身分の分け隔《へだ》てなく領民に接した公の人柄が滲《にじ》み出ている逸話である。

妙光寺山門

その妙光寺を最初に訪ねたのは、平成二十二年（二〇一〇）春、近くの大生《おおう》神社や大生古墳群を、遠足の下見にと訪れた時である。この地は古代から多《おお》氏が進出していたとされ、数多くの遺跡が点在する地域として史家の注目を集めている。特に大生神社の祭礼は古い時代の形が今でも残り、十一月中に行われる巫女舞《みこまい》神事は、民俗学的にも貴重な祭りであるとされている。また、大生古墳群はと言えば、神社近くの鹿見塚《しかみづか》古墳を中心に、数十基もの古墳が畑や山林のあちこちに点在し、古代における多氏一族の拠点であったことを窺わせるに十分である。

妙光寺は古墳群から一〇分とかからない距離にあったから、そのついでにと立ち寄ってみた。県道五〇号線を築地という標示のある所で左に折れ、二、三分行くと、いかにも山林の中にある村、といった雰囲気の集落に出る。桃源郷《とうげんきょう》もかくやといった佇まいもどことなく感じられよう。妙光寺はその静かな集落の中にある。恐らく、義公の時代も今と大差ない村の様子であったろう。

掃き清められた山門をくぐり、しばらく参道を行くと、正面に堂々とした本堂が建ち、本堂前には、樹齢数百年にもなろうという榧《かや》の巨木が聳《そび》え立つ。また、本堂正面には、鉄筋コンクリート製の宝物館が向かい合うように建ち、西側高台には三間四方《さんげんしほう》の法華三昧堂《ほっけさんまいどう》が境内《けいだい》を見下ろしている。三昧堂は義公時代の建物といわれ、公の筆になる「法華三昧堂」の額がかかる。妙光寺は常陸における最初の日蓮宗寺院といわれているので、公もとりわけ寺を重要視し、これを保護したのであったろう。この日は寺の周辺を見て回ってから帰途に就いた。

家に戻ってから、妙光寺についての記録などを探してみると、『日記』元禄九年（一六九六）二月十二日に、義公一行が築地周辺を訪れている記事が目についた。

一、今日ハ小川より御舟にめす。井石と哉覧に御舟さしとめて寺々御覧ありし。それよより山つたいに三里ばかりもゆきてしゝくらといふ所にて、孫七殿親類の所にて御そばきり上る。及暮て御立、あしきといふ所にて御舟にめす。亥の刻斗に玉つくりといふ所に御宿ありて御宿也。予も宿ありて宿ス。宿いぶセし。今宵午前にいでし。明朝ついじへ参るべきよし御暇被下也。

二月七日、水戸から那珂湊に出た義公一行は、十日に小川《おがわ》に着いた。十一日に近くの山で猪などを撃ち、十二日に小川を発って対岸の宍倉方面を巡遊し、玉造を目指した。『日記』は、その十二日のものである。日乗のあてがわれた玉造の宿は、あまり心地の良い宿ではなかったらしく、「宿いぶセし」とある。夕方になって義公のところに参ってみると、「明朝ついじ」へ行くよう指示があった。「ついじ」は「築地」であろう。『日記』十三日の条を見ると、この時の出来事が記されている。

今日築地へゆかんと出づる。馬のあらゝかなるに乗てゆく。ともにそひし者共も馬につきてゆくに、壱里斗ゆきて馬すこししづまりければ、油断しけるほどに、馬左の方へとびそれてあへなく右のかたへのつけにおちけり。一生に覚へぬ落馬しける。

義公の命に従って、玉造から潮来方面に馬で向った日乗ではあったが、生憎《あいにく》その馬は気性が荒かったのである。何とかなだめながら乗っていたが突然暴れ、不覚にも落馬してしまった。その時はさほど痛みを感じなかったが、それからが大変であった。

『日記』十三日の条の後半には、

予身やセて侍れば身ハおゝくうたず、こし、かたをしたゝかにうちけるが、当意ハさほど痛ともおほへず、馬のおそろしさに二里斗ありきける也。あそうとやらんをゆきすぎて馬つがセて、いたくへ申の上二つく。宿は妙光寺の末寺恵雲寺也。日具上人板久ニいでし。公をむかいのためいでられし也。予ハ築地へ参る。

夜に入テ日具帰られし。今宵ハ馬よりおちしいたみつよくていねもやられず、酒などたらへたり。

などとある。

日乗はどちらかと言えばやせ形であった。足腰《あしこし》をしたたかに撲《う》ったことで、夜になり痛みが出てきたのである。仕方なく、痛み止めに酒などを飲んで寝たのであったろう。撲った時はさほどでなくとも、後で痛み出す事は日常よく経験することではある。

『日記』中「日具上人」とあるのは、当時の築地妙光寺住職のことである。義公は妙光寺に「出御」する予定になっていたので、出迎えのため潮来に来ていたと思われる。この時、日乗が宿としてあてがわれたのは、妙光寺の末寺である恵雲寺《えうんじ》で、この寺は現在も潮来市内に栄えている。翌十四日の夕刻になり、日乗は例によって公の御前に控えると、「落馬いかゞしけるぞ」と言って「御薬」を下された、とある。公の心遣いが知られよう。

二月十五日になると、義公は日乗達と「鹿島一見」に出かけた。この時、鹿島の神宮寺では大きな行事があった。十四日に出した先触れによると、「お忍びであるから出迎えは無用」という文言があるから、義公は神宮に迷惑がかかるのを回避した形跡がある。潮来に帰ると、約束があったので日乗は長勝寺におもむき、義公は「おりく殿おつと」の所に入った。『日記』の最後には「妙光寺へ御成十七日のよし申来る」との連絡が入ったことも記されている。十六日の『日記』には次のようにある。

今朝御殿にいづる。今日も御殺生に御出ある也。僧たちハこゝらの寺方一見セられよと御意にて御出ありし。依之、浄国寺、普門院など一見す。午後帰宿。長勝寺来る。

一、子《シ》喜二郎所へ御成にて、暮方より参り夜更て帰御也。明日妙光寺へ被為成也。予御先に参るべきよし申上ルに、御供にて可参由御意也。

義公のもとに行って指示を仰いだところ、僧達は近くの浄国寺《じょうこくじ》や普門院《ふもんいん》などを見てくるようにとのことであった。浄国寺は潮来の中心部にあって、石田氏が創建した寺であり、直ぐ近くには宮本氏の旧居があったことなどは前著『続水戸光圀の餘香を訪ねて』中の「潮来石田家」で述べた。また、普門院は潮来市東部に位置し、真言宗の有力寺院である。前著中の「潮来長勝寺」で記したように、市の文化財に指定されている堂々とした長勝寺山門は、義公の命によりその普門院から引いて来たものであった。義公が見学を命じたのは、いずれも潮来では名だたる伽藍であったからであろう。妙光寺へ一足先に行っていることを申し出た日乗ではあったが、義公からは一緒に行くようにとの指示であった。

二月十七日、日乗は朝早く義公の旅館に駆けつけた。

一、あさとく御旅館にいづる。二本松寺といふ所に、秘密の箱ありて二百年巳来もひらかざりしとかや。此箱御覧のため御より可有由御意なり。妙光寺ハ四里斗のまはり也。今朝妙光寺参られて、この箱ハ妙光寺へ御とりよセあつて御上覧可然由被申ければ、さらば二本松寺へハ御成有間敷由にて、すぐに妙光寺へ被為入也。

義公は堀之内《ほりのうち》というところにある二本松寺《にほんまつじ》に「秘密の箱」があると聞いていたので、まず、そこに寄ってから妙光寺に行こうとしたのであった。しかし、朝になってみると妙光寺住職がわざわざやって来ており、「秘密の箱」を二本松寺から取り寄せるという。そこで義公は、直接妙光寺に行くことになったのである。『日記』は次のように続く。

予ハ巳ノ刻ニ板久をいでゝ、御先ニ参るべきよしにて参る也。公ハ午刻に出御ありし、午後寺に被為入。堂など御一見ありし。客殿にて御座しつらいたる所にて御遊ありける。巳ノ過るに二本松寺へ郡手代被遣たるが、住寺と同道して未の刻来られし。箱ヲ御床におきて住寺に内縁を御尋ありし。住寺箱を御威光にて予も拝セルなど申されければ、何のわづらいもなく披キける内ニ八通の書あり。紅葉の聖教といふ物也。何もより合て拝見セし。此箱西山へ御持参の筈也。妙光寺にて御料理首尾よくめし上らる。日暮て御酒いづる。台などいだし種々御もてなし也。亥ノ刻まで御酒ゑんありし。弟子衆勧善、観秀、観慶、堂守皆々御酒つぎ被下也。所の庄屋、其外旦那すべて二十人斗也。是にも御酒被下。

日乗はといえば、午前十時頃、義公より先に妙光寺に出かけ、到着を待つ。義公は十二時頃潮来を出、一時間ほどで築地の妙光寺に着いた。伽藍を一通り見た後、義公は二本松寺の住職が郡手代と共に持参した「紅葉《もみじ》の聖教《せいきょう》」を披見《ひけん》する。箱は何の煩《わずら》いもなく開き、中には八通の書類が入っていた。箱は義公が西山荘に持参するということになったようである。

無事「聖教」を披見《ひけん》し終った後、周囲の人々は相集い酒宴となった。妙光寺の弟子衆や堂守《どうもり》、さらには築地の庄屋や地元の関係者など約二十人も一緒である。義公はそれらの人々全部にも酒を注《つ》いで歓談した。酒宴は午後十時頃まで続いたとある。領民とともに今を楽しもうとする、義公の庶民的な人柄を垣間見ることができる。

さらに『日記』には次のようにある。

今日御目見被仰付とて受法可致とて受法したる旦那五人までありし也。公の御威光にて佛道ニ入事ふしぎの事なり。頃日の御殺生ノ御罪も少ほろびべきとぞ覚し也。夜更て帰御。

今宵妙光寺願にて蓮華寺病僧なれバ、又こゝに来らん事も不定なれバ、御あとふきに一両日とめ申度と申上らる。其義ならバとまりて逗留すべきよし首尾よく御暇被下也。何も門まで御おくりに参る也。夜更て休ス。

義公の「御成」に居合わせ、人々はより信心深くなったようで、受法した旦那が五人も出たとある。

日乗が、これで義公の日頃の殺生が帳消しになると書いているのは、僧侶の立場としていかにも面白い。また、当時の妙光寺の住職は日具上人であった。日乗が落馬した上、相当疲れていたことも考慮し、一両日、寺に泊めたいと申し出た。義公もその申し出の事情を察したのであろう、直ちに申し出を聞き届けている。

『日記』から読み取ることが出来る潮来周辺での巡遊の様子は、義公が藩民と共に悠々と人生を楽しんでいる姿であり、生きとし生けるものを精一杯慈《いつく》しんでいる広大無辺《こうだいむへん》な義公の心の有りようである。義公が那珂湊を経て西山荘に「帰御」したのは、二月二十三日のことであった。

ところが、妙光寺にとって良い事ばかりは続かなかった。『日記』を見ると、この二カ月ばかり後、西山荘に急使がやって来る。四月二十一日の条に「妙光寺使僧来る」とあり、同二十二日の条に「妙光寺使僧ハ夜前庵に宿ス。観善《かんぜん》也。今朝帰る。」とあって、何事か出来《しゅったい》したことを感じさせる。さらに二十九日の条を見ると、「日具上人遷化《せんげ》ノ由《よし》告来る。去二十七日也とぞ。」と記す。ほんの二カ月ばかり前に会った妙光寺住職が急死したのである。観善という僧が日乗のもとを屢々《しばしば》訪れていたのは、日具上人の事であったことが推測されよう。『西山過去帳』四月二十七日の条には、

元禄九子　徳大院日具築地妙光寺。　年六十四

とある。

妙光寺にとり、日乗は大切な同門でもあったろう。五月に入ると、観善が蓮華寺の日乗のもとに報

告にやって来る。五月十四日の条には次のように記している。

一、妙光寺より観善来る。礼のため也。日具師遺物むらさき小けさ壱つ持参也。

一、日具師臨終ノ物語ありし也。正念ニシテ終り給ひけるよし。辞世あり。

うぐひすの音をそめてきし六十あまりこれまでなれや山ほと、ぎす

妙法花経、不如帰去、此歌並一句ヲ書セし也。近代めずらしき臨終也。衆僧ニ読誦はじめさせて、自は常ニ信仰セし釈迦、観音、地蔵ヲ枕ニたて、各名号ヲ唱へ、其後一心ニ首題となへて終り給へりとかや。

死期を悟った日具上人は辞世の歌を詠み、同門の僧達に読経をさせる中、枕辺《まくらべ》には日頃から信仰する仏像を立てて、それぞれの名号《みょうごう》を唱え、念仏をとなえながら生涯を終えたのである。「正念《しょうねん》ニシテ終り給ひけるよし」とあるから、ひたすら仏道に精進《しょうじん》した人生であったことであろう。しかし、それで事が済んだ訳ではなかったことが『日記』からうかがえる。観善が報告に来てから五日後、今度は築地の人々が数人、日乗の蓮華寺にやって来る。『日記』の五月十九日の条には次のようにある。

一、築地妙光寺旦那庄屋等並延壽坊、観善等来る。是ハ予を妙光寺後住ニ寺旦一等ニ願にて、寺社へも申上ルよしにて来る。予に対面せんといひ来れど、予おもいもよらぬ事、且ハ上のおそれあればとて対面セず。

一、石佛ノ釈尊壱体観善持参ス。是ハ日具夢想のつげありて感得セられし佛也。予にあたへんと

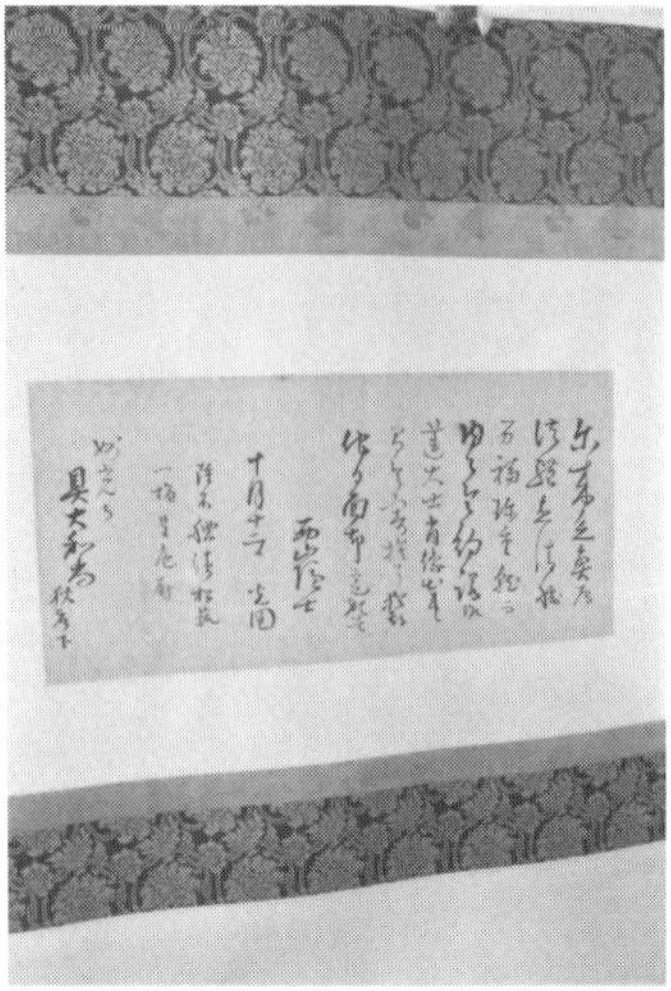

義公書簡

義公寄進と伝える法衣箱

也。先以佛だんにおきて拝ス。以後は此御寺へ納メ侍らんとおもひし也。此佛ハ行基井ノ作也とぞ。

築地の庄屋や妙光寺の旦那衆《だんなしゅう》、延壽坊《えんじゅぼう》や観善までやって来て、日乗を是非妙光寺住職にとの訴えであった。旦那衆は日乗に面会して直接訴えようとしたが、日乗は「おもいもよらぬ事」として、面会を避けた。築地の人々がかつて義公一行との酒宴の席を許されたとき、義公にひたすら仕える日乗の立ち居振る舞いに感銘を受けたからであったろう。日具上人の後を託せるのはこの人物、と旦那衆が見込んだ末の訴えであったと考えられる。

観善はまた、日具上人が日頃から信仰した奈良時代の僧行基《ぎょうき》の作と伝えられる石仏を、日乗のもとに持ち込んでいることも記されている。これらの出来事は、妙光寺周辺の人々の信頼を示すものであろうし、日乗の日頃の精進も想い遣られる。

昨年秋、その妙光寺を訪れる機会が再びやって来た。現住職の遠山《とおやま》智隆《ちりゅう》師は多忙な方で、訪問の日時がなかなか折り合わなかった。ところが、十一月のある朝、電話すると夫人が出られ、「今日はいるはずですよ」と言われる。水戸から車を飛ばした。正午前、妙光寺に到着。山門近くの駐車場に車を止め、直ちに遠山師を訪ねる。玄関であらためて訪問の目的を告げ、義公関係の史料などあれば見せて頂きたいと申し出た。すると「奥へどうぞ」と遠山師。客間にあげて頂き、いろいろ伺うことが出来た。さらに、元禄九年二月十七日に義公が妙光寺を訪れた時の事などもお聞きしたが、詳しいことは伝わっていないと言われる。『潮来の文化財』の中に見える義公書簡や法衣箱《ほうえばこ》などについて尋ねると、「宝物殿にありますから、そちらに行きましょう」と言って、筆者を案内して下さった。

法華三昧堂

宝物殿は本殿の南に向き合って建っており、階段はかなりきつい。内に入ると、ガラスケースの中に多くの宝物が納められていた。土佐派《とさは》の画工の手になると思われる日本画や「南無妙法蓮華経」と書かれた宗派の上人達の条幅《じょうふく》が陳列《ちんれつ》されている。さらに義公奉納という法華経の巻物や法衣箱など、貴重な文化財が目につく。義公書簡一通もその中にあった。日付は十月二日、日具上人宛のものである。

尓來乏魚雁
法體愈清勝
万福珍重就而
内々令約議候
蓮大士肖像出來候
間令寄捨候猶期
他日面布而巳　頓首
　　　西山隱士
　　　　光圀
　十月十二日
　　雖不禮漬松菰
　　一桶呈庖厨

妙光寺
　具大和尚
　　猊座下

書簡の内容からすると、いつの頃か、義公は日具上人に日蓮聖人像の寄進を約束していたようである。上人の像が出来たので、その事を報告するとともに、松茸一籠《ひとかご》を妙光寺に届けたのであったろう。住職に聞いたところ、日蓮上人像は三昧堂に祀られているというから、三昧堂が完成した時に安置されたものと思われる。『西山過去帳』にあるように、日具上人の示寂《しじゃく》は元禄九年四月のことであったので、三昧堂の完成と右の書簡は、元禄八年(一六九五)十月前後ということになる。

さらに、元禄八年十一月八日の『日記』を見ると、「築地妙光寺來詣《らいけい》、西山為御礼也。西山より明日朝同道すべきよし被仰下也。」とあり、九日には「辰ノ事に妙光寺同道にて西山に参る」とあって、日具上人が西山荘まで御礼に参上していたことが明らかとなる。恐らく、参上の目的は、三昧堂の建立とその中に納めた日蓮上人像の寄進に対する御礼のためであったろうと思われる。だとすると、義公が妙光寺の日具上人に宛てたこの書簡は、元禄八年十月十二日付けのものである可能性が高い。

またこれより先、元禄六年(一六九三)十一月には、義公の母久昌院の三十三回忌法要が、稲木《いなぎ》の久《きゅう》昌《しょうじ》寺で厳修《げんしゅう》されたことが『日記』には詳細に記されている。十一月一日の条に、

一、国中寺方不残来る。赤はま　願成寺　おかち　本門寺は病気にて参らず。余は皆々来る。
一、午後御成御祭御もよおしのため也。

などとあり、藩内の日蓮宗寺院がほとんど参集している。

十一月八日から一週間にわたる儀式は、かつて三昧堂能化《さんまいどうのうげ》であった日通《にっつう》上人が中心となって厳修された。このうち初日、中日、終日の三日間と十三日夕刻の「施餓鬼《せがき》」の導師を日通上人、それ以外の日中の儀式は、千波本法寺《せんばほんぼうじ》の日禅《にちぜん》上人、見川妙雲寺《みがわみょううんじ》の日明《にちみょう》上人、太田蓮華寺の日乗上人、築地妙光寺の日具上人がそれぞれ一日ずつ導師を勤めている。日具上人は、十日の儀式の導師を勤めていることなどからも、常陸における日蓮宗寺院の重鎮《じゅうちん》の一人であったと思われる。

義公が由緒ある寺院を積極的に保護したことは既に述べた。寺の創建が鎌倉時代に遡り、北関東最古の日蓮宗寺院といわれている妙光寺に三昧堂を建立し、日蓮聖人像を寄進していることは、その一環と見なしてよいであろうが、こうしてみると、仏道に精進していた日具上人が住寺であったことも理由の一つであったろう。

平成二十五年（二〇一三）四月二十八日、春の遠足の下見にと、荊妻《けいさい》を伴って再度寺を訪れた。この日は開宗会《かいしゅうえ》の日で、周辺の信徒の人々が次々と寺に詰めかけて来ていた。そのうちの一人が、義公寄進の日蓮上人像の開扉《かいひ》があるので、「折角だから上人様を拝んでいったらどうですか」という。開宗会を参観してから帰ることにした。

午後一時過ぎ逗子《ずし》が開扉され、日蓮上人像が姿を現わす。像は大幅に修復が加えられたらしく、新たに造立《ぞうりゅう》されたもののように見える。何はともあれ、公寄進の日蓮上人像を拝観出来たことは大きな収穫であった。開宗会に加わっている子ども達は皆行儀が良く、住職の法話を熱心に聴いている築地の人々の姿からは、この地の信仰心の厚さが伝わって来る。妙光寺周辺には義公時代の遺風が今もって漂っているように感じられた。

窪谷家入口

二　潮来窪谷家

潮来の地は水上交通の要地といわれるだけあって、さまざまな文化財が残されている。その中でも、長勝寺の伽藍《がらん》や所蔵する文化財は、義公の保護もあって貴重なものが多く伝えられていることは、前著『続水戸光圀の餘香を訪ねて』「潮来長勝寺」の中ですでに述べた。そのほか市内には名所旧跡も多く、旧延方郷校《のぶかたごうこう》の聖堂《せいどう》を移したといわれる二十三夜堂や、大生に鎮座する大生神社本殿や大生古墳群など、見るべきものが多い。また、江戸期には水運に伴う商業活動が盛んであったことから、豪商なども多く、関谷家、窪谷家、宮本家などの有力な商人が潮来の町政を取り仕切っていたことは、大阪の堺や福岡の博多などの港町同様、大きな特徴であろう。

平成二十三年（二〇一一）春、筆者はそのうちの何軒かを訪ねてみた。潮来の街は大火に見舞われたことが幾度となくあるというが、街並みそのものについていえば、火災後も大きくは変わらず、現在に至っているようである。従って旧来の細い路地が多く、車で動くには適していないので、探しものをするときは一苦労である。

そのうちの一つ窪谷家に行き着くきっかけは、大洲新田《おおすしんでん》に義公の蜜柑畑《みかんばたけ》を探った時のことであった。高倉胤明の『俚老雑話』の中に、

此新田高之内、畠方貳斗四升四合之地を除かせ候。貞享年中御樹木畠と称し、柑類を仕立さし置かる。

とあるのを読んだことにある。潮来訪問の主な目的は、その蜜柑畑の痕跡を探ろうとしたもので、荊妻を供なって潮来市に出かけたのである。市街地を抜け、市の南東方向にある大洲新田付近を訪れてみる。車を走らせると、前川《まえかわ》という川に沿って東西に集落がかたまっている。人影がほとんど無いなか、田んぼに沿って集落の南側を移動していく。すると、大きな黄色の実を付けた蜜柑らしき木が植えられている家があった。その家の北東側に細い道路があったので、そこを直進する。

敷地のちょうど北側角に小さな句碑が建っていた。碑の前は畑で、その先には前川が流れている。

碑には「口伝　御前川跡《おまえがわ》」とあり、「光圀公能狩場の名残水温む」という俳句が刻んである。このあたりは、義公が潮来に来て狩りを行ったときの狩り場の一つであったろう。早速その家を訪ねてみた。東向きの大きな門には「潮来市大字大洲五八〇一番地　紫村勘蔵隠居」と刻んである。声をかけてみると、この家の主人が出て来られた。現当主は紫村一雄さんで、実に温厚な紳士である。

「光圀さんの蜜柑畑について調べているのですが、何か言い伝えなどご存じですか」と聞いてみた。すると「この辺は暖かい気候なので昔から蜜柑を植えていますが、私はよくは知らないですね」という返事である。「どなたか知っている方はいませんか」と尋ねると、「街中《まちなか》の山本床屋さんなら物知りだから知っているかも知れないですよ」といわれる。後日訪ねることにした。

「ところでお宅の庭の蜜柑は何蜜柑ですか」と尋ねると、「小さいのは温州《うんしゅう》蜜柑、大きな実がついたのが夏蜜柑ですよ」と紫村さん。妻が「食べられないんですか」と言うと、「酸っぱいから普段はたべませんよ。よかったら採っていってもいいですよ」と紫村さんが言うので、「ママレードが出来そうですので遠慮なく頂いて帰ります」と妻は二、三個もぎる。「もっと持って行きなさいよ」と、紫村さんはさらに五、六個袋に詰めてくださった。

紫村家を辞して、近くを見て回ると、どの家々にも温州蜜柑の類が植えられている。義公が蜜柑畠を作って植生実験をし、家々に栽培を奨励したのかも知れない。紫村家から干拓により美田と化した広大な田園地帯を回り、途中にある水神《すいじん》などを見て市内に戻った。昼食をまだとっていなかったので、菖蒲園《しょうぶえん》の近くで食事処を探した。「錦水《きんすい》」という看板が目に付いたので入ってみた。鰻屋である。早速鰻重を注文し食べてみたが、さすが水郷の鰻だけあって美味であった。

「錦水」からは、まだ行ったことがない潮来観音《かんのん》を見ようということになり、市内日の出《ひ で》四丁目にある潮音寺《ちょうおんじ》に向かう。潮音寺に着いてみると、奈良薬師寺《やくしじ》の支院《しいん》ということもあり、薬師寺を一回り小さくしたような伽藍配置であった。なんとなく奈良薬師寺の境内に立っているような、ゆったりとした心地がする。三重の塔こそないが、秋になれば、人口に膾炙《かいしゃ》した、

行く秋の大和の国の薬師寺の塔の上なる一ひらの雲

という、佐々木信綱《ささきのぶつな》博士の和歌が似合うような雰囲気の寺である。職員の方であろうか、春の芽吹きに備えてガスバーナーで古い芝を焼いている。手入れが行き届いているから、春の芽吹きの頃はさぞ美しかろうと思われた。自宅までの帰りの時間もかかるのでこの日はこれで潮来を離れた。

それから間もなくして、再び潮来を訪れる。紫村さんから聞いた山本さんを訪れるためである。潮来市内に住む山本さんは理容業を営んでおられる。店の前は丁度広い駐車場になっており、そこに車を止めて山本さんを訪ねた。紫村さんから紹介されたことを伝え、あれこれ尋ねると、奥から本を一冊持って来られた。どうやら大洲にある実家の由来などを記録したものらしい。山本さんは旧姓村田といい、紫村さんとはかなり昵懇らしかった。

その本にも蜜柑畑のことが記されているが、それ以上のことはわからないという。潮来の街の歴史

各藩蔵屋敷跡あたり

などについていろいろ聞きながら、「ところで、このあたりに居たという窪谷家について知っていますか」と尋ねたところ、「ああその家ならすぐそこだよ。あそこに屋根が見えるよね。あれがそうです」と言って、駐車場の西側の街並みの中の一軒を指さす。家々の間から二階建ての家が見える。

礼を言って山本家を辞し、早速、窪谷家を探した。車で路地を入って行ったがこれは間違いであった。道路が狭く、引き返すにも車を回す余裕がない。それに表札がない家が多く、人影もない。これでは探しようがないので、後戻りをして先ほどの駐車場に車を止め、山本家から見た二階建ての家を探した。しかし、それでも探し当てるのは簡単ではなかった。遠くから見た家の形状と、道路を歩きながら探す家の様子では、全く状況が異なっている。

何軒か訪ねたが人がいない。人家も密集して、家と家の仕切りも曖昧な家並みであった。廃屋《はいおく》があったり、留守の家がほとんどであったり、今や田舎も都市部も少子高齢化の真っただ中、とにかく人が少ないということを実感させられた。そうこうしているうちに、少し広い庭を持つ家の前に、一人の婦人がいるのを見つけた。思い切って声をかけてみた。

「このあたりに窪谷さんという方のお宅はありますか」と尋ねると、「うちも窪谷です」との返事。さらに、「黄門様が訪ねた窪谷さんという家があるはずですが、ご存じでしょうか」とさらに尋ねると、「うちがそうですよ」と婦人は答える。「是非話を伺いたいのですが」と筆者は言う。「お父さんに聞いてきます」と言って夫人は家に入られた。間もなく戻ってきたその婦人は、「どうぞ上がって下さい」と言って筆者を玄関に案内して下さった。応接間に通され、そこで現当主である窪谷武雄《たけお》さんと挨拶を交わした。

　窪谷家については、『俚老雑話』のなかに次のような記事が見える。

　義公様御代之庄兵衛隠居して剃髪、浄月と号すハ庄屋を勤め、有福にて同村宮本平太夫平太夫か事跡ハ末にしるすと肩を並へし身代にして、屋敷内四十坪之所に、御殿を構へ在りしに、元禄年中紅葉村之　御殿御取崩し之際、かの御殿をも取崩したりといへり。

　この記事から、潮来の窪谷庄兵衛《しょうべえ》の屋敷内にも御成御殿があったことが知られる。

「この家の前の庭あたりに御殿があったと言われています。昔は庭も広かったのですが、潮来の火事などがあったなかで親戚や知りあいが棲みついて、ご覧のような景色になってしまいました」と武雄氏。氏の話からも「御成御殿」があったということがわかる。御殿の位置は、現在の地番で言うと、潮来市潮来七七六番地の一である。「折角いらしても何もお見せできるものはありません。ご承知のように潮来はしばしば火災があって、どこの家も昔のものはほとんど残っていないでしょう」と氏は言われる。この一言に、潮来の街がたどって来た宿命のようなものを感じざるをえなかった。

義公の潮来方面巡遊の際には、窪谷家の「御殿」にも宿泊したものと思われる。ところが義公が元禄十三年（一七〇〇）十二月に亡くなると間もなく、この御殿は紅葉にあった御殿と同様に取り壊しになったのである。

さらに、『俚老雑話』はこの庄兵衛について次のようにも記す。

浄月代、或年、　公入御之御時、夜に入り御酒宴之折から、庄兵衛を御末席へ召させられ、御酒被二下置一、彼是御物語等被レ爲レ在候上、其方事もはや老年、村役も太義なれハ隠居して跡役ハ忰へ譲るへし、其身ふとりし間是を着用すへしと有りて、御召しりやう百度桑染なる御ぢばんをくたし賜り、名ハ浄月と改めよと、誠に以て残る方O（なく脱欤）難レ有上意蒙り奉りし上、明日ハ早朝出船鹿島參詣之処、案内ニハ倅をさし出す　上意有りて、返す〳〵も難レ有さ身に餘り退出し、深更に至るといへとも、時の御郡奉行被二詰め一し旅館へ庄兵衛罷出、今宵の御首尾一ゝ訴へぬれハ、御郡奉行（案るに、此時之御郡奉行ハ鮎沢伊大夫成るへし。）　これを承り、郷中之義ハ御郡奉行御代官へ更に御まかせ候事、殊に庄屋立替之義ハ御郡奉行御代官申合せ、能ゝ撰ミの上ならてハ成らさる事也。

最早明け近し、御出船も御間近し、申付け置し通かしまへ之御案内可レ勤よし達しを蒙り候内、御出船之刻限に至りし故、庄兵衛ハなく〳〵支度調へ、　御殿之傍らへ出て居りけれハ、　公御目早く、いかゝして忰を出たさゝるとの赴（趣）、御近習を以て　御尋ニ付、しか〳〵之荒増、奉

レ入二　御聴に一ぬれハ、それならハ案内せよとの　上意下りて、御案内申上けるとなり。

潮来を訪れたある年のこと、義公は窪谷庄兵衛を酒宴に呼んで「そなたももう相当な年、役儀を悴に譲って隠居したらどうか」と言われる。また、庄兵衛が肥満でもあったからであろうか、公は自《みずか》らの「百度桑染《ひゃくどくわぞめ》」の襦袢《じゅばん》を下賜《かし》し、その上「淨月《じょうげつ》」と言う名まで与えたとある。庄兵衛の感激はいかばかりであったろうか。

また、この時の潮来行は鹿島神宮の参詣も予定に入っていたのであろう、翌日の鹿島案内は悴に任《まか》せるようにとの有難い言葉まであった。そこで、庄兵衛はこの事を郡奉行が詰めている旅宿に出向いて報告した。ところが、庄屋の変更は郡奉行や代官が相談の上決定すべき事項であって、この時点での変更は許されない。明日は申し付け通り御案内するようにとのお達《たっ》しである。翌朝、庄兵衛は仕方なく不自由な体ながらもやっと支度《したく》を整え、出発に備えていた。

義公がこれを見逃すはずはない。「どうして悴を出さないのか」という「御尋」ねである。そこで庄兵衛が昨晩の顛末を報告すると、それならば致し方あるまい「案内せよ」との「上意」であった。庄兵衛は予定通り公の鹿島神宮参詣を案内し、その大役を果たしたのであろう。

公から見れば、庄兵衛は相当な年、しかも太りすぎであるように思われたので。庄屋の重任を果たすのはとても無理と判断された。しかも、傍《かたわ》らには立派に成長した跡《あと》取《と》りが控えている。父親に代わって庄屋を務めるに十分な人物のようである。ここは庄兵衛の息子に一度案内させてみよう、そう考えたのであろう。

しかし、庄兵衛が郡奉行に仔細《しさい》を報告したことで状況は変った。郡奉行からすれば、報告を受けたものの、簡単に変更を認める訳にはいかない。庄屋の交代はその地域にとって重大な問題、任命の状況はさまざまである。代官などの意見も聞かなければならず、第一、村全体の信頼がある人物でなければ務まらない。それぞれがそれぞれの務めを果たさなければならないのである。今この時点での交代は出来ない、と奉行は判断したのであったろう。

庄兵衛が控えているのを見て不審に思った義公ではあったが、事情を聴いて事の次第を理解した。義公はこのような時、決して無理強いはしないのである。まして自身は隠居の身である。咄嗟《とっさ》に役人の判断を重んじた上で、庄兵衛に案内を命じたのであった。

しかし、この件はそれで終ったのではない。文章はさらに次のように続く。

　夫より歸御之後、御通事衆を以て御郡奉行へ命を下たし玉ふにハ、庄兵衛老年ニ至り、庄屋役も太儀ニ見ゆる条、役儀をゆるし、跡役ハ忰へ申付候様にハ成る間敷哉。宜勘弁候様被レ遊度との御内慮下し給りけれハ、御郡奉行、御通辞衆へ
　上意之赴《ママ》奉二承知一候。何れ御代官へ熟談仕、取扱見可レ申段御返答申上、其後庄兵衛役義御免、後役忰へ立ち替りしとなり。

郡奉行はじめ藩の役人達の立場を尊重し庄兵衛に案内をさせてはみたが、そうはいっても庄屋の勤

めを果たすことはいかにも無理なようである。庄兵衛にこのまま任せては本人が太儀《たいぎ》であり、且つまた何か重大なことが出来《しゅったい》したときには、渋滞《じゅうたい》が生じる恐れ無しとしない。幸なことに立派な悴がおり、親に代わって庄屋の役目を全うするに十分な資質を備えているように見える。交代は考えられぬか、義公はそのようなことを奉行達に伝えたのであったろう。

郡奉行や代官等が鳩首《きゅうしゅ》相談した結果、やはり庄屋職は交代したほうがよいとの結論に達したのである。こうして、「後役」は庄兵衛悴に決まった。それから百二、三十年後、著者の高倉胤明はこの処置について次のように記す。

今漸く百五六七十年前の人心、今ハ比するに物なし。上下御合体の御次第、実に目出度御代なりけらし。此趣ハ其筋の古老も申傳へ、又庄兵衛か家にも申傳ふる處を以てしるす。

『俚老雑話』は、江戸期も文政年間（一八一八〜二九）の成立と考えられているから、義公薨去《こうきょ》の後、百二十年ほど経った頃の記録である。制度と人との関わり合いが難しいのは今も昔も変りがない。義公時代においても事情は同じであった。

しかし、学問に裏づけられた名君の藩経営の理想は、家臣のよく理解するところとなり、藩主と藩役人との間には、相当深い信頼関係が醸成されていたことは間違いない。物事は無理なく処理されており、結局、それは藩民の為の政治となって結実していたのである。水戸藩政において、義公の仕置《しおき》が後々まで大きな目標として仰ぎ見られる原因は、こうしたところに隠されていると考えられるのである。

ところで、『俚老雑話』にあるように、義公が鹿島神宮に参詣したのかどうか、史料の上では今もって明確ではない。前著『続水戸光圀の餘香を訪ねて』で、鉾田から北浦を経て潮来に至る道筋についてや、海老沢から小川あるいは玉造を経て潮来に至る道筋について述べた。さらに潮来から各地への巡遊などについても述べてきたが、鹿島神宮に参詣したという証拠は見出すことが出来ない。僅かに『俚老雑話』の記事が鹿島神宮参詣に向かったとされている唯一の記述であろうか。

『俚老雑話』も潮来村庄屋について、

義公様御代之庄屋ハ、窪屋《ママ》庄兵衛・闘戸利衛門・石田助衛門・窪谷忠衛門なと、元禄十年前後之頃ハ、窪谷太衛門なりしと口談之事なれハ慥ニハなりかたし。

と書いている。

しかし、窪谷庄兵衛がある年、義公を鹿島神宮に案内したという言伝えは後々まで地元に伝わり、かつ一般に信じられていたことがうかがえる。潮来方面に何度も足を運んでいる義公が、鹿島神宮に参詣しなかったということはまず考えられない、と筆者には思われる。問題は時期と方法である。

そこで、『日記』元禄九年（一六九六）二月十五日の条を見ると、次のように記されている。

勤行如常、涅槃会恩徳。

今日ハ御意にて鹿島一見に参る。舟にてゆく也。大舟戸といふ所にて舟よりおりてかごにてゆく也。島の境地ハ見事なる所也。宮ハ相向也。

ひたち海や鹿島の宮居神さびていく代かかけし波のしらゆふ

かなめ石、みたらし、御物見などいふ所見る。神宮寺と哉覧へ参る。今日は西堂まつりと哉覧にてらうかはし。人多さしつどいて、道もとおり得がたし。又、大舟戸といふ所より舟にて帰る。

今日は約ありて長勝寺ニゆく。大嶽和尚墓へ参り焼香。長勝寺風呂たき食物などすゝめてもてなし給ふ。佛殿のけつかういはんかたなし。夜更て帰宿。

一、公は今日おりく殿のおつとの所に入せられし。

一、妙光寺へ御成十七日のよし申来る。

『日記』の中の「御意」をどのように解釈するかで、この日、義公が鹿島神宮に参詣したかどうか、判断が分れる。一つには義公自ら神宮参詣に行くという「御意」があったので、例のごとく日乗達もお供をして鹿島まで行ったと判断するか、もう一つは、日乗上人達に鹿島神宮を「一見《いっけん》」して来るようにとの「御意」があったので、上人達が鹿島神宮に参拝したと解釈するかである。

結論からいえば、「御意」は義公自らが鹿島神宮参詣にいくという意志を示した語で、この時が公参詣の時ではなかったかと筆者は考える。根拠としては、「鹿島一見に参る」という表現が、義公が発した言葉そのものを記録したものではなかったか、という点にある。しかし一方では、名にし負う鹿島の神様に参詣した割りには、見聞した事柄についての記述が極めて淡白《たんぱく》である、という印象を受ける。おそらく義公が望んだ通り、他に迷惑をかけないように参詣し、さっと引揚げたからではないか、と筆者は想像する。この時の参詣は、恐らくお忍びであったに違いない。

また、『日記』中の記述には、判断が難しい個所も何カ所かある。大久保錦一《きんいち》著『水郷《すいごう》の文学散歩』を参考にすると、「御物見」とあるのは「お物忌《ものいみ》」ではないかという。鹿島神宮はかつて未婚の女性が神に仕えていた。ここでは鹿島小学校近くにあったとされる「物忌館」のことであろうと言う。神宮寺も具体的に何処《どこ》を指すか、問題は残る。

とにかく、初めて参詣した日乗にとって、鬱蒼《うっそう》とした樹叢《じゅそう》のなかに鎮まります鹿島の神の佇まいは、余程印象深いものであったろう。「ひたち海や」の和歌からも、その余韻が伝わってくるようである。

鹿島参詣から潮来に戻った一行は、この日、次の目的地に向う。義公は「おりく殿のおつと」のところに挨拶に行く。日乗はどこに行ったかといえば、かつて太田蓮華寺に泊まったこともあり義公との縁も深かった、長勝寺住職大嶽《たいがく》和尚《おしょう》の墓参りに行く。それぞれが予定の行動をとったものであったろう。

さて、当時有力であった窪谷家などとともに、義公と関係が深いのは宮本家である。当時の主は宮本平大夫《へいだゆう》と言い、こちらも相当財力があった商人である。同じ『俚老雑話』の中に次の記事が見える。

又、同村の住、宮本平大夫隠居して了西と云フといへるハ、窪谷淨月と時ひとしく富貴にして其名四方に高く、義公様度々入御有らせられしといふ。其平大夫ハ十万兩之分限と称されしとそ。或年上ミかたの

宮本邸跡と茶村墓

米を一と口に筑前船十八艘に買入積下しけるに、無レ恙武江へ入津せし事有りしとそ。其時、件之十八艘之穀物を買ひ入れし伴頭某といへるもの、己かほまちに三艘積立しか、其三艘ハ難船し、更に損亡せし事有りしと申傳へし由、今の平太夫か話也。

右了西といゝし平太夫ハ仙臺侯の御勝手を専ら足し、或年仙臺へ下りし時、殊之外御丁寧なる御馳走、厚き御取扱共に預り、辞義口義萬端ニ付、取廻しかた〳〵に甚た凝りたり。遊藝をも弁へされハ、世の交りにもかた身つほまるとて、夫れより忰平衛門ヘ遊藝を許るしたりとそ。是よりし平衛門、思ふ侭に茶道其外遊藝に立入り、就レ中茶道に志し深かりしと見へて、古筆古画の類、茶器ハ勿論、珍器なとこと〳〵く買ひ調へ拾ひ集めたる由にて、珍ら敷品物今に藏すと云ふ。

書院の脇に、別棟に　御殿を構へて今に在り。玄關の右りに大ッ蘇鉄一株有り。内庭は伊豆より引取りしといふ大石、泉州さんは川の石、蘇鉄ハ薩摩・琉球等之種類有。いかさま其始めにハ、若干の費へをかけし物としられたり。

義公当時の平太夫は、上方《かみがた》方面から船「十八艘」分の米を買入れ江戸まで運んだり、仙台伊達藩の御用を勤めるほどの実力を持つ商人であった。その別棟《べつむね》には「御殿」があって、玄関には薩摩や琉球産の蘇鉄《そてつ》が植えられていた。また、庭には和泉《いずみ》産の川石を敷き詰め、そこに伊豆《いず》石の大石を置いており、「御殿」としては他の家とは異なった趣《おもむき》のたたずまいであったことがうかがえる。義公が潮来方面に巡遊したときには、この「御殿」にも入ったのであったろう。

この頃の宮本家は、現在の潮来市にある浄国寺《じょうこくじ》に隣接した場所にあったと言われており、筆者も潮来に行った折、手がかりを求めて何度か調べてみた。しかし、子孫の方はすでに何処かに移られた様子で、住居跡と墓地のみ存在しているだけであった。時代の移り変わりを強く感じざるを得なかった。

しかし、江戸時代末期にはこの家から優れた人物が現れる。宮本茶村《ちゃそん》である。『潮来町史』などによると、潮来の街は一、二丁目は関戸氏、三、五丁目は宮本氏、四丁目は石田氏、六、七、八丁目は窪谷氏と、それぞれに年寄がまとめていた。その五丁目には宮本平太夫がおり、茶村はその後裔《こうえい》である。生年は寛政《かんせい》五年（一七九三）、幼少より記憶力が人に優れ、十六歳の時、江戸に出て山本北山《やまもとほくざん》の奚《けい》疑塾《ぎじゅく》に入門する。北山は宋の袁中朗《えんちゅうろう》の詩風を唱導《しょうどう》、門下には日立から出た大窪詩仏《おおくぼしぶつ》、美濃《みの》の梁川星巌《やながわせいがん》、『五山堂詩話《ごさんどうしわ》』を書いて有名な菊池五山《きくちござん》など、当時を代表する詩人がいる。茶村もそのうちの一人であったが、師北山の死去にともなって潮来に戻り、子弟の教育に専念する。

茶村の潮来での活躍は、当時の水戸藩第九代藩主斉昭公の知るところとなり、各種の献策《けんさく》なども行ったとされる。斉昭公が無実の罪を問われた弘化甲申《こうかこうしん》の国難においては、率先して公の雪冤《せつえん》運動にかかわり、捕えられて水戸赤沼《あかぬま》の獄に繋《つな》がれたこともある。

その後、黒船がやってくる嘉永《かえい》年間になると、長州から水戸に遊学した吉田松陰の来訪《らいほう》を受けている。黒船来航の一年前、嘉永五年（一八五二）正月六日のことである。水戸に滞在した松陰は、嘉永五年正月、「銚子の遊」を試みる。四日に青柳から那珂川を下り、大貫をへて子生《こなじ》まで行き、そこで宿泊。五日に子生を出て汲上《くみあげ》に至り、海岸線を歩いて鹿島神宮に参詣する。鹿島では北条時之助、吉川仲之助を訪ねた。その後潮来まで行って、宮本尚一郎《しょういちろう》、すなわち茶村の家に宿泊している。『東北遊日記』正月六日の条には、「其の子を千蔵《ちくら》と曰ふ。庄一郎頃《このご》ろ常陸志を撰ぶと云ふ。」とあって、このころ、茶村は「常陸志」を撰述《せんじゅつ》していたことがわかる。翌七日、茶村宅を出た松陰は牛《うし》堀《ぼり》をへて銚子方面に向かう。七日の条を見ると、

庄一郎と語る。庄一郎は國難の時、獄に繋がる。獄中にて詩あり、云はく。

死去豫期葬首陽　死去豫《かね》て期す首陽《しゅよう》に葬らるるを
百年身世劔鋩霜　百年の身世劔鋩《しんせいけんぼう》の霜
眠醒草底尋残夢　眠り醒《さめ》て草底《そうてい》に残夢《ざんむ》を尋ぬれば
落月光寒頭斷場　落月光は寒し頭斷　場《とうだんじょう》

午前《ひるまえ》宮本家を出て行くこと一里、牛堀に至り、舟を刀根川に泛ぶ。

とある。この七言詩からは、甲申の国難に際会した茶村の覚悟のほどを知ることができる。詩中の「首陽《しゅよう》」とは、伯夷《はくい》叔斉《しゅくせい》が隠れた首陽山のことである。義公がその若き日に司馬遷《しばせん》の『史記』伯夷叔斉伝を読んで、道義の至重至大《しちょうしだい》なることに目覚め、ついには『大日本史』の編纂を志すに至ったことはよく知られている。ここでは、道義のためには命を惜しむこと無く、死しては首陽山に葬られることを願うという、茶村の心境が詠みこまれている。松陰はこの七言詩を持帰り、松下村塾《しょうかそんじゅく》に掲げていたという。潮来から水戸に戻り、藤田東湖先生には会えなかったものの、会沢正志斎《あいざわせいしさい》、豊田天功《とよだてんこう》両先生に会って大きな収穫を得た松陰は、新たな一歩をふみ出すことになる。茶村から七言詩を示された時、身命を賭《と》して行動している松陰には、密《ひそ》かに期するところがあったのかも知れない。

この事があってから七年後の安政《あんせい》六年（一八五九）十月、井伊直弼《いいなおすけ》が起こした「安政の大獄」により、松陰自身、断頭場の露と消えることになろうとは、誰が想像し得たであろうか。潮来での両者の邂逅は何か暗示的《あんじてき》である。

日本人としての道義を重んずる精神は、このようにして志士から志士へと冥々《めいめい》のうちに伝えられ、明治維新に向かって発揮されていったことが感得されよう。この時の茶村は還暦を迎えた六十歳、松陰は若干二十二歳の青年であった。こうしてみると、義公の精神は百五十年の後に茶村が感得するところとなり、さらにまた茶村から松陰に伝わっていったといっても過言ではなかろう。

潮来地方での義公の巡遊は、藩民に為政者への信頼の念を厚くし、加えて、この地に好学の士が輩出する気風を育んだ。高倉胤明が百年後に感嘆したのは前者のことであり、幕末に宮本茶村や幾多の勤王の志士を輩出したのは後者のことである。風光明媚《ふうこうめいび》な潮来の地を訪れてみれば、義公時代の余香がそこかしこに薫《かお》っていることに気づくであろう。

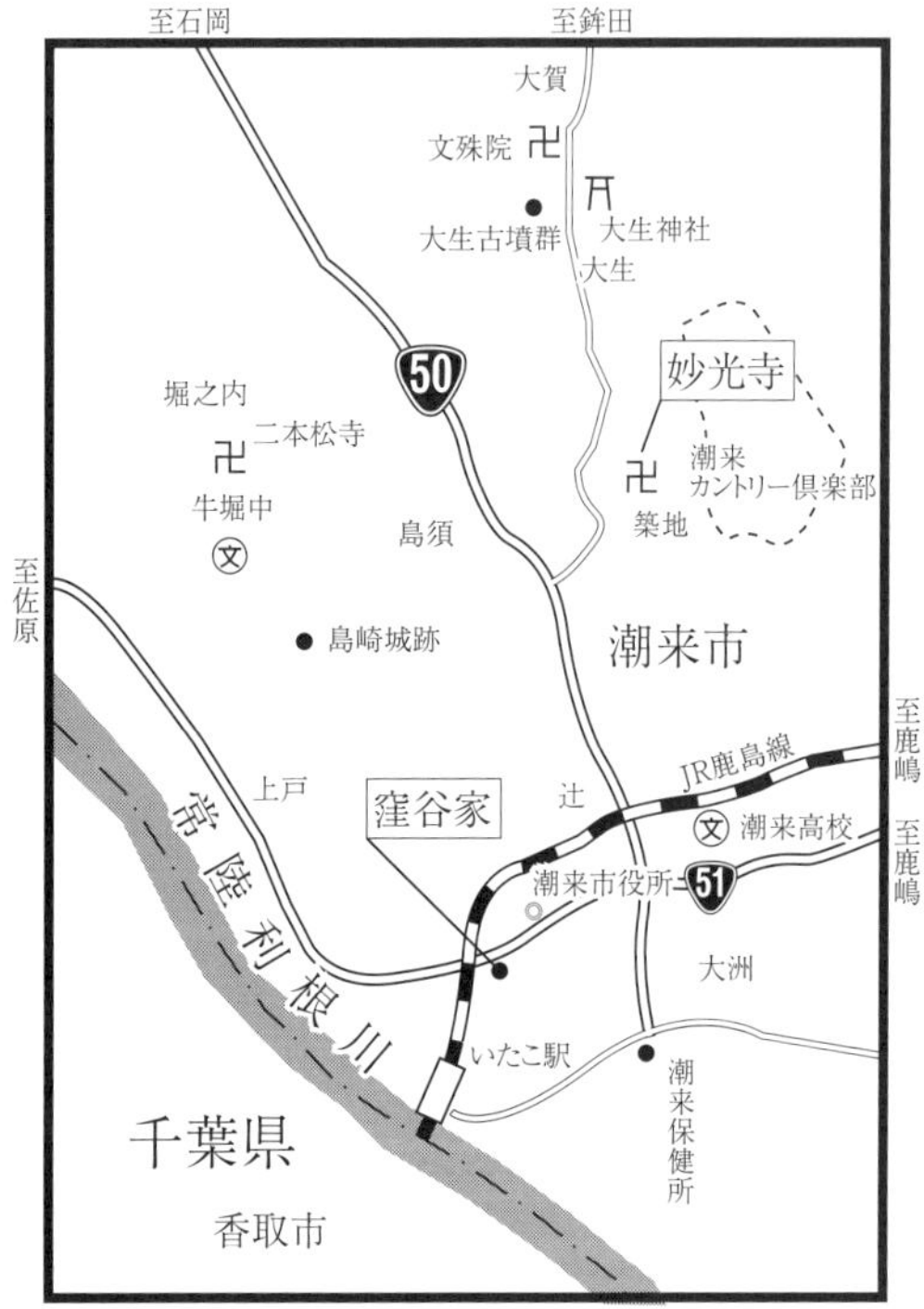

潮来市周辺略図

行方市

浜東福寺と孝子弥作

延宝《えんぽう》二年（一六七四）四月二十二日、強い雨の中、義公一行は鎌倉を目指して水戸を出た。この日は小川に泊まり、二十三日は玉造から築地妙光寺をへて潮来に到着。この日は潮来にあった旅館に宿泊したと思われる。二十四日は近くの霞ヶ浦にて鳥などを撃って遊び、二十五日には鎌倉に向け行《こう》を進める。この旅行では、成田山新勝寺《しんしょうじ》など上総《かずさ》方面の社寺を多く訪れていることが知られる。二十九日に上総《かずさ》湊《みなと》（現千葉県富津市）に着いたのだが、風雨のためであろう、海路金沢に渡るのは、五月二日になってからである。一行はこの日のうちに目的地鎌倉英勝寺《えいしょうじ》に入る。鎌倉で精力的に社寺巡りをし、見聞《けんぶん》を広げた義公は、五月九日、ようやく江戸小石川《こいしかわ》の水戸藩邸に到着するのである。

義公が玉造村浜《たまつくりむらはま》において孝子弥作《こうしやさく》を表彰したのは、この鎌倉行きの途中のことであった。

『遺事』巻之三には、その弥作の行状について次のように記している。

茨城郡玉造村の中の濱（濱は玉造村の内の小名也。）と申處に、弥作といふもの有、家至つてまづし。父ハはやく死して、母老たり。しかも腰居となれり。弥作性究て愚鈍なれとも、母に仕へて孝行成事ハおさ〳〵聖賢にも不レ可レ恥。弥作妻と共に心をあはせて渡世をいとなミ、母を養んと存候に、其妻いつとなく病身に成て、力を合する事能ハす。弥作おもひけるは、斯ては母の養も却て闕こと有なんとて、あかぬ中なから妻を去て母と我とのミ住けり。

浜は玉造の市街地から少し南に行った、霞ヶ浦に面した地域である。現在も整然とした家の並びを保っており、かつて繁栄した水運の要衝《ようしょう》であることがうかがえる。弥作の家もこの地区の一角にあった。父をはやく亡くしたからであろう、家は貧しかったが、妻を迎えて力を合わせ、母に孝養《こうよう》を尽くしていた。ところが、無理がたたったのであろうか、妻は病を得てしまったのである。弥作は母を養うため、泣く〳〵妻を離縁し、一層孝養に励んだというのである。『遺事』は、その後の孝養の様子を次のように記す。

元來田畑も持たさりければ、人の田畑を受作と云事にして作れり。扨田をすき、畑をうたんとする日は、母獨家におらしめん事を悼ミ、藁にて笈なとのやうなる物を組ミ、母を乗せて負ひ、前ニは農具をか、へ、手には母の飢渇を助んか爲、喰もの幷にやくわんに茶を入て携行、其所に至ぬれば、夏は涼しく冬ハ暖なる方を求て、母をおろし居て、田にまれ畑にまれ一うね二うねうなひぬれは母が側へ寄て顔色をうか、ひ、ものいひ慰め、茶酒食事なと望に任せて進レ之、田畑をうなひ申候。母常に酒を好めり、日毎に酒を求め貯へて、ともしからさらしむ。家に在ては日夜心を盡せる事、筆にも盡し難し。

田畑《でんぱた》を持たないゆえに受作《うけさく》をしていた。畑に出るときには必ず母を連れて行き、食事や茶を持参して何くれとなく面倒を見、痒《かゆ》いところに手が届くほどであった。弥作の親孝行の風聞は村から村へと伝わり、遂には水戸城にまで達した。孝行は義公の知るところとなったのである。

親を思う気持ちにかけては、義公も人後に落ちることはない。早速、風聞を確めたであろう。鎌倉行きにかこつけて浜に立ち寄り、自ら弥作を表彰したのであった。『遺事』はこの時のことを次のように記している。

西山公此事を聞召及れ、南領へ御出の節、弥作か門に御立寄、彼ものをめし、金一すくひ左右の御手を並へ御持候て、弥作か頭の上に御さしかさし、孝行の段御褒被レ遊、此金を以て母を心よく養申へし、此金我かあたふる所にあらす、天より汝にあたへ給ふ所也とて被レ下候。扨所の役人をめし、弥作ハ勝れて愚鈍なる者と聞しめし被レ及候。此金人に奪ひとらるゝ事も有へし、汝ら能く計ひ、田畠をとゝのへとらすへし。亦向後懇に可レ仕よし被二仰付一。其後儒臣に被二仰付一、弥作か傳を御書せ被レ成候。

浜に立ち寄った義公は、そこに控える弥作の頭上から金貨をふりまき、「この金は自分が与えるものではない。天がくださったものである」として、今まで以上に母への孝養を尽くすよう諭《さと》したのであった。しかし、弥作はそう賢くはない、金を狙《ねら》う不届《ふとど》き者がいないとも限らないとして、土地の役人に後の処置を指示している。同時に、儒臣《じゅしん》に弥作の伝記を作るよう命じ、その孝行を後世に伝えようとした。実に至れりというべきである。

弓野氏の『行脚』にも「孝子弥作」としてこのことが取り上げられている。弓野氏はこの中で、弥作の姓は塙《はなわ》、生年《せいねん》は寛永《かんえい》十三年（一六三六）、歿年《ぼつねん》は宝永《ほうえい》二年（一七〇五）としている。とすると、義公が浜に立ち寄った延宝二年、弥作は三十八歳、働き盛りの年齢だったことがわかる。

義公はと言えばこの時四十七歳。手足となって義公を助け、『大日本史』の編纂に大きな業績を残した佐々宗淳が水戸藩に仕えた年であり、大洗に願入寺が建てられた年でもある。また、翌延宝三年（一六七五）には「雪朝遠望《せっちょうえんぼう》」の詩を作り、天竜寺虎林《こりん》を通じて後西《ごさい》上皇に献上するという栄誉に浴している。延宝四年（一六七六）には藩の儒者に蓄髪《ちくはつ》を命じ、藩士としての任務を与え、翌五年（一六七七）になると、五月の帰藩後、母靖定夫人《せいていふじん》の菩提《ぼだい》を弔《とむら》うため久昌寺を建て、京都から日乗を招いて寺務《じむ》を委《ゆだ》ねている。この時義公五十歳、修史《しゅうし》がますます軌道《きどう》に乗り始めた時期と言えよう。

義公は新年にあたり、漢詩を詠むことを恒例《こうれい》としていた。延宝三年の「乙卯元旦《いつぼうがんたん》」と題した七言詩をみると、義公の充実した精神と、強い意気込みが感じられる。

木徳位東天始明　木徳《もくとく》は東に位《くらい》し天始めて明かなり
先鐫剛卯祝王正　先《ま》ず剛卯《ごうぼう》を鐫《ほ》りて王正《おうせい》を祝《しゅく》す
寒林忽被温風觸　寒林は忽《たちま》ち温風の觸《しょく》を被《こうむ》り

言葉詞花春向榮
言葉詞《げんようし》花《か》春榮《はるえい》に向かう

この七言詩からは、延宝三年という年の初めにあたり、心中何か期すべきものがあったように感じられる。承句には「先《ま》ず剛卯《ごうぼう》を鐫《ほ》りて王正《おうせい》を祝《しゅく》す」とあるから、何か字句を材料に彫りつけ、新年の決意を新たにしたのであったろうか。想像を逞《たくま》しくすれば、それは「雪中遠望」の詩にかかわる言葉であったかも知れず、あるいは「和文集」の編纂に関する語句であったかも知れない。「言葉詞花春榮に向ふ」の結句から考えると、何か新しい文学的な成果の到来を予感させる詩ではある。

東福寺本堂

果たせるかな、延宝六年（一六七八）正月になると、「和文集三十巻」を後西上皇の天覧《てんらん》に備えて『扶《ふ》桑《そう》拾葉集《しゅうようしゅう》』という題名を戴き、勅撰《ちょくせん》に準ぜられるという栄誉を賜わった。修史の大きな力となった鵜飼錬斎《うがいれんさい》が来仕《らいし》したのも、この年の十月のことである。

江戸小石川の藩邸内に史局を移し、「彰考館《しょうこうかん》」と命名したのが寛文十二年（一六七二）のことであり、延宝年間（一六七三〜八〇）から天和年間（一六八一〜八三）、さらに貞享年間（一六八四〜八七）へと、修史の大事業は粛々《しゅくしゅく》と進められて行ったこ

孝子弥作の墓

とがうかがわれよう。

さて、筆者が孝子弥作の跡を訪ねようとしたきっかけは、玉造大場《おおば》家の調査の時のことである。弥作の墓が浜の東福寺《とうふくじ》にあると聞いていたので、大場家の調査のあとに寺を訪れ、話を聞こうと考えた。訪れてみると御住職は不在であった。そこで、寺の周りを見て回りながら、本堂裏にある弥作の墓に詣《もうで》る。墓はといえば立派な御影石《みかげいし》で作られ、「孝子弥作之墓」と刻まれている。『行脚』を見ると、大正五年（一九一六）に、「彌作の二百年祭執行の際、新たに墓碑を建設、當時の岡田知事が揮毫《きごう》」などとあり、墓碑《ぼひ》はこの時のものであることが知られよう。

さらに本堂東側には、寛政《かんせい》十一年（一七九九）から約二十年間にわたり南郡の郡奉行などを務め、領民の慰撫に実績を残した小宮山楓軒《こみやまふうけん》撰文の大きな墓表が建ち、その隣には、母親を背負いながら何事かを話しかけている、弥作の巨大な銅像が立っている。建立は昭和四十年（一九六五）十一月とある。しばし銅像の前に佇んでいると、日頃忘れかけている親子の情が、呼びさまされて来るのを覚えよう。

さて、「孝子彌作墓表　水戸留守居物頭小宮山秀昌《ひでまさ》撰文」と冒頭に記され、

予嘗《かつ》て乏《ぼう》を承《う》け、民を治めて南郡を管《かん》す。玉造濱《はま》の民、孝子彌作の事を談ずるを聞けり。益《ます》
義公の仁澤《じんたく》の民の深きに入るを知れり。

で始まるこの墓表には、先に引用した『遺事』の内容とほぼ同じ事柄が、漢文で刻まれている。郡奉行として民政にあたっていた小宮山楓軒は、勤務の傍《かたわ》ら、弥作孝行の物語を地元の里正《りせい》から聞き、その為すところが尋常一様《じんじょういちよう》でないことに感銘《かんめい》を受けた。また、義公の見事な処置にも感慨置くあたわざるものがあったのであろう、碑に刻《きざ》んで永く後世《こうせい》に伝えようとしたのである。

この頃の玉造村の里正は、近郷の村々を統率する大山守《おおやまもり》を命じられていた大場家十一代大場伊衛門《いえもん》であった。伊衛門も、弥作の孝行と義公表彰の事実を後世に伝えようとしていた。『玉造史叢』第三十集所収の成島健二《なるしまけんじ》氏論文「幼学綱要と孝子弥作」のなかに、大場伊衛門に宛てた楓軒の書簡が載せられており、伊衛門が楓軒に碑文の作成を依頼していたことが知られる。書簡は次のようにあるという。

春寒の節に御座候処弥ゝ御異なく目出度く存じ候　先達ては御見舞かたじけなく仕合わせに候　其節申聞きこれ有　弥

孝子弥作像

作碑の事　此節草稿致し候間　遣し見せ申し候　存じ寄りの処申越され候様に致し度く候　猶又其村には読書の者も御座候所に候間　立て申し候後に兎や角と申され候ては迷惑に候間　立て申さず候以前に　読め候者には見せ申候て　よからぬ所はいくへにも直し申し度く候間　右の心得にて見せ候て　御申し越し候様致し度く存じ候也

文政五年二月十八日　　　　楓軒

伊衛門殿

弥作表彰の顚末《てんまつ》を碑文にするよう依頼された楓軒は、出来上がった草稿を伊衛門に送り、文字を読める者にはなるべく見せ、意見を出来るだけ徴《ちょう》するように頼んでいる。後世に永く伝えるべき文章であることを意識し、後々《あとあと》問題が出来《しゅったい》しないよう、慎重を期していることがうかがえる。なお、成島氏も前述の論文の中で、弥作の法号は「道春門」、歿年は宝永二年八月二十九日としているが、生年は寛永十年（一六三三）としていて、弓野氏の寛永十三年と合わない。いずれが良いのであろうか。

さて、「孝子弥作」の顕彰はこれで終わったわけではなかった。江戸時代が終焉《しゅうえん》を迎え、明治の御代が始まると、西欧の文物《ぶんぶつ》が怒濤《どとう》のように押し寄せて来ることになる。いわゆる文明開化である。明治初年のわが国では西洋文明が崇拝され、日本の文化は劣っているものと観念《かんねん》される傾向にあった。興福寺《こうふくじ》の五重塔が、僅《わず》か五十圓で売りに出されたと言う噂まであった時代である。貴重な文化財が多く海外に流失していた。このような風潮は、わが国古来の精神文化や良風美俗《りょうふうびぞく》を軽んじることから派生したものであった。

これを真に憂えられたのが明治天皇である。わが国の道徳を明らかにするため、「教学聖旨」に基いて幼少からの教訓書を編纂するよう、侍講元田永孚《じこうもとだながざね》にご下命があった。明治十二年（一八七九）のことであると言う。

そこで元田は、高崎正風《たかさきせいふう》、池原香穉《いけはらこうち》らの協力により、早速、教訓書『幼学綱要』の編纂にあたる。内容を「孝行・忠節・和順・友愛・信義・勤学《きんがく》・立志・誠實・仁慈《じんじ》・礼譲・倹素・忍耐・貞操・廉《れん》潔・敏智《びんち》・剛勇・公平・度量・識斷《しきだん》・勉《べん》職」の二十徳目に分かち、広く事実例話《れいわ》を挙げて編集したのである。要所には、歴史を題材とした画家として今に至るまで異彩を放っている稲敷市出身の日本画家松本楓湖《ふうこ》の挿絵《さしえ》を挿入《そうにゅう》した。

筆者はその『幼学綱要』を見ようと、平成二十五年（二〇一三）師走《しわす》のある日、茨城県立図書館を訪れた。係の人に検索《けんさく》を頼むと、館所蔵の貴重本があるという。これ幸いとばかりに閲覧を申し出た。出されてきたのは箱入りの三巻本で、版元は吉川弘文館である。『幼学綱要』は大判《おおばん》の和紙に載せられて運ばれてきた。「貴重本なので手の脂《あぶら》や汗などが付かないよう注意し、この紙の上で見てください」と係の人。この時は手袋を準備していなかったので、メモに用いている紙の小片を指に巻いて頁をめくった。

冒頭に掲載されていたのは、「幼學綱要頒賜ノ勅諭」という次の一文であった。

彝倫《いりん》道徳ハ教育ノ主本、我朝支那ノ専ラ崇尚《すうしょう》スル所、欧米各國モ亦修身ノ學アリト雖之《これ》ヲ本朝ニ採用スル、未《いま》ダ其《その》要ヲ得ズ。方今《ほうこん》、學科多端《たたん》、本末《ほんまつ》ヲ誤ル者鮮《すくな》カラス。年少、就學《しゅうがく》最モ當《まさ》ニ忠《ちゅう》孝《こう》ヲ本トシ、仁義ヲ先ニスヘシ。因《よ》リテ儒臣ニ命シテ此ノ書ヲ編纂シ羣下《ぐんか》ニ頒賜《はんし》シ、明倫修徳《めいりんしゅうとく》ノ要茲《ここ》ニ在ル事ヲ知ラシム。

明治初年の滔々《とうとう》たる西洋文明の流れはあらゆる分野に及び、わが国の道徳教育の根幹を揺《ゆる》がす勢いであった。この事実をいち早く憂慮《ゆうりょ》された明治天皇は、忠孝を基とするわが国の道徳と西欧のそれとの違いを明確に指摘され、『幼学綱要』の編纂と頒布を命じられたことがこの文章より明らかである。その『幼学綱要』巻之一の「孝行第一」の中に、『遺事』の要約のかたちで「孝子弥作」が取り入れられたのである。この物語は、平重盛が父清盛を諌《いさ》めた『平家物語』の「教訓状」の次に入れられた。いかなる経緯《けいい》で採用されたかは詳らかにしないが、弥作の孝行が、己を顧みない、純粋かつ比類の無いものであったからだと思われる。

この他、常陸国関係では、「勤学第六」に『大日本史』の大事業をなした義公が取り上げられ、「貞操第十三」には、那珂郡岩崎《いわさき》村の百姓與次右衛門《よじえもん》の妻安《やす》が節婦として名を連ねている。義公に始まる水戸の学問が、明治の御代に至るまで、確実に受け継がれていた証拠であろう。

また、筆者が閲覧した『幼学綱要』は、昭和九年（一九三四）に吉川弘文館から出版された本であったが、版権が宮内省から吉川弘文館に移るまでには、次のような事情があったようである。

『幼学綱要』が完成すると、まず、地方官会議に参加するために上京した地方官に、勅諭《ちょくゆ》を付して下賜《かし》されたという。同時に、皇族や奏任官《そうにんかん》以上の人々や官立学校には、願出《ねがいで》により下賜され、私立学校には、実費徴収のうえ下付《かふ》されたという。こうして、明治十四年（一八八一）以降、六年間に下賜された数は約三万二千部、下付されたのが約八千六百部、計約四万一千部が頒布《はんぷ》されたという。しかし、森有礼《もりありのり》が文部大臣に就任すると、森が啓蒙主義者であったためであろう、希望が減少し、版権は宮内省から吉川弘文館に移された。下賜、下付は停止されたというのである。

さて、義公が浜近辺に「御成」になったのは何時のことであったろうか。『行脚』では必ずしも明かでなく、

公の初て該寺に詣でたは何年であるか確實でないが、由來書きに依れば元祿十二年邦君義公車駕を當寺に抂て本尊を拜し云々とあれど、同十二年の二月再び車駕を抂て靈像を拜したとある。一年に二回しかも二回目が二月五日とあつては、正月の頃來たばかりで又來た譯となる。だから前の十二年は寛文十二年か、又は元祿十年の誤りではないかと思ふ。

などと記述している。しかし、次頁の表からもわかるように、元禄《げんろく》十二年（一六九九）一月二十五日に大場家に入り、そこから東福寺に参詣して本尊を拝し、翌十三年（一七〇〇）にも、二月五日、東福寺に詣でているから、恐らくは、由来書が年号を誤って記した可能性があると思われる。この時も大場家御殿からの「出御」であったと思われる。筆者が把握した年月と巡遊の様子を、一覧表にして次頁

に掲げておく。

義公・玉造方面巡遊表

年号（西暦）	月	事項
寛文　七年（一六六七）	十月	九日、紅葉～板久～玉里～紅葉巡遊
延宝　二年（一六七四）	四月	二十二日、小川～二十三日、玉造村浜で弥作を表彰する。～板久～成田新勝寺～上総湊
元禄　四年（一六九一）	十一月	十九日、那珂湊。二十日、玉造逗留。
九年（一六九六）	二月	七日、那珂湊～小川～十二日、玉造～潮来～十七日、妙光寺～十八日、塔ヶ崎。
	十二月	八日、宍倉杲泰寺～十日、玉造～那珂湊。
十年（一六九七）	十一月	十九日、那珂湊～海老沢～二十九日、小川～
	十二月	六日、玉造～九日、那珂湊。
十一年（一六九八）	六月	二十五日、海老沢～小川～玉造～二十七日、那珂湊。
十二年（一六九九）	一月	十七日、小幡～紅葉～小川～二十五日、玉造・惣助所　三泊、東福寺本尊を拝す。梶左兵衛督の追善万霊回向の常行会を開行さる。（十一月六日より十二日まで七日間、立行三昧勤行し、常例とする。）～二十八日、潮来。
	二月	四日、佐原・伊能家～塔ヶ崎～十五日、那珂湊。
	十二月	五日、小川～九日、那珂湊。
十三年（一七〇〇）	一月	十七日、海老沢～二十三日、潮来～
	二月	三日、玉造～五日、東福寺御成～小川～七日、海老沢～八日、西山荘。

右の表からもわかる通り、義公の玉造方面への「御成」は十回ほどにのぼることがわかる。この時の旅館になったのは、主に大場家「御殿」であったろうと考えられる。すでに述べた通り、大場家には白州《しらす》もおかれ、南郡統治の中心であり、代々の当主は藩や地元民の信頼が厚い人物であった。さらに、霞ヶ浦水運の利用は、消費都市江戸とこの地域を結ぶ流通経済の発展には欠かせないものであったろうし、鯉《こい》などの水産物などは、水戸藩にとって経済的資源としても貴重な存在であった。

そうしたなか、この地域の経済振興を思慮していたことをうかがわせる、義公の仕置《しおき》がある。玉造の近くには、麻生藩《あそうはん》に属した西蓮寺《さいれんじ》があり、この寺には、新仏の供養をかね、七日七夜常行堂《じょうぎょうどう》をめぐりながら読経する、「常行三昧会《じょうぎょうざんまいえ》」という法事がある。この「常行三昧会」は、宗派に関係なく参詣が許されている行事なので、近郷近在《きんごうきんざい》から人々が参拝に訪れ、それを当て込んだ商人達も集まって、西蓮寺周辺は門前市をなすほど賑《にぎ》わったという。義公はこの西蓮寺の賑いを分析し、よりよい条件下にある東福寺を中心に据《す》えて、玉造周辺の地域経済を活性化しようと試みた。霞ヶ浦の水運と東福寺の「常行会」を組み合わせ、浜に人を呼び込んで、地域経済の核を作ろうとしたのである。

元禄十二年の玉造「御成」の時、幕臣梶《かじ》左《さ》兵衛督《ひょうえのかみ》定良《さだよし》の回向《えこう》と称して、東福寺に「常行会」を開行させ、次いで翌十三年二月になると、秋からは浜村に「市《いち》」をたてるように命じたと言う。公の命により、早速「店割定法《みせわりじょうほう》」が定められ、同年八月十二日から二十五日まで「市《いち》」が開かれている。「市」はすべての商人を合わせると六百人にものぼったというから、大変な賑いを見せたのであった。

りである。

東福寺の「常行会」と、霞ヶ浦水運の機能が結びつけられた成果であったろう。公の慧眼《けいがん》に驚くばか

この仕置により、もともと賑わっていた西蓮寺のほうは、段々と衰退し始めたので、西蓮寺からは、東福寺の「常行会」の日程をずらすようにとの訴えが、水戸藩庁に出されたこともあったと言う。

ところで、公が東福寺で追善供養《ついぜんくよう》を行わせるほどの人物であった梶左兵衛督とは、いったい如何なる人物であったろうか。偶々《たまたま》『義公全集』を見ていたところ、巻之二十の中に、「祭二左兵衛督一」という文章があることに気がついた。梶左兵衛督を祀った時の文章であるから、原文は漢文である。書き下しにすると次のようになる。

曾《かつ》て聞く。孝子《こうし》の親墓《しんぼ》に廬《いおり》する者あり。未《いま》だ視《み》ず。忠臣《ちゅうしん》の君墓《くんぼ》に廬《いおり》する者あるを。今や居士《こじ》においで観《み》る。居士諱《いみな》は某、字《あざな》は某、佐入と號《ごう》す。居士蚤《はや》き歳　大猷公《だいゆうこう》に事《つか》う。夙《あさ》に夜に公の傍《かたわら》に左右《さゆう》し、食に飽《あ》かず眠《ねむり》に熟するなし。寵遇《ちょうぐう》の忝《かたじけな》きを拜し、恩澤《おんたく》の潤《うるおい》に浴す。公一《ひと》たび疾《やまい》に臥《ふ》し終《つい》に起たず。居士血に泣き聲を呑《の》み、心を刺し腸を斷じ、柩《ひつぎ》を二荒《ふたら》に從う。其の後、日ならずして清廟《せいびょう》落成す。居士晝夜に伺い風雨に候《はべ》り、之に臥《ふ》し之に掃《はら》い、親自して他力を勞せず。慄《りっ》然《ぜん》として存するに事《つか》うるごとく、儼然《げんぜん》として生を見るがごとし。一日《いちじつ》も怠るなく、玆《ここ》に四十有七年なり。

今年五月二十一日、居士晏然《あんぜん》として逝《ゆ》く。嗚呼《ああ》哀《かな》しいかな。居士素《もと》より馬を好めり。暇《いとま》あれば

之に秣《まぐさ》し之に飲ませ、其の趣を樂しむ。予頃者《このごろ》冀北《きほく》の產を得《え》、將《まさ》に之を居士に授けんとして、素志《そし》を遂《と》げず。これを如何《いかん》ともするなし。是において金を法幢院《ほうどういん》の僧に嘱《ほどこ》し、佛事《ぶつじ》を作《さく》し、彼《か》の冥福《めいふく》を助く。馬を庭前《ていぜん》に挼《ひ》き、神を賽《まつ》り薦《すす》む。

予舊知《きゅうち》の恩に報いず、唯忠信《ちゅうしん》の義を旌《あらわ》すのみ。愁情《しゅうじょう》を寫《うつ》さんと欲し、筆鋒《ひっぽう》を胷《むね》に衝き、哀詞《あいし》を述べんと欲すれば、硯滴《けんてき》涙を添《そ》う。嗚呼哀しいかな。居士一たび君の墓邊に廬せしより、影《かげ》山を出でず。四十七年曩《かつ》て清廟に候《はべ》り、今は黄泉《こうせん》に從う。生きて仕《つか》え死して仕え、彌《いよいよ》高く彌堅《かた》し。

文中の大猷公《だいゆうこう》とは第三代将軍家光公。その家光に仕えた梶左兵衛督は、家光が亡くなると、日光二《ふ》荒山《たらさん》の廟《びょう》に庵を結び、それより実に四十七年間、一歩も外に出ず、生前《せいぜん》のごとく仕えたという。梶が亡くなったのは元禄十一年（一六九八）五月のことであった。

父威公頼房と共に、数度、日光参詣《さんけい》に訪れていた義公は、当然のことながら、左兵衛督とは面識があったと思われる。生前からその志を奇特《きとく》に思い、左兵衛督が特に馬を愛していたことを知っていたので、馬を贈る機会をうかがっていたのであったろう。馬を物色していたところ、領内北筋《きたすじ》から良い馬を見いだすことができた。さあ贈ろうとしていたところ、俄《にわか》に左兵衛督は他界してしまったのである。公の無念はいかばかりであったろう。左兵衛督の純忠《じゅんちゅう》に感動した公は、法幢院《ほうどういん》の僧に金品《きんぴん》を施《ほどこ》して追善供養を行い、左兵衛督に馬を捧げる神事を営んだのであった。「生きて仕え死して仕え、彌高く彌堅し」という終句のなかに、孤高とも言える人生を全うした左兵衛督に対する、最大級の賛辞《さんじ》が

加茂法幢院山門

込められているように思われる。

文中に、法幢院と見えるのは、玉造城跡北側の加茂《かも》という地区にある、天台宗の古刹《こさつ》である。右の祭文から、梶左兵衛督の葬儀は、この法幢院で営まれたことが知られよう。訪れてみると、寺は霞ヶ浦を望む、風光明媚《ふうこうめいび》な高台にある。歴史を辿れば、西蓮寺を開いた最仙上人《さいせんしょうにん》により、延暦《えんりゃく》二十四年（八〇五）に創建され、はじめは神宮寺と呼ばれたらしい。のち衰えたが、観応《かんのう》二年（一三五一）、比叡《ひえい》山《ざん》法幢院の東範和尚《とうはんおしょう》がこの地に来たとき再興し、法幢院と号するようになったという。その後も寺は何度か焼失を繰り返し、寛文九年（一六六九）になって、義公も一度再建を試みている。現在の建物は、その後の再建であると言う。

一方、東福寺はといえば、同じ観応二年、東範が天台の教線を拡張しようとして、浜の地に草庵を営んだことによるという。それ以後の歴史をみると、この寺もしばらく盛衰を繰り返したが、元禄五年（一六九二）、典信《てんしん》という僧が寺を中興した。この時、寺号を東福寺と改め、現在にいたっているというのである。

東福寺に何度か足を運んだとき、義公の足跡を特定できるものが、なにか残されているのでは、と密かに期待をしてみた。しかし、ご住職に直接会うことは出来なかったので、筆者の希望は叶えられなかった。そこでやむを得ず、電話で話を聞くことにした。平成二十六年（二〇一四）四月のある日、東福寺に電話をかけてみた。住職夫人が出られ、直ぐに、現住職の佐藤章舜《さとうしょうしゅん》師に取り次いで下さった。師に今までのいきさつを話してみると、「いろいろとお尋ねを受けるんですが、寺は一八四三年の火災ですべて焼失してしまったんですよ。ですから、これといった物は何も残っていません」、「残念ながら光圀さん関係の物も、何も残っていないんですよ」と言い、「ただし、過去帳だけは助かりました」、などという返事であった。一八四三年は天保十四年である。昔から浜地区は火災が多かったらしい。

こうして、東福寺には、義公関係の遺物は残されていないことがわかった。このことはいかにも残念なことではあったが、義公は弥作の純孝と、梶左兵衛督の純忠と、二つながらこの浜の地で顕彰したことに気づかされた。今でこそ言われなくなった「忠」と「孝」ではあるが、人の大本《たいほん》としての徳目は、時代を超え、日本国民永遠の課題であるといえよう。明治初年に起こった西洋文明万能の嵐のなか、わが国道徳の基本を維持すべく、明治天皇が侍講元田永孚に『幼学綱要』の編集を命じられたのも、まさにこの点にあったと思われる。その『幼学綱要』に「孝子弥作」が取り入れられたのも、義公の念願とするところが何であったかを考えるとき、自然であり、当然であったと思われる。東福寺境内に立って孝子弥作の像を仰ぎ見るとき、わが国道徳の基本がなにかを、あらためて考えさせられるであろう。

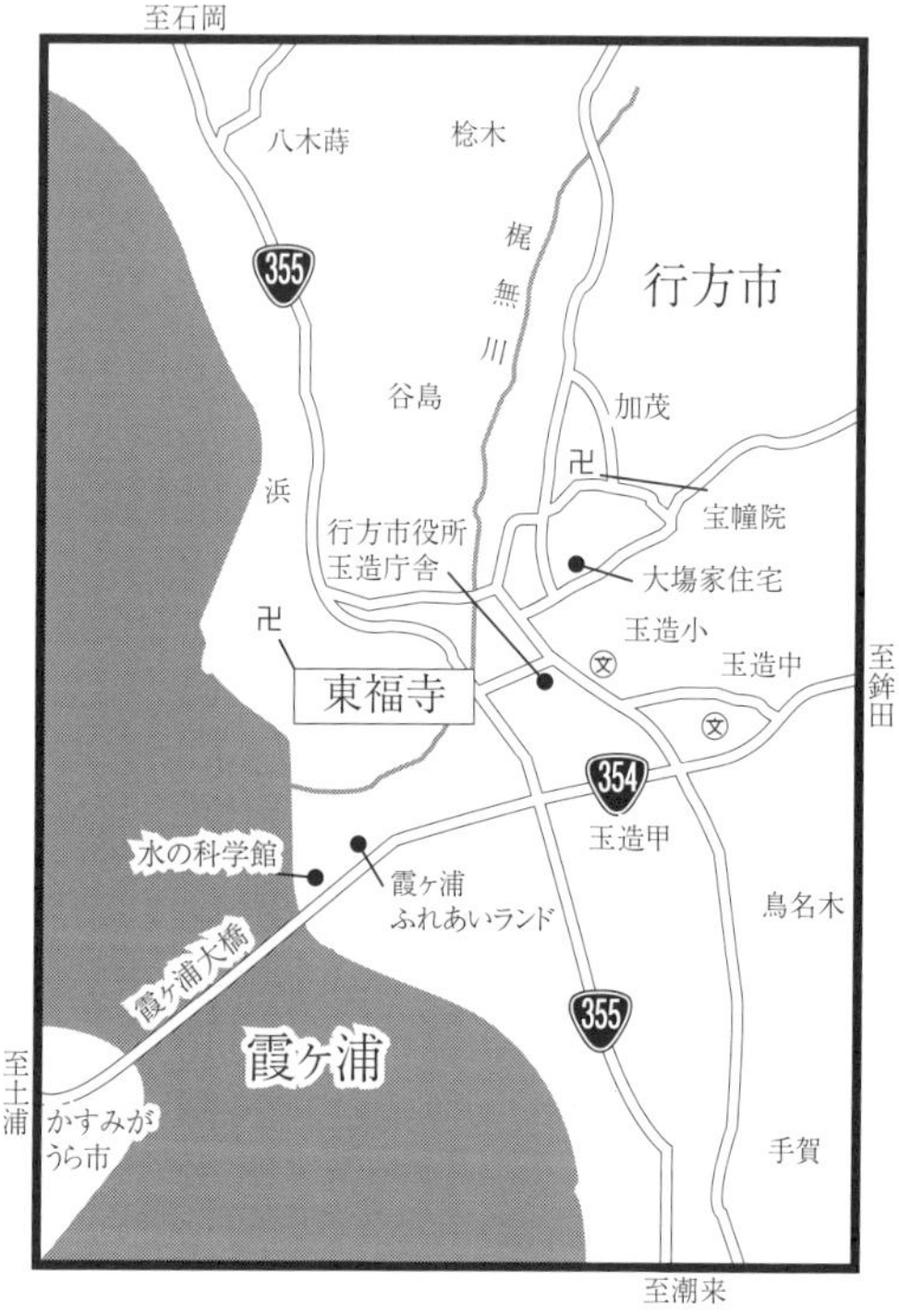

東福寺周辺略図

城　里　町

一　那珂西宝幢院

元禄十一年（一六九八）四月、西山荘を出た義公は「石塚」（現城里町《しろさとまち》）に出たようである。『日記』同月十三日の条に「一、大君石塚へ御成」とある。

日乗自身はといえば、同月十五日、太田八幡稲荷の祭りに行き、そこで誦経《じゅきょう》をしている。『日記』に

いまだ夜も明はなれぬに、宮中ニ火とぼし香ヲたき、誦経ノ内ニ夜も明ぬ。何となふ神さびたるに、きねがつゞみもむかしおぼへて、さすがに心すみわたりし。白にぎてのほのかに見へて、松のひましろ〳〵とあけわたるけしき面白かりければ、経の内にもおもひつゞけける。

ちはやぶる神代もかくや宮人のおもてしろくもおもほゆる哉

と記す。だが、この日の夕方になって、石塚方面に出ている義公からお呼びがかかる。

一、暮ニ及テ玄桐より状来る。明後十七日ノ夜ヲこめて増井ノ和尚同道して石塚へ可参由、藤の花珍敷かたち也。御見セ可有由被仰下。畏奉るよし返書早速遣ス。

とあるから、藤の花の珍しいのがあるので、増井《ましい》にある正宗寺の雷啓和尚を連れて見に来るように、との指示であった。

しかし、翌十六日、日乗は体調がすぐれなかった。

一、今朝より例のこゝちあしくてうちふす。かくてハ明日のたびのよそおひもならず、いかゞあらんと心くるしかりし。先、玄桐へ此趣申遣ス。何とぞ夜あけて昼のうちにも参り着侍らんと申遣し也。夜にいりてすこしさむき心ちしてきそくよくなりしかバ、かゆなどすこし用て明日のこしらへ申付テ休ス。

と『日記』にはある。具合が悪いので明日はどうなるか気がかりだとして、その旨《むね》、井上玄桐《いのうえげんとう》に知らせていたのである。

翌十七日、体調はいまだすぐれなかったが、気持ちを強く持って石塚に向かうと、ホトトギスが鳴いたので、

雲井にもゆきてつくべしほとゝぎす初声きゝしけふのうれしさ

という歌を得ている。日乗が石塚に着いたのは午前十時前後であった。

巳ノ比、石塚につく。宿にてすこし休ミて御殿へいづる。御殿は作十郎所也。慈縁、恵三もけさとく参りし。増井も宿取てい給ふ也。御殿にいでゝ、御目見給ハる。きそくあしかりけるよし聞召しに、よくぞ参りけるなど仰かうぶりし。

午より雨いたくふりける。しかれど今日藤のもとへ参りて見侍るべきよし仰なりけれバ、正宗寺、少林、旌桜、縁、三、同道して藤のある所へゆく。上あくつといふ所也。石塚より十丁斗有べし。

とある。日乗の体調がすぐれないのは井上玄桐から義公に報告済みであったのであろう、「御殿にいで、御目見給ハる」と、「よくぞ参りける」とお声がかかった。丁度十二時頃から雨あしが強くなったが、予定もあり上圷《かみあくつ》まで藤を見物に出かけることになった。『日記』からは日乗とともに増井の正宗寺、太田《おおた》の少林寺《しょうりんじ》、瑞竜《ずいりゅう》の旌桜寺《せいおうじ》の各住職、それに慈縁《じえん》、恵三《えぞう》も義公に付従っていることが知られる。

義公が訪れた「藤のある所」の当主は兵右衛門《ひょうえもん》という名であったが、これを機に藤の大木に因《ちな》んで藤右衛門《とうえもん》と名乗り、その子には藤十郎《とうじゅうろう》と名乗るよう仰せがあったことも記されている。

義公がここを訪れるのははじめてではない。昨年、上圷を通ったとき、いかにも素晴らしい藤を見、来年の春再び「御成あるべし」といって、「御かりや」を作って置いたのである。藤は「ゑの木」にかかった大木であった。日乗は「いやしきしづのおなれど、先祖より藤の木をうへえおきし故、今かかる幸にあひける。ふしぎにおぼへける也」との感想を述べている。義公はこの時、人々と漢詩などを読み交わしている。『拾遺』にある「藤花」という七言詩がそれである。

藤花花開刺窗牖　　藤花花開き窗牖《そうゆう》を刺す。
盤根屈曲龍蛇走　　盤根《ばんこん》屈曲す龍蛇走。

蔓朶高捧劚紫雲　蔓朶《まんだ》高く捧《ささ》げて紫雲《しうん》を劚《けず》り。
佩玉長垂風斜受　佩玉《はいぎょく》長く垂《た》れて風斜《ななめ》に受く。

この七言詩の題詞には「在二石塚村一分二色受想行識五字一得二受字一」とあるから、『般若心経《はんにゃしんぎょう》』の中の一節を韻字《いんじ》としたのであろう。

藤右衛門の宅地に新たに設《しつら》えた亭《あずまや》から見た藤は目にも鮮やかで、太い根がくねくねと張り龍か蛇が這《は》っているようである。枝は高く伸びて、紫雲のような藤花を削《そ》ぎ落としているようにも見え、風がその長い房を揺らしている、というような意味であろうか。

日乗もこの時、和歌を詠んだ。

四方《よも》の海治る御代は民の家も君のめぐみにかかる藤波
しげりあふ夏の木すゑに立帰り春のけしきを見する藤波

というのがそれである。

翌十八日は石塚から山道を岩谷《いわや》方面にたどる。現在の城里町塩子《しおご》の地域である。義公やお供の人々は馬に乗ったが、日乗は病身であったので籠で行ったとある。途中、高野というところにある清左衛門の家で休息したところ、谷川を見下ろす絶景の地に家があったのであろう、日乗は思わず歌が出た。

世をすつる住家と聞かばいかならんさらでも清き谷川の水

義公はこの歌をたいそう気に入って、井上玄桐に書き留めさせたとある。

清左衛門の家を出た一行は小勝《おがち》の修多羅寺《しゅだらじ》に立ち寄り、ここで什物《じゅうぶつ》の涅槃像《ねはんぞう》を見た。住職は久昌寺から出た人らしい。修多羅寺を見た後は岩谷の仏国寺《ぶっこくじ》に入り、ここに宿をとった。仏国寺は真言宗で、かつて弘法大師が開き、その後、教道上人《きょうどうしょうにん》の時、綸旨《りんじ》を賜わったという。「勅額」や「りんじ」二通も所有していたことを記している。この日も寺で詩会が催されたのであろう、『拾遺』に次の七言詩が載せられている。

慈縁岩谷山佳境を詠《えい》ずの詩韻に次《じ》す。

空海當時開此山　空海《くうかい》當時此の山を開く
飛簷高啄白雲間　飛簷《ひえん》高く啄《つつ》く白雲の間《かん》
鳴禽流水清心耳　鳴禽流水《めいきんりゅうすい》心耳《しんじ》を清め
趺（趺カ）座纔偸半日閑　趺座纔《わず》かに偸《ぬす》む半日《はんじつ》の閑《かん》

仏国寺は空海が開いたという由緒ある寺である。簷《ひさし》は高く聳《そび》えて雲に届くほどある。ここ岩谷の深山幽谷に入れば、鳥の鳴く声も谷川のせせらぎも心身を清めてくれる。密かに座して世間の煩わしさから逃れていることであるよ、という意味であろうか。

また、この寺にはかつて義公が招聘《しょうへい》し、元禄八年（一六九五）、志半ばで亡くなった天徳寺《てんとくじ》の心越禅師《しんえつぜんじ》の七言詩が残されていたのであろう、次の七言詩も詠んでいる。

念彼南無觀世音　念ず彼の南無觀世音《なむかんぜおん》

開慈眼視衆生深　慈眼《じがん》を開き衆生《しゅじょう》を視《み》ること深し
行空復道難攀上　空を行ずれば復《また》道攀上《はんじょう》し難く
目眩何爲苦我心　目眩《くら》みて何爲《なんすれ》ぞ我心を苦めん

観世音菩薩に見守られながら行をおこなおうとするが、なかなか悟《さと》りにはほど遠いという心境を詠んだものであろうが、それは題詞にある心越禅師の七言詩に次韻《じいん》したものである。題詞にある禅師の七言詩は次のようであったらしい。

千尺巖頭湧梵音　千尺巖頭梵音湧《せんじゃくげんとうぼんおんわ》く
松濤萬壑徑幽深　松濤萬壑徑幽《しょうとうばんがくけいゆう》にして深し
雨華盡見皆甘露　雨華《うか》盡《ことごと》く見る皆甘露《かんろ》
總是大悲不二心　總《すべ》て是れ大悲《だいひ》不二の心

禅師の七言詩は仏法者らしく、見るもの聞くものすべてこれ空であり、仏の大慈《だいじ》大悲の現れであることを詠んだものである。義公はこれに次韻することによって心越禅師の面影を懐かしく回想しているのであろう。

十九日は雨のためここに留まり、雨の合間《あいま》を縫って「観音堂」を見物した。『日記』に、

京にてもかゝる所ハ見ず。岩の高七丈も有べき両方にありて、中ほどより上の方に堂ヲ岩のほらに立たり。らうかにて上る也。

とあるから、数ある都の名所旧跡を見ている日乗にとっても、「観音堂」のたたずまいはよほど印象に残る景観であったに違いない。

二十日は清左衛門の家に立ち寄ってから石塚に戻っているが、往路で見た清左衛門の家の辺りの景色は、一行にとってよほど捨て難く、印象に残るものであったろう。

義公は次の七言詩を残している。

　　佛國寺を出でて高野村山家を過《よぎ》る。

夙出僧坊三四程　　夙に僧坊《そうぼう》を出《い》でて三四程《さんしてい》
水流激石咽而清　　水流は石を激《たた》き咽《のみこみ》て清し
兩峯夾徑沾空翠　　兩峯徑《けい》を夾《はさ》んで空翠《くうすい》を沾《ま》し
行過一山鵑一聲　　行きて一山《いちざん》を過れば鵑一聲《けんいっせい》

やがて一行は石塚に到着するが、旅館は「作十郎所」であったと思われる。二十一日まで一行はここに逗留したので、日乗たちは義公の命により薬師寺を見物している。『日記』には、

　森のしげくたちならびたるけしき、ふるく作りたる堂也。いつの世にか侍らん。方丈ニ糸桜の大キなるあり。花ハちりぬれど木たちのおもしろかりし也。それより中のさいとかやへゆく。水戸より引給ふ八幡の宮ちかき比なれど、森の木たちにいたる迄物ふりたるけしき也。宝幢院とやらん、何の僧正とかや下り居給ひし。寺見物する也。

名目の講尺ありて、あまた僧たちあつまりて聴聞するよし見ゆ。

とある。

薬師寺の方は天台宗の古刹《こさつ》で、当時は木々の鬱蒼《うっそう》とした中にあったと思われる。その方丈には面白い糸桜《いとざくら》の古木があったのであろう。ここを見てからは東の方向に移動し、那珂西《なかさい》の宝幢院に立寄る。訪れてみればいかにも歴史を感じさせるたたずまいで、丁度講釈中であったらしく、多くの僧が聴聞《ちょうもん》している様子を目にしている。講釈をしていた僧の名前を記してはいないが、おそらく以傳和尚《いでんおしょう》であったろうか。

宝幢院入口

それから、作十郎所に戻った一行はもてなしを受け、夜中まで酒を飲んだりして機嫌よく過ごしているが、井上玄桐ばかりは何か失態を演じたのであろう、先に西山荘に帰ったことが記されている。

四月二十二日、石塚をたった一行は久慈川まで歩き、八幡瀬《はちばんせ》というところから舟で川を下る。着いたさきは現在の常陸太田市河合《かわい》、幸久橋《さきくばし》の辺りであった。河合には半兵衛《はんべえ》というものがおり、西山荘から南下するときにはしばしば立寄っていたと思われる。ここから西山荘は目と鼻の先である。『日記』には、「夜亥の比まで御あそびありて、御かちにて御帰りありし」とある。夜十時頃まで半兵衛宅で遊び、徒歩で西山荘に「帰御」したのである。『日記』に記されているのは十日ばかりの日程であるが、義公の石塚方面の巡遊の様子がよくわかる貴重な内容である。

その中で四月二十一日、那珂西宝幢院に立ち寄った時のことが記されているが、筆者は以前から義公と宝幢院のかかわりについて関心を持っていた。というのは、最近まで那珂西の地は南北朝時代の南朝方の将、那珂通辰《なかみちとき》の居城と考えられてきたことと、弓野氏の『行脚』に義公遺髪のことが記されていることとは、何か繋《つな》がりがありはしないかと考えたことによる。

『桃源遺事』巻之五を見ると、寛文五年（一六六五）、領内の淫祀《いんし》や新建寺院《しんけんじいん》を多数除き、多くの破戒《はかい》僧《そう》も還俗《げんぞく》させたことが記され、同時に由緒ある社寺は立て直したり保護していることはすでに述べて来たところであるが、これに続いて、

古跡の廢寺等みな修葺興復被レ成候。且能僧を御まねきなされ候。

稲木村久昌寺へハ京都本國寺の僧正日隆住職いたされ、中河西村（那珂郡）寶幢院へハ僧正以傳來られ、水戸吉田（茨木郡）藥王院へハ僧正良運來られ、岩舟（鹿島郡）願入寺へは恵明院瑛兼（本願寺琢如子也）來らる。常盤郷（茨城郡、水戸城下）天徳寺へハ大明國の僧心越禪(師)寺住職せらる。

あるひハ談林を御開き、或ハ法式・法衣を御改被レ成候故、諸宗悉く是に歸し、碩學英才の出家、遠國他郷よりも被レ参候。西山公常〻御たわむれに、我が宗旨ハ釈迦宗也と仰られ候。

とある。「中河西村」即ち那珂西村の宝幢院には、当時の高僧以傳僧正が招聘されたのであろう。大

洗願入寺恵明院瑛兼、天徳寺心越禅師についてはすでに述べてきたが、それぞれに義公の御眼鏡にかなった人物で、常陸の仏法興隆になくてはならない僧達であった。那珂西宝幢院に招聘した僧正以傳も、そのような僧であったに違いない。

その宝幢院はといえば、義公が元禄九年（一六九六）になって復興した寺のようである。宝幢院は正《しょう》平《へい》十六年（一三六一）、知空《ちくう》上人《しょうにん》の創建になるといわれ、宥尊《ゆうそん》、宥全《ゆうぜん》と続いたが、その後寺は荒廃し、江戸時代になって義公が再建したといわれる。

『常山文集』巻之七を見ると五言詩と次の題詞が載る。

常陽茨城郡那珂西寶幢教院。在昔《むかし》上宥《じょうゆう》阿闍梨《あじゃり》艸創《そうそう》の道場なり。物換《かわ》り星移り瓦礫區《がれきく》となれり。我其の久しく廢するを慨歎《がいたん》す。南を去ること二百歩許《ばか》り、荊棘《けいきょく》を芟除《さんじょ》し、磽确《ぎょうかく》を削平《さくへい》す。大いに土木を興し、殿堂一新せり。僧正耕雪傳公は佛門の柱石《ちゅうせき》、法中の龍象《りゅうしょう》たり。力を請い允《ゆる》さざること、再三に及ぶ。始めて袂《たもと》を投じて起ち、師之《これ》に涖《のぞ》むを聞く。香華《こうげ》を以って邀《むか》え、終延《しゅうえん》中興《ちゅうこう》、陞座《しょうざ》説法《せっぽう》、辨論《べんろん》懸河《けんが》、遐邇《かじ》緇素《のうそ》、蟻《あり》の羶《せん》を慕うが如し。今茲《ことし》の秋、錫《しゃく》を飛し京師に歸らんことを欲す。強《し》いて擁留《えんりゅう》するも聽《き》きたまわず。再會を約して去らんとす。嗚呼《ああ》我老いたり。期すること何《いず》れの日ならん。長途霜露、法のため自愛せよ。（原漢文）

この文章は、宝幢院を再興し、その住持として迎えた以傳僧正が四年の任期を終え、遂に京へ帰ることになった元禄十二年（一六九九）、その別れに際して義公が五言排律《はいりつ》を贈った時のものである。この文章からは、現在地から北西に二キロメートルほどの赤羽根《あかばね》という所にあった寺を移して再興したことが知られると同時に、名僧として誉れ高かった以傳僧正を、礼を尽くして迎えていたことも知られよう。しかし、僧正にも京へ帰るべき事情があったのであろう、義公の強い慰留にもかかわらず宝幢院を去ることになったのである。「嗚呼我老いたり。期すること何れの日ならん。」という一句からは、義公の嘆きが聞こえるようである。

そこで義公の藩主時代、石塚方面を訪れているのは何時であったか調べてみると、寛文十年（一六七〇）十月、延宝元年（一六七三）九月、天和三年（一六八三）閏五月、元禄二年（一六八九）十一月などが考えられるが、詳細は必ずしも明らかでない。

しかし、西山荘に引退した後、元禄六年（一六九三）からは毎年欠かさず石塚方面を巡遊していることが知られる。特に古内の清音寺に大忠禅師が入院してからは、しばしば清音寺を訪れているので、石塚方面の重要性は高まっていたと思われる。

さらに元禄九年、宝幢院中興のための以傳僧正の入院は、石塚周辺の仏法興隆の中心として、一層の期待をかけることが出来たものと思われる。このためでもあろうか、同年三月十三日、義公は石塚薬師寺を訪れ桜を見て七言詩を詠んでいる。『拾遺』に載せられる「薬師寺に花を見る」と題する詩は次のようである。

絲櫻撲地拂春愁　　絲櫻《しおう》は地を撲《う》ちて春愁《しゅんしゅう》を拂《はら》い

香遠枝垂佩玉脩　　香遠く枝垂《た》れて佩玉《はいぎょく》脩《かざ》る
終日斟花方外友　　終日花を斟《く》む方外《ほうがい》の友
無詩恨缺一風流　　詩無く缺《けつ》を恨《うら》むも一風流

当時、薬師寺には糸桜があったのであろう。なすこともなく糸桜のしなやかな枝振りを眺めている義公は、安心立命の境地にあり、心の余裕さえ感じられる詩である。

薬師寺については、『行脚』にも記述があり、それによれば、寺は大同《だいどう》年間創立の天台寺院で、佐《さ》久山《きゅうざん》多聞院《たもんいん》と号したという。正平年間に恵一上人によって中興され、真言宗の寺になったこともある。一時衰えたが慶長年間に再び盛んとなり、義公の保護も受けて寺勢を維持してきたという。しかし、寛政元年（一七八九）二月十日、義公が宿泊した建物は、火事で焼失したらしい。また『行脚』には、かつて「薬師さん佛餉《しょう》」と唱えて各戸に寄進を乞えば、喜んで応ずる習わしがあり、明治維新前後まで及んだが、それらはすべて義公の仕置きであったことを紹介している。寺の衰退を懸念してのことであろう。

元禄十年（一六九七）は二月と九月に石塚方面を巡遊しており、『拾遺』には耕雪僧正に呈した次の七言詩が載せられている。

戯《たわむれ》に季秋《きしゅう》十三夜の月を賦し耕雪僧正猊座下に呈す。

今夜佳名鳴大倭　　今夜の佳名大倭《かめいだいわ》に鳴る

繼華雅会舞嫦娥　　華を繼ぐ雅会《がかい》嫦娥《こうが》舞う
京都月與東夷月　　京都の月と東夷《とうい》の月と
秋暮清光何處多　　秋暮の清光何《いずれ》の處《ところ》か多し

時期的に見れば、九月の石塚巡遊の時に詠んだ七言詩であろうかとも考えたが、九月の動きは四日に清音寺に「御成」となり、五日は西山荘に戻っている。十日には大方の堀江家に入り、十二日に戻る。十八日から今度は北筋に「出御」しているから、十三日に石塚に「出御」したとは考えがたい。あるいは西山荘での詩会であったのであろうか。

そこで『日記』を見ると、九月十三日には西山荘において歌会が催されている様子がうかがえる。

　朝出仕、勤行如常。一、辰ニ御殿へ透上人同道して上る也。御目見、御献上紙也。御料理御盃被㆑下、御茶過テ御暇被㆑下也。予ハ今朝より□□□ありて、今夕月見なれバ、御所様并能化など御招請あるべきよし。されバ是に居て御意承りし。御所様へ自入被㆑遣也。御出あるべきよし被㆑仰趣、予も先帰山して能化などもよおして可㆑参由御意なれバ、立帰りて省師へ申遣ス也。畏侍るよし被㆑仰也。
　予未ノ上ニ御殿へまいる。御所にも未ノ中ニ御出、日周、仙雄等御供せらる。日省師ハ義住上座且好栄等被㆓召連㆒、又、日透も可㆑参由御意ありて申遣ス。是ハ太田にて今日談義せらる。談義過テ参上被㆑致也。

御料理過テ後御歌あるべしとて人々に被㆓仰付㆒先、今宵の名月を通り題にてとて、人々十八人㆓歌よませらる。

とあるから、午後二時頃から集まり、義公をはじめ尊明公、日省上人、日周上人など、総勢十八人が参加して歌会を催したのである。題は「十三夜」であった。

名に高き月も照そふ白菊の籬隔《まがきへだて》ぬ雲の上人　義公
都にて詠しよりもまさりけり此《この》山里の月の光は　尊明公
秋もはや日数すくなくくれ竹の一よの月をながめあかさん　日乗

というのが、この時の義公たちの和歌である。

「豆名月《まめめいげつ》」「栗名月《くりめいげつ》」として古来から親しまれて来た「十三夜《じゅうさんや》」の月見の行事は、平安時代の宇多《うだ》天皇の御代《みよ》（寛平年間）か、醍醐《だいご》天皇の御代（延喜年間）の旧暦九月十三日の月見の行事にあるといわれているが、義公もまたこれを大切にした。「廃《すた》れたるを興《おこ》し絶《た》えたるを継《つ》ぐ」ということを指導原理とした義公の生き方は、このような雅《みやび》の世界にも発揮されていたことが知られよう。『日記』にはこの日の最後に、

人々の歌おゝかりしもわすれし。おぼへたる斗書付るなるべし。夜更鳥の声きこゆる比帰山セし。

とあるから、澄んだ秋の夜空の月を愛《め》でながら歌会は夜更けまで盛大に続いたのであったろう。とす

ると、先に述べた『拾遺』の「戯に季秋十三夜の月を賦し、耕雪僧正猊座下に呈す」という題詞がある七言詩はいつ詠まれたものとすればよいのであろうかという疑問に逢着《ほうちゃく》する。

『日記』に耕雪和尚の名は見えず、歌会に参加していることを窺わせる形跡がないが、『拾遺』にある義公の七言詩は他の詩との位置関係から紛れもなく元禄十年九月十三日の詩としてよいと思われるし、元禄十年前後の年の九月十三日では無理なことが分かる。

七言詩の意味するところは、華やかさを秘めた歌会の様子が詠み込まれていようし、耕雪和尚が見慣れていたであろう「都の月と、ここ常陸の月とでは何れが勝っているでしょうか」と尋ねていると思われるあたりは、尊明公の歌と相和しているような気がする。やはり耕雪和尚も西山荘に詰めていたと筆者は考えるが、どうであろうか。

その宝幢院を訪れようと考えたのは、平成二十三年（二〇一一）六月のことであったが、多忙でなかなか機会がなかった。ところが、ひたちなか市稲田にある真言宗東聖寺《とうしょうじ》の住職が亡くなり、その葬儀が七月にあった。筆者も役員の一人であったので、その葬儀の手伝いをすることになった。

当日は山門の前の受付テントに控えて雑用にあたっていたところ、筆者の隣に関係寺院の受付が出来て、偶々お坊さんが二人座った。こちらから挨拶し何処《どこ》のお寺か尋ねてみたところ、なんとそのお坊さんは宝幢院の副住職大越千恵《おおこしせんけい》師であった。早速名刺を渡し、近々取材にお訪ねしたい旨を話した。

その後何回か連絡を取ったが、副住職ともなると地元の名士、なにかと多忙とのことで訪問はならなかった。

そこで、先に寺の周辺でも見ておこうと二、三度石塚の地を訪れ、薬師寺周辺や旧金剛院、石塚城跡などを見て回った。宝幢院はといえば、水戸から国道一二三号線を西に向い、岩根町《いわねちょう》あたりから坂道を上り、間もなく右側に入ったところにある。宝幢院のバス停近くに大きな石碑が立ち「新義真言《しんぎしんごん》宗《しゅう》 豊山派《ぶざんは》 泉山寳幢院《いずみさんほうどういん》」とある。かなり狭い入口なので、近くまで行ったら注意が必要である。時間帯によっては交通量が多い。

訪れた時に、土塁の跡や周辺の地形などを見て回った。現在の入口は土塁を削って道を作ったと思われる。城域は相当広く二、三ヘクタールはある。入ると宝幢院本堂は那珂西城の真ん中に位置することが歴然としている。本堂の前には墓地があり墓石が林立する。城域の東側には那珂川が流れ、かつては対岸を見渡せる要害の地であったろう。

九月になり再度訪れた時、住職夫人がおられたので縁起書をいただいた。「名刹泉山宝幢院と建武中興那珂西城」とあり、

当山は泉山法厳寺法幢院と称し、後小松天皇《ごこまつてんのう》応安《おうあん》二年上宥上人に依って上那珂村大字経塚に開創せらる。京都報恩院《ほうおんいん》末中本寺一等格院の寺格を有し、真言密教道場として繁栄を極む。殊に上宥上人は真言白鳥流の廿八世の故を以て当地の名刹の根源をなせり。

とある。応安二年は北朝の年号で、南朝の年号で言えば正平二十四年（一三六九）、瓜連常福寺《じょうふくじ》所蔵の

『日本書紀私抄《にほんしょきししょう》並《ならびに》人王百代具名記《じんのうひゃくだいぐみょうき》』などにより、そのご即位が証拠づけられた長慶天皇《ちょうけいてんのう》の二年にあたる。それから約三百年後、義公が出て荒廃したこの寺を再興することになるが、縁起書きにはさらに、

第十六世宥源僧正の時、寛永十一年丙子十一月、水府源光圀卿御元服の式典に被官依つて御前髪を当院に奉納せられ徳川祈願所となる。元禄六年に至り光圀卿の発願に依り那珂西城跡に法幢院の移転を開始、元禄九年に至り諸堂宇の移転全く完了し卿自ら京に上り上品蓮台寺の貫首《かんしゅ》以傳僧正を招き中興開山となし、尚支那白馬寺の本尊大日如来の名像を寄進せられ大日堂を建立し真言宗常法檀林を開設し、寺領三百石を賜、真言宗学の振興と民間説法を通して大いに勤王精神の発揚に務め（以下略）

とあるから、義公の元服式に法幢院の住職も関係があったのであろうか、その縁で前髪が奉納されたようである。義公の宗教改革は由緒ある寺の復興にもあったが、法幢院もその対象となり、元禄九年堂宇が移転完成したので、京都上品蓮台寺《じょうほんれんだいじ》から以傳僧正が招聘され、寺は古刹としての伽藍を再び整えるに至るのである。ただし、縁起にあるように義公が自ら京都に上り僧正を招聘した事実はないから、家臣の誰かが折衝に当ったと思われる。

義公当時においては、那珂西城が那珂通辰の居城と信じられていたのであろう。義公が真言宗の古刹としての法幢院を復興したのは、勤王の城としての那珂西城保存も同時に考えた上で処置をした可

義公元服髪

能性があるのではないであろうか。以傳僧正は義公の期待に応えた。先に見た『日記』の「名目《めいもく》の講尺《こうしゃく》ありて、あまた僧たちあつまりて聴聞するよし見ゆ」というくだりは、あるいはこの以傳僧正が、「民間説法を通して大いに勤王精神の発揚に務め」ている様子であったかも知れない。

十月十日体育の日、再び法幢院を訪れる機会ができたので、那珂市から車で城里町を目指す。常磐自動車道の側道を水戸方面に向かい、国田《くにた》大橋で那珂川を渡ると国道一二三号線に出る。法幢院はそこからすぐである。午前九時丁度に訪れ、副住職大越千恵師に挨拶をする。「本堂の方へどうぞ」と案内され、早速話しを伺う。

座卓の上に大きな箱が用意され、「どれからでも見て下さい」と言われながら、「これが光圀さんの前髪です」とガラスをはめた小さな箱を見せて下さった。「源義公元服髪」と書かれた蓋《ふた》がついている。ガラスは少し曇っているものの、髪の毛であることは容易にわかる。寺伝にある「寛永十一年十一月」が正しいとすれば今から約三百八十年前、義公七歳の時の毛髪である。一種の感慨が頭をよぎる。

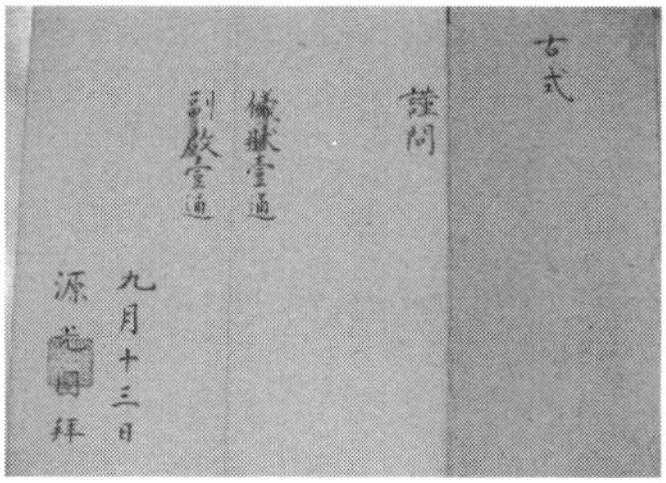
古式
謹問
儀状壹通
副啓壹通
九月十三日
源光圀拝

耕雪僧正宛「啓」その(1)

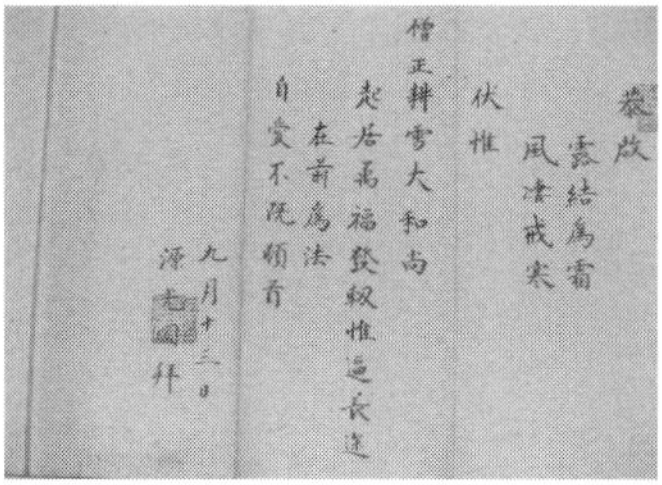
恭啓
露結爲霜
風凄戒寒
伏惟
僧正耕雪大和尚
起居萬福發軔惟逼長途
在前爲法
自愛不泯頓首
九月十三日
源光圀拝

その(2)

箱の中には何通かの書類が入っている。しっかりした紙の二通があった。なかを開くとなんとそれは義公筆跡、以傳僧正宛の「啓《けい》」である。見た瞬間厳粛な気持ちになる。一通には「古式」とあり、続いて

謹問
　儀状壹通
　副啓壹通
　　　　　　九月十三日
　　　　　　源光圀拝

とある。二通目には「副啓《ふくけい》」とあり

恭啓
　露結爲霜
　風凄戒寒
伏惟
僧正耕雪大和尚
　起居萬福發軔惟逼長途
　　在前爲法

自愛不既頓首

九月十三日

源光圀拝

とある。以傳僧正が京に帰ることになった時、義公が送った正式な別離の挨拶状であり、先に紹介した五言詩の題詞と同じ内容となっていよう。人物を得るときには礼をもって迎えた義公の丁寧な人柄がよく表われている史料である。この他に以傳僧正の書き記した真言宗の血脈《けちみゃく》や、大日如来《だいにちにょらい》を安置する本堂の開山式の図、さまざまな由来書などを見せて頂いた。

「ところで大日如来像があるとお聞きしましたが」と筆者が尋ねると、「それはこちらです」といって副住職が案内して下さった。隣の部屋に安置してあった大日如来は立派なもので、平安時代頃の成立と見たが首の部分が折れている。「今度の震災で首の部分が曲がってしまいました。文化財なので修理はして下さると聞いています」と副住職。震災の影響はこのようなところまで及んでいた。

「このようなものもあるんです」と言うので付いて行くと、大きな箱があり中には大蔵経がぎっしり詰まっている。箱には「八幡宮」とある。おそらくは水戸八幡宮が一時那珂西に移転された時、神《しん》仏混淆《ぶつこんこう》の故をもってその所持品を法幢院に寄贈させたものと推測した。六百巻揃《そろ》っているという。あれこれと話を交えていろいろ見せて頂いたがすでに三時間にもなろうとしていた。途中から住職夫人もお茶をいれて来てくださり、会話に加わって何かと教示してくださった。話しの端々《はしばし》にこの寺を守って来られたご苦労が伝わって来る。副住職は謙虚な方で、筆者の話の中で参考になることはメモを取られていた。まだ聞くべきことはあったが長居をしてしまったので、謝して寺を辞すことにした。「どうぞ遠慮なくまた、いらして下さい」との副住職の言葉に、春の一日を過ごしたような暖かな気分になっていた。

二　上入野小松寺

書店の店頭には、大河ドラマ『平清盛《たいらのきよもり》』にあやかって源平合戦《げんぺいがっせん》を取り上げた本が多く積まれている。『平家物語』は相変わらず日本人の好む物語の一つである事が知られよう。その中でも「義経弓流《よしつねゆみながし》」の場面は古くから有名で、落とされた弓を拾いにいった源義経の行動は、名《な》を惜《お》しむ武士の模範として賞賛されてきた。『平家物語』のなかに出てくる場面はこうである。

源氏の兵物共《つわものども》、勝《かち》に乗ッて、馬の太腹《ふとはら》ひたる程にうちいれて、攻《せ》めたたかふ。判官ふか入りしてたたかふほどに、舟のうちより熊手《くまで》をもッて、判官の甲《かぶと》の錣《しころ》に、からり〳〵と二三度までうちかけけるを、みかたの兵共《つわものども》、太刀《たち》長刀《なぎなた》でうちのけうちのけしける程に、いかがしたりけむ、判官弓をかけおとされぬ。うつぶして鞭《むち》をもッてかき寄せて、とらう〳〵どし給へば、兵共《つわものども》、「ただすてさせ給へ」と申けれども、つひにとッて、わらうてぞかへられける。

おとなどもつまはじきをして、「口惜《くちお》しき御事《おんこと》候かな。たとひ千疋万疋《せんびきまんびき》にかへさせ給ふべき御たらしなりとも、争《いか》でか御命《おんいのち》にかへさせ給ふべき」と申せば、判官、弓の惜しさにとらばこそ。義経が弓といはば、二人《ににん》してもはり、若《も》しは三人してもはり、叔父《おじ》の為朝《ためとも》が弓の様《よう》ならば、わざともおとしてとらすべし。尫弱《おうじゃく》たる弓をかたきのとりもッて、『これこそ源氏の大将九郎義経《くろうよしつね》が弓よ』とて、嘲弄《ちょうろう》せんずるが口惜しければ、命にかへてとるぞかし」と宣へば、みな人これを感じける。

船戦《ふないくさ》の平氏に対し、源氏は馬で波打《なみうち》ち際《ぎわ》まで乗り入れて戦う。義経は源氏の大将として戦っているうちに、弓を熊手《くまで》に掛けられ、水中に落としてしまった。戦慣れした味方の古兵のなかには弓を捨ててしまうように言う者もあったが、小弓を使っていることが知れれば世間の物笑《ものわら》いの種になるとして、義経は落とした弓を拾いにいったのであった。その義経の行為が、名を惜しむ武将の鏡として、古来《こらい》賞賛の対象になって来たのである。

しかし、『西山遺聞《せいざんいぶん》』「弓流御物語の事」の記事によれば、この場面について、義公は義経の行為を評価していない。公は次のように語ったと書かれている。

義經弓流の事を平家盛衰記に義經手柄のやうにかきたるハ甚誤なり。大將ハ大功を建るを以肝要とす。小節にかゝわるへからす。此議論列傳分注に書著し、尤盛衰記參考にも書のセ可レ申由おふせらる。

この記事は、義公が元禄十二年（一六九九）に語ったと安積澹泊が記録しているというから、公が亡くなる前年にあたる。公の判断を知る上で貴重な記述である。勝ち戦であったとしても、大将が破れれば直ちに攻守処《こうしゅところ》を変えることは戦場の習い、古来、枚挙《まいきょ》に暇《いとま》がない。個人の名誉を守り戦うことは勿論のことであるが、この場合、平氏を殲滅《せんめつ》出来るかどうかの重要な局面《きょくめん》、義公は義経個人の名誉に優先すべきものがあると判断したのであろう。義公のこの指示は、大将は如何にあるべきかということを後世に示す狙いがあったと見るべきであろう。

一方、『平家物語』は、勝者必衰《しょうしゃひっすい》の理《ことわり》を背景としたこの世の運行の摂理《せつり》を述べ、平氏滅亡に至るまでの、いわば滅びの美学を著《あらわ》した一大絵巻である。我々日本人は『平曲《へいきょく》』として尊重し、これを聞いては人の世の定めがたきに涙するとともに、豊かな情操《じょうそう》を培《つちか》ってきた。その中でも、清盛とその子重盛《しげもり》のやり取りを著わした「教訓状《きょうくんじょう》」の場面は、人としての出処進退《しゅっしょしんたい》にかかわる重要な問題を含んでおり、後世に大きな影響を与えていると思われる。

歴史を遡《さかのぼ》れば、平忠盛《たいらのただもり》が長承《ちょうしょう》元年（一一三二）に昇殿《しょうでん》を許されて以来、平氏一門は着々とその勢力を伸ばす。保元《ほうげん》・平治《へいじ》の乱を経て、清盛が太政大臣《だじょうだいじん》になったのが仁安《にんあん》二年（一一六七）のことであった。この間、清盛を先頭に平氏一門は揃《そろ》って出世し、平時忠《たいらのときただ》が「此一門にあらざらむ人は、皆人非人《みなにんぴにん》なるべし」と言ったとされるように、傍若無人《ぼうじゃくぶじん》の振舞いが多くなっていった。

すると、これらの横暴に危機感を持つ人々が多くなり、俄然《がぜん》、平氏打倒の動きが慌《あわ》ただしくなる。治承《じしょう》元年（一一七七）、鹿ケ谷《ししがたに》に会した大納言藤原成親《だいなごんふじわらのなりちか》や僧西光《さいこう》らは平氏打倒を謀《はか》るが事前に露見《ろけん》し、清盛の処罰を受けることになる。「教訓状」に描かれている有様は、その過程での一場面である。冒頭ではこのように記す。

太政入道《だいじょうにゅうどう》は、か様《よう》に人々あまた誓《いまし》めおいても、なほ心ゆかずや思はれけん、既《すで》に赤地《あかじ》の錦《にしき》の直垂《ひたたれ》に、黒糸威《くろいとおどし》の腹巻の、白《しろ》かな物うッたる胸板《むないた》せめて、先年安芸守《あきのかみ》たりし時、神拝《じんぱい》の次《ついで》に、霊夢を蒙ッて、厳島《いつくしま》の大明神より、うつつに給はられたりし、銀《しろかね》の蛭巻《ひるまき》したる小長刀《こなぎなた》、常の枕をはなたず立てられたりしを脇《わき》ばさみ、中門《ちゅうもん》の廊へぞ出でられける。その気色《きそく》、大方ゆゆしうぞみえし。貞能を召す。

平氏打倒を企てた藤原成親らの背後には、後白河法皇がおはしますことを察知した清盛は、成親らを捕えたことだけでは安心できず、清盛が先頭にたって法皇の法住寺《ほうじゅうじ》殿に押しかけようというのである。この時の清盛の出で立ちはといえば「錦の直垂に、黒糸威の腹巻」を着、「厳島の大明神」から給わった「銀の蛭巻したる小長刀」を差し、出家した者とも思えない凄まじい勢いであった。

清盛のもとには、平氏一門は言うに及ばず、加勢する諸国の受領《ずりょう》・諸司《しょし》までもが所狭《ところせま》しと詰めかけた。この時、隙《すき》を見て主馬判官《しゅめはんがん》平盛国《たいらのもりくに》が内大臣重盛のところに走った。このような事もあろうかと待機していた重盛は、「烏帽子《えぼし》・直衣《のうし》に大紋の指貫《さしぬき》」姿で父清盛のもとに駆けつけた。着いてみると、「一門の卿相雲客《きょうしょううんきゃく》数十人」が「色々の直垂」に「思ひ〳〵の鎧着て」二列に着座し、さらには諸国の国司、衛府《えふ》の役人までもがぎっしりと詰めかけている。一服の絵巻を見るようなきらびやかな光景であったろう。しかし、平易の服装で現れた重盛の姿を見て、清盛は出陣の出立ちを恥じたのかも知れない、「素絹《そけん》の法衣」を腹巻《はらまき》の上に着て隠そうとしたが、やや手こずったとある。

父子の間に少し沈黙があったが、清盛がまず口を開いた。「成親卿のことはたいした問題ではない。謀反は法皇の御計画、鳥羽殿にお移しするか、ここに御幸されるかいずれかにしたいがどう思うか」と重盛に問う。すると重盛は、はらはらと涙を流した。清盛はその意味が分からず、「どうした。どうした」というばかり。そこで重盛は次のようなことを述べて、諄々《じゅんじゅん》と清盛を諭《さと》すのである。

此仰せ承り候に、御運ははや末になりぬと覚え候。人の運命の傾《かたぶ》かんとては、必ず悪事を思ひたち候なり。又御有様《ありさま》、更《さら》にうつつともおぼえ候はず。さすが我朝は、辺地粟散《へんちぞくさん》の境と申しながら、天照大神《てんしょうたいじん》の御子孫、国の主《あるじ》として、天《あめ》の児屋根《こやね》の尊《みこと》の御末、朝《ちょう》の政《まつりごと》をつかさどり給ひしよりこのかた、太政大臣の官に至る人の、甲冑《かっちゅう》をよろふ事、礼儀に背《そむ》くにあらずや。（中略）まづ世に四恩《しおん》候。天地の恩、国王の恩、父母《ぶも》の恩、衆生の恩、是なり。其なかに尤《もっと》も重きは朝恩なり。普天《ふてん》のした、王地《おうじ》にあらずと云ふ事なし。されば彼頴川《かのえいせん》の水に耳を洗ひ、首陽山《しゅようざん》に蕨《わらび》を折《お》ッし賢人も、勅命そむきがたき礼義をば、存知《ぞんち》すとこそ承れ、何《いか》に況哉《いわんや》、先祖にもいまだ聞かざッし、太政大臣をきはめさせ給ふ。いはゆる重盛が無才愚闇《むさいぐあん》の身をもッて、蓮府槐門《れんぷかいもん》の位にいたる。しかのみならず、国郡半《なかば》は過ぎて、一門の所領となり、田園悉《でんおんことごと》く、一家《いっけ》の進止《しんじ》たり。これ希代《きたい》の朝恩にあらずや。今これらの漠太《ばくたい》の御恩を思召《おぼしめ》し忘れて、みだりがはしく法皇を傾《かたぶ》け奉らせ給はん事、天照大神、正八幡宮《しょうはちまんぐう》の神慮にも背《そむ》き候ひなんず。日本《にっぽん》は是神国なり。神は非礼を享《う》け給はず。

重盛が駆けつけて来たことにより、清盛は気勢《きせい》が削《そ》がれてしまった上、兵事《へいじ》に及ぶのは悪事であり正気《しょうき》の沙汰《さた》とも思われず、と決めつけられては返す言葉がない。さらに、わが国は天照大神の御子孫が代々統治し給う国であって、太政大臣ともあろう人が甲冑《かっちゅう》を帯《お》びて事《こと》を構えるのは礼義にあらずと言い、平氏がいまあるのはまさに「希代《きたい》の朝恩《ちょうおん》」によってであってそれ以外ではない。その上、身に余る御恩を忘れて、法皇を滅亡させようなどと考えることは神意《しんい》に反するとまで説教されては、流石《さすが》の清盛もしぶしぶ従わざるを得なかった。

『源平盛衰記《げんぺいせいすいき》』では、「主君が主君としての道を守らぬことがあったとしても、臣下は臣下としての道を守り、忠義を尽くさなければなりません。父が父としての道を守らなくても、子は子として父に孝を尽くさなければならないと言われています。忠ならんとすれば孝ならず、孝ならんとすれば忠ならず、重盛はここに進退極まりました」といって、自分の首を取るよう迫ったことになっている。

この後間もない治承三年（一一七九）七月二十九日、重盛は病のため、惜しまれながら四十二歳の生涯を閉じることになる。それから六年後の文治《ぶんち》元年（一一八五）三月、「驕《おご》る平氏は久しからず」の言葉通り、長門《ながと》壇《だん》ノ浦《うら》の戦いを最後に、流石《さすが》の平氏も滅亡していったことはよく知られたことである。

重盛が亡くなると、最初墓は京都の寺に造られたという。しかし、源氏が覇権《はけん》を握ると、墓が荒らされることを憂えた平貞能《たいらのさだよし》は、重盛の墓を掘り起こして骨は高野山《こうやさん》に送り、自《みずか》らは重盛夫人らを伴って東国へ落ち延びたようである。『平家物語』「一門都落」の条の最後は、次のように記す。

　骨《こつ》をば高野《こうや》へ送り、あたりの土をば賀茂川《かもがわ》にながさせ、世の有様たのもしからずや思ひけん、主《しゅ》とうしろあはせに東国へこそおちゆきけれ。宇都宮《うつのみや》をば貞能が申しあずかツて、情《なさけ》ありければ、そのよしみににや、貞能又宇都宮をたのんで下りければ、芳心《ほうしん》しけるとぞ聞えし。

貞能は重盛夫人らを伴って高野山に逃れ、そこで出家したと言われる。出家した貞能は、小松坊以《こまつぼうい》典《てん》と名乗り、高野山から北陸を回って下野《しもつけ》に至り、塩原《しおばら》に隠れたと言う。これを保護したのは宇都《うつの》宮朝綱《みやともつな》といわれているが、『平家物語』によれば、貞能がかつて朝綱を助けたことがあったのが縁で、朝綱はこれを匿《かくま》い保護したということらしい。

その後、小松坊以典は常陸の同族である大掾《だいじょう》氏を頼り、大掾義幹《よしもと》の案内で白雲山普明院《はくうんざんふみょういん》に入り、重盛の遺骨を埋葬したと伝えられる。この白雲山普明院こそ、今回訪れた城里町上入野《かみいりの》の小松寺《こまつじ》である。『小松寺縁起』によれば、寺の開基《かいき》は古く、天平《てんぴょう》時代に始まるという。聖武天皇の発願《ほつがん》により、有名な奈良の盧舎那仏《るしゃなぶつ》が完成するのが天平勝宝《てんぴょうしょうほう》元年（七四九）のことであった。その四年前の天平十七年（七四五）、大仏造立《ぞうりゅう》にかかわった行基が全国修業の際、白雲山山頂に大御堂を建立し、十一面観世音菩薩を本尊としたことによるという。

貞能がここに移ると、後に宝篋印塔《ほうきょういんとう》を建て、伽藍を建立して小松寺として開山した。現在の小松寺の始まりである。天正十三年（一五八五）、戦火により伽藍焼失の憂き目にあったが、寛文三年（一六六三）になって義公が本堂・書院を寄進し、観音堂も白雲山頂から現在の本堂脇に移し建てられたという。

その小松寺を訪ねたのは、平成二十四年（二〇一二）六月のことである。義公と小松寺の関係を年来の友人西野晉哉《にしのしんや》氏に話したところ、心当たりがあるといって紹介してくれたのが、元小学校長をされ作曲家でもある山﨑洋一《やまざきよういち》先生と、猿田行男《さるたゆきお》さんであった。山﨑先生は小松寺の檀家なので、そちらから話を通じてくれるという。猿田さんは西野氏のかつての教え子である。六月のある日曜日、言葉に甘えて案内を乞《こ》い、小松寺を訪ねた。

小松寺へ水戸市街から行くとすれば、国道一二三号線を城里方面に向うのが分かりやすい。渡里町の坂を下り、常磐道の下をくぐって直ぐの信号を左折し、水戸市成沢町《なるさわちょう》方面に進路をとる。道なりに一〇分ほど行くと、城里町立小松小学校を右手に見る。さらに進むと上入野の十文字に至り、そこから少し行った所にあるのが目指《めざ》す小松寺である。

寺は道路ぎわにあり、鬱蒼とした杉木立に囲まれた参道は、いかにも古寺《こじ》の雰囲気を漂《ただよ》わせている。参道の入り口には、「真言宗智山派《ちざんは》白雲山普明院小松寺」、傍《かたわ》らに「史蹟小松内大臣《こまつないだいじん》平重盛公墳墓」と大書《たいしょ》して彫《ほ》られた石柱が立っている。車で行く場合、参道の南側の舗装道を辿《たど》っ行けば、そこは境内《けいだい》である。境内はといえば俗世間から離れた清浄の地、間口《まぐち》十間を超える堂々たる本堂と、境内所狭しと枝を大きく張った枝垂《しだ》れ桜が目を奪う。

境内の説明を山崎先生にお願いする。「この枝垂《しだ》れ桜は光圀公お手植えの桜の二代目と言われています。花の季節は見事なものです」、「枝垂れ桜の脇に白檀《びゃくだん》の木がありますよ」といって、筆者を案内して下さった。それほど太くはないが、表面を叩《たた》くといかにも堅《かた》い木という音がする。

そこからすぐ東側には入口に続く山門がある。この山門はいかにも優雅で、案内板によると、京都小松谷《こまつだに》にあった重盛邸の勅使門《ちょくしもん》を模造したもの。建久二年（一一九一）、大掾義幹が寄進したという。本柱《ほんばしら》は円柱で、その上部には籠彫《かごぼ》りが施され、桟唐戸《さんからど》と言われる様式の扉を持つ。いかにも貴族の邸宅を飾った門という印象を持つ優美な門である。「この辺りの彫刻は見事でしょう」と山崎先生。屋根の曲線が、その下に施されている籠彫りを引き立たせている。

小松寺本堂と枝垂れ桜

「では本堂を見せてもらいましょう」と言って、先生は本堂前から奥に声をかける。返事がない。現住職大久保秀徳《おおくぼしゅうとく》師は留守であった。「どうやら住職さんは出かけているらしいですね」と猿田さん。さらに声をかけると、前住職夫人が出てこられた。四人は本堂に通される。筆者は夫人に挨拶をし、今日の訪問の目的を告げた。「そういうことならどうぞ

如意輪観音

奥の部屋の展示をご覧になって下さい」と夫人は案内に立たれる。

本堂奥の一室に寺宝《じほう》はあった。「これが有名な如意輪観音《にょいりんかんのん》の彫り物です。本物は出しておりませんので、レプリカです」と夫人。白檀の木に彫られたと言われる端正《たんせい》な観音像である。本物の裏には、義公が修復を加えた時に刻んだ文章があるという。家に帰って『水戸義公全集』中の『常山文集補遺』で確かめると次のようにある。

如意輪像修理記

小松寺傳來如意輪像。弘法所レ雕也。予新加二莊嚴一。隔以二水晶一。是畏二物汚一レ像也

貞享四年丁卯十一月　源光圀　印

貞享四年（一六八七）は義公六十歳、還暦の年の事である。一見して彫り物の尋常《じんじょう》でないことを見てとった義公は、これを弘法大師空海《こうぼうたいしくうかい》の作であるとした。また、約八センチメートル四方にすぎない如意輪観音の彫り物が人の手で汚れることを恐れ、水晶《すいしょう》で全体を覆ったのである。優れた物は後々までも保護しようとする、文化財保存の先駆的な仕法というべきであろう。

このほかに義公が修繕したという不動明王《ふどうみょうおう》像も現存している。こちらは実物で、小さな龕《がん》に入っ

ている。像の背後の刻銘は次のように読める。

不動三尊傳敎作也。謹附㆓小松寺宥寶上人㆒云

元祿六年癸酉十月

源光圀　印

元禄六年（一六九三）六月二十一日、義公は石塚方面に「御出」になり、古内清音寺《ふるうちせいおんじ》大忠《だいちゅう》和尚の入院に立ち会ったことは、拙著『水戸光圀の餘香を訪ねて』で既に述べた。不動明王に彫られた日付から、この時に小松寺にも立ち寄った可能性があろう。

さらに義公書簡も保存されているのを見る。

前日芳訊不㆑得㆓迎接㆒遺憾々々、爾後滞㆓留佛國寺㆒不㆑通㆓音問㆒候貴恙恢復珍重多々、愈保養専一ニ候。此匣不㆑珍候得共附㆓便羽㆒候已上

四月二十日　光圀

「滞㆓留佛國寺㆒」とあるから、城里町の仏国寺《ぶつこくじ》に滞留していた時に出された書簡ではないかと考えられる。義公が四月中に石塚、仏国寺方面を巡遊したのは、元禄十一年（一六九八）以外記録にないから、書簡はその時に出されたものであることが推測できる。

本書「那珂西宝幢院」で述べたように、四月十日、石塚に出た義公は、十七日、上圷の藤を「御覧」になり、十八日は錫《すず》高野《ごや》の清左衛門宅に立ち寄ってから小勝の修多羅寺に入り、次いで岩谷の仏

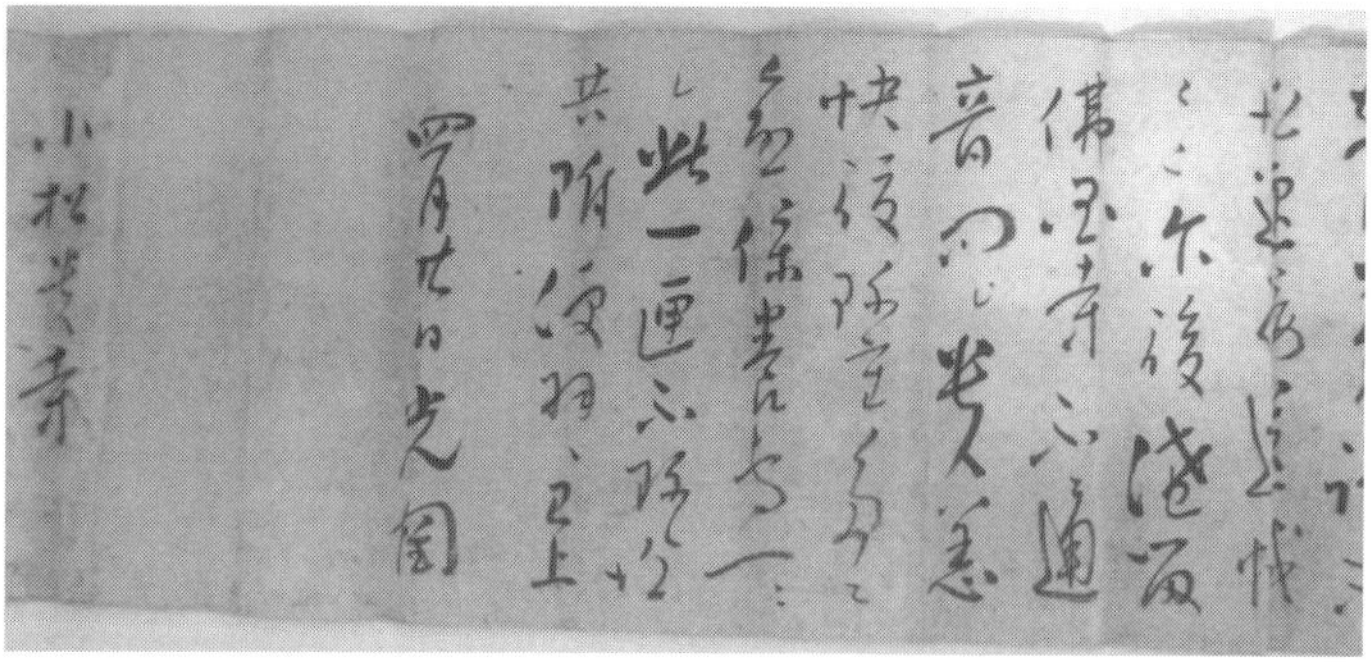

義公書簡

国寺まで行き宿舎とする。十九日は雨のためであったろうか仏国寺に逗留し、翌二十日、再び錫高野の清左衛門宅に立ち寄ってから、石塚まで戻り「作十郎所」に宿泊している。

文面からすると、小松寺の住職宥寶は石塚の義公宿舎を訪ねたのであろう。宥寶は病を得ていたが漸《ようや》く恢復《かいふく》したので、その挨拶に訪れたものと推測される。義公は宥寶に十分保養に努めるようにと気を遣い、恢復祝《いわい》であろうか、匣《はこ》を送っていることも知られよう。人を気遣うことの多かった公の人柄を示す書簡である。

いろいろと伺ったので、重盛公の墓を参拝することにして本堂を辞した。墓は本堂の直《す》ぐ裏手にある。但し急な階段を登ることになるので、雨後などは余程注意が必要である。墓には西野君と筆者が登る。危険に備えて、急な階段には金属の手すりが付いている。階段は長年の風雪に耐えて来たからであろう、石が摩耗《まもう》して下向きに傾き滑りやすい。中段まで登るとそこはやや開けた平地があるが、その先の階段は進入禁止となっているから、下から墓を拝することになる。重盛公の墓は趣のある宝篋印塔、そのやや左下に夫人の墓と貞能の墓が並んで建っている。重盛婦人の墓はやや小さめの宝篋印塔、貞能のそれは僧特有の無縫塔《むほうとう》である。西野君と手を合わせた。

　階段を下ると、途中の平坦地に三基の墓石があることに気付く。薄暗い中、文字を読んでみると、富田氏の墓石である。一番古い墓石の戒名を見ると「松巖院殿壽山清安大居士」とある。墓石の左右・裏面を見ると全面に文字が彫られている。かすかな日の光の中、西野君と読んでみると、宝暦十年（一七六〇）に建てられた墓石であることがわかる。「義公賜禄」、「天和《てんな》二年為小十人頭」、「十二年為大番頭」などと読めるから、義公に仕えた富田氏のものらしい文面である。そういえば、『桃蹊雑話』（以下『雑話』という）の中に、富田信濃守知治《ともはる》について書かれていた事を思い出した。

『雑話』巻六によれば、近江源氏佐々木氏を出自《しゅつじ》とする知治は、家康時代に伊予板島《いたじま》十一万二千石を領していた。ところが不行届《ふゆきとどき》があって領地没収となり、岩城《いわき》の鳥居《とりい》氏にお預けとなる。その子を知《とも》幸《ゆき》と言い、父の死後、仙台の伊達正宗《だてまさむね》を頼った。正宗は三千石で召し抱えようとした。しかし、知幸は家臣としての処遇に憤激し、仙台を去って江戸に出、剃髪《ていはつ》して宗清《むねきよ》と名を改める。

　その宗清が江戸で出会ったのが、常陸国青山村出身の僧宥光《ゆうこう》である。宗清は宥光の資性明敏《しせいめいびん》なるを愛し、学費を補助して京都に学ばしめた。宥光は蛍雪《けいせつ》の功成って石塚金剛院住職となり、かつての恩義に報いるため宗清を石塚に招く。宗清はその長い零落《れいらく》の後、ここ石塚に落ち着いたのである。義公

平重盛公・同夫人・貞能の墓

は石塚の薬師寺を拠点としたから、近くの金剛院も何度か訪れていたであろう。石塚で義公の知遇を得た宗清は、老境の故に、子息左近《さこん》の処遇を公に頼んだという。左近は公によって直ちに小姓に取り立てられるという栄誉に浴した。宗清の老眼には熱《ねっ》涙滂沱《るいぼうだ》たるものがあった、とある。左近は三百石を賜わり、後、名を小平太と改め、累進《るいしん》して大番頭にまでなっているというから、墓はまさしく富田左近のものであろう。

その左近について、『雑話』は次のように記す。

嘗て御小姓の時藤堂和泉守小石川邸に來らる。左近茶を持出せしに義公泉州に向ひ玉ひ、此者は其元の先城主富田信濃守が孫なりと仰せければ、泉州左候ふかとて茶碗を取らず、茶臺の儘取りしとなん。

左近がまだ小姓であった時、かつて伊予板島《いよいたじま》城主であった藤堂高虎《とうどうたかとら》の後裔《こうえい》が小石川藩邸に義公を訪ねたことがあった。左近が藤堂和泉守に茶を進めた時「この小姓はあなたの城の先の城主富田信濃守の孫である」と義公が紹介する。和泉守は非常に驚き、茶台のままこれをとって敬意を表したというのである。藤堂氏第二代の高次《たかつぐ》は、板島から伊勢の津藩《つはん》に領地替えとなり、寛文九年（一六六九）に引退しているから、この時の和泉守は三代高久《たかひさ》であったろう。長い零落のなか、城主としての志操《しそう》を貫いて生きてきた宗清。宗清の志操に感じて、子左近をしかるべく処遇しようと気を配る義公の、何とも言えない細やかな心配りが感じられる話である。

小松寺を辞してから山崎先生のお宅に寄ると、お茶を飲んで行きなさいと言われる。言葉に甘えて応接間に入ると、「五十嵐喜芳《いがらしきよし》」のサインのある色紙が目に入った。話をお聞きすると、先生は音楽の先生で、なんと昭和六十年（一九八五）、つくば市で開催された国際科学技術博覧会（つくば万博）で歌われた、万博音頭の作曲をされた方だと分った。作曲歴が長く、ついこの間、作曲五十周年記念のイベントを城里町コミュニティセンターで盛大に開いたばかりだという。

先生はまた郷土史にも詳しい。この時の話の中で、貞能が小松寺に辿り着くまでの道程が話題となった。山﨑先生によると、小松寺の前は栃木県茂木町《もてぎまち》にある安善寺《あんぜんじ》、その前は同県塩原温泉にある妙雲寺《みょううんじ》にいたのだという。そうだとすると、貞能が小松寺に落ち着くまでには、相当の苦労や有為《うい》転変《てんぺん》があったに違いない。源氏の目を避けながらの、貞能都落ちの苦労が偲《しの》ばれる。音楽や歴史談義に興じていたら時間を忘れてしまっていた。長居を謝して山﨑邸を辞した。

この日は、城里町コミュニティセンターに車を止め、猿田さんの車で移動していたので、またそこに戻った。帰り際、是非茂木の安善寺に行って見ましょうとの誘いが猿田さんからあったので、そのうち出かける事を約束してこの日は解散した。

八月上旬のある日、今度は三人で茂木の安善寺に向かう。前回同様コミュニティセンターに集合し、猿田さんの車で案内をしてもらう。猿田さんは大の歴史好きで、疑問があればどこまでも行って調べるので、郷土史にかなり詳しい。旧七会村を通り過ぎようとしていた頃、「途中に鯉渕要人《こいぶちかなめ》の生家があるので寄ってみましょう」と言って道路脇にある家の下に車を止めた。見ると、上方に真新しい鹿島神社が鎮座し、その左手にどっしりとした民家が建つ。「あれが鯉渕要人の生家ですよ」と猿田さん。桜田義挙《さくらだぎきょ》に参加した十八烈士の一人鯉渕要人の生家だと言う。ゆったりとした坂道を登り切ると母屋、その左手に墓地がある。鯉渕家歴代の墓地であった。昨年の東日本大震災で大きく崩れたので全面的に修復したらしい。三人で手を合わせた。

家の中から若い女性が出てきて挨拶をされる。「突然すみません。お墓を参拝させていただきました」と猿田さんは言って、西野氏と筆者を紹介する。すると夫人が出てこられて猿田さんと挨拶を交わした。どうやら旧知の間柄のようである。誘われるまま応接間にあがる。隣の部屋を見ると、「狼《よう》真《しん》」と書かれた扁額が掛かる。「狼」は「養」である。書は野口勝一《のぐちかついち》によるらしい。

「よろしかったら御覧になって下さい」と言って、夫人は先人の遺書や書簡類を出してきて見せて下さった。鯉渕家は鹿島神社の神官の家である。家の方々からいろいろ伺ったのであったが、訪ねてみて、扁額にある「狼真」こそこの家に相応《ふさわ》しいと実感した。

先があるので早々に失礼し、茂木方面に進路をとる。途中、道の駅もてぎに寄って休憩したが「宇都宮にあった古田土《こたと》邸が移築されているのでそれを見て行きましょう」とまたまた猿田さん。道の駅の敷地のなかにエキゾチックな建物が立っている。玄関を入ると、古い洋館といった佇まいである。アメリカ製で、今でいうツーバイフォーの建築である。大正時代にアメリカに渡った画家古田土雅堂《がどう》が帰国にあたって買い求め、宇都宮で暮らした時に住んだ家だという。当時としてはそれほど高価なものではなかったというが、重厚な建物の感があり、現在、茂木町の指定文化財になっている。道の駅には意外なものがあった。

昼時でもあったので、この後昼食をとることにした。すると、「たぶん十二時十分ごろＳＬが通りますよ」と猿田さん。食堂の窓越しにＳＬのＣ11が煙を吐《は》きながら通るのを見た。今から半世紀前、水郡線を列車で通学した頃の思い出が蘇り、共に通学した友の顔が思い出された。それにしても猿田さんは何でも知っているのである。

昼食を済ませ、今日の目的地安善寺に向かう。茂木町の南隣は焼物の町益子《ましこ》で、安善寺は益子町の一画にあるという。山中の細い道を行ってみると、寺は芳賀《はが》富士と言われる大平山を背にした閑静な地にあった。入口の案石碑には「鶏足山《けいそくさん》安善寺」とあり、浄土宗の寺である。案内板を見ると、建久五年（一一九四）平貞能創建とあるから、小松寺に落ち着くまでは、この地に止まって居たのであったろうか。山に抱《いだ》かれた寺域はさほど広くはなく、西側は墓地となっている。歴代住職の墓石と思われるものが数基並び、その横に五輪塔がこれまた数基並ぶ。おそらく寺を支えた有力武士のものであろう。その上方に板碑が立ち、これが貞能百周忌の追善供養碑であるという。大きな梵字《ぼんじ》が刻まれ、町の文化財となっている。住職は東京に住んでいるので、話を聞くことが出来ない。しばらく辺りを散策して帰路についた。

こうして小松寺を中心に織りなす歴史の諸相を知ることになったが、富田氏の墓がなぜ小松寺にあるのかは不明である。金剛院に入った宥光と義公時代の小松寺宥寶は「宥」の字を共有するから、同じ真言密教の血脈に属するのであろう。だとすると、小平太は宥光の周旋《しゅうせん》により小松寺に墓域を確保したのであろうか。そこで弓野氏の『行脚』をあらためて読み直してみると、次の文章に気が付いた。

この小平太の周旋で、宥光は金剛院より、小松寺住職に榮轉したが宗清歿後、その遺言に依り小松寺墓地（重盛墓の一段下）に葬る、その碑現存し近年後裔富田氏によつて名越漠然翁撰文記念碑が同所に建てられた。右富田氏の後裔には、元治甲子の役、國難に殉ぜし三保之介（贈従五位）あり、常磐原共同墓地にその碑建つ、（後略）

小平太は父宗清と宥光との深い信頼関係を知り、宥光の小松寺栄転に周旋したのであった。宗清と言えば、宥光に帰依《きえ》したいとの願望が強かったのであろう、死後は宥光の小松寺に葬られることになったのである。幕末になると、元治甲子《げんじかっし》の変において書院番頭富田三保之介知定なる人物が国難に殉じ、常磐共同墓地《ときわきょうどうぼち》に殉難志士《じゅんなんしし》として祀られているとある。富田氏歴代の志操《しそう》が感じられよう。また、小松寺の墓地には名越漠然翁《なごやばくぜんおう》の撰文《せんぶん》による記念碑が建っていたとあるが、今は見当たらない。

八月の猛暑のなか、再び小松寺の境内に佇んでいると、「夏草やつわものどもが夢のあと」と詠んだ芭蕉の句が思い出された。思えば小松寺は不思議な寺である。わが国の歴史が織りなす哲理《てつり》を説いた重盛公をどこまでも守ろうとして各地を流転し、この寺に安住の地を見いだした貞能。家の没落によって志ならず、各地をさまよった結果、この寺を終《つい》の棲家《すみか》と定めた富田宗清。その小松寺や金剛院を通じて義公は両者と関わり、二つながらこれを保護した。そこに感じられるのは、志あるものを一貫せしめようとする、公の温かくも深い人への眼差《まなざ》しである。

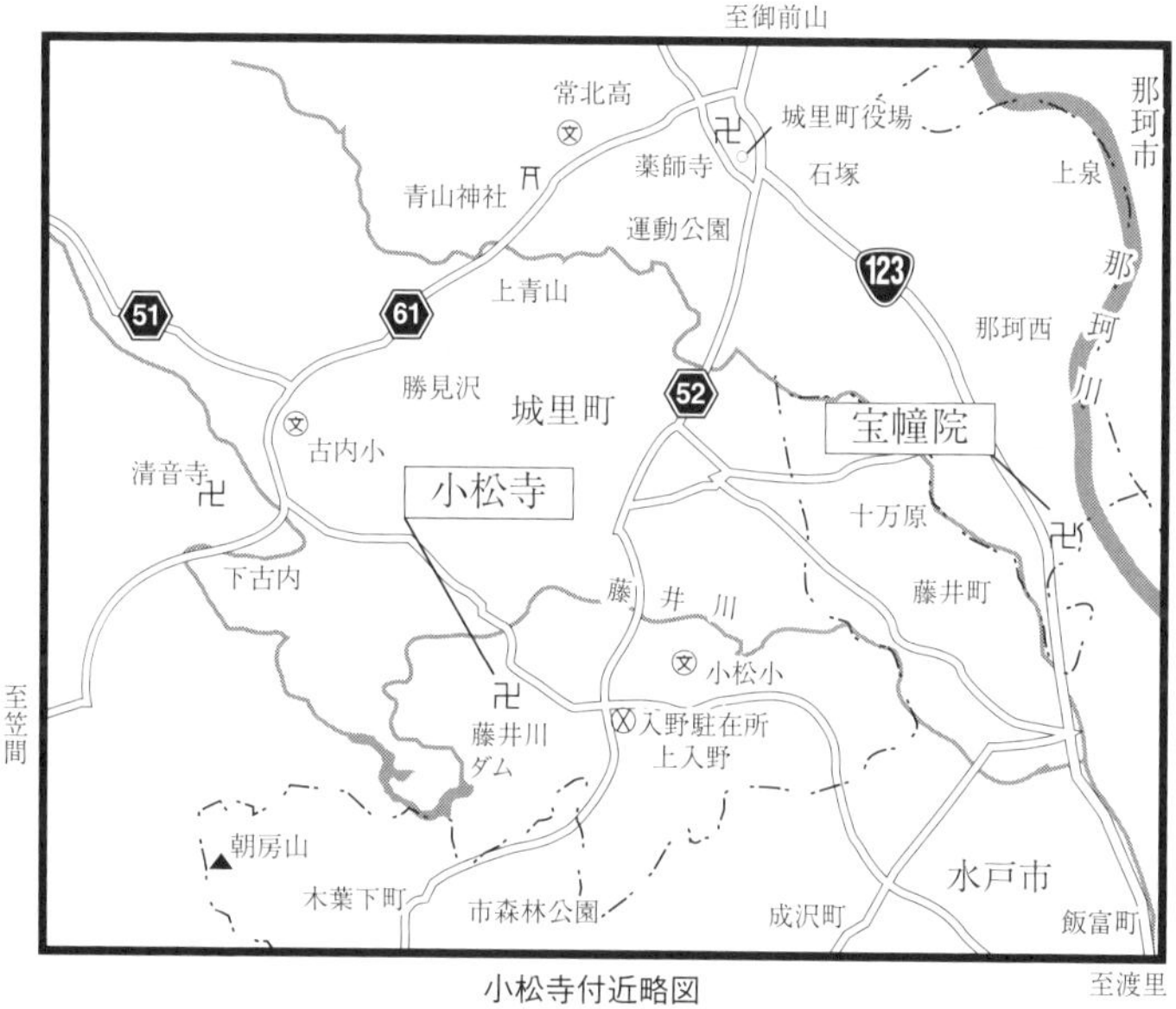

小松寺付近略図

あとがき

古代ギリシャの哲学者プラトンは社会の現状を観察し、国事を処理することがいかに難しいかを痛感する。政治状況は悪い方に向かっていると考えた彼が到達した結論は、

ほんとうに哲学する人々のたぐいが政治的支配の座につくか、国家において権力を握っている人たちのたぐいが、ほんとうに哲学するようになるか、そのいずれかになるまでは、人類の不幸はやまないであろう。

という、ソクラテスから学んだ哲人王の政治であった。わが国を取りまく現下の海洋問題や、激変する世界の政治情勢を通観するとき、プラトンの得た結論はいまだにその価値を失なっておらず、むしろ新鮮である。

義公も恐らく、同じような命題について考えたであろう。藩民の幸福とはなにか、それを保証するため藩主はいかにあるべきか、そして、日本はいかにあるべきか、ということである。当時はシナ古典が教養の中心であったから、「身を労し思いを焦がし、外に居ること十三年、家門を過ぐれども入らず」という生活に徹した禹王の事蹟なども、脳裏にあったのではないか。著者には、義公の巡村が禹王の事蹟に重なって見える。

その義公の足跡を訪ね歩いて来た著者が感じたことは、義公の歩いた距離は長大で、かつ、難行であったということである。車で行く安易さには想像も出来ない苦労があったことであろう。しかし、義公はそれをものともせず、ひたすら巡遊し、農民達と交わりこれを励まし、労苦を分かち合っている。その上、孝子節婦や職人を表彰し、様々な知識を授け、医療などにも気を配った。義公の巡遊は藩民の信頼を絶大なものとし、薨去から三百十六年を経た現在でも、巨大な足跡は各地に残り、人々の心の奥深くにしみ込んでいる。

しかし、団塊の世代を境として、歴史や文化に関心を持たない世代が世の主力となりつつある現在、わが国の歴史や文化をどうやって伝え、引き継いでいくか、我々に託された課題は大きい。我々は、誰もが歴史の中で育まれる存在であり、先人達の尊い犠牲と努力によって今日の日本が成り立っているという厳然たる事実を、繰り返し伝えて行く努力が必要とされよう。

義公巡遊の跡を訪ね歩いた著者が、浅学を顧みず、「義公の足跡を訪ねて」と題して『水戸史学』に投稿してきたのも、義公の巨大な足跡を、少しでも後世に伝え残そうと考えたことによる。書けば書くほど、あらゆる問題に精通した偉大な人格に感銘を受け、自らの非才を歎くことしきりである。

終わりに、突然の訪問にも快く取材に応じて下さった義公関係の各地の社寺や家々、さらには、道すがら親切にしていただいた多くの方々に、この場をお借りして厚く御礼申しあげたい。しかし、取材にあたり、常に弁当を作って持たせてくれた妻靜子の支えがなければ、本書は完成しなかったに違いない。あらためて妻に感謝し、本書を捧げたい。

また、懇切丁寧なご指導をいただき、その上貴重な序文まで寄せて下さった宮田正彦会長、史料などを提供し励ましてくださった水戸史学会の諸先生方、校正の労をとっていただいた大洗町幕末と明治の博物館の渡邉拓也学芸員に心から感謝申しあげる。さらに、出版にあたりひとかたならぬお世話になった、錦正社中藤政文会長に心から感謝の意を表したい。

平成二十八年十二月六日　義公祭の日に

著者しるす

初出一覧

水戸市	青柳菊池家	『水戸史学』第七十九号
ひたちなか市	磯前酒列神社とヤンサマチ	『水戸史学』第八十四号
	(一) 村松大神宮競馬	
	(二) 静神社磯降り神事	
常陸大宮市	鷲子山上神社	『水戸史学』第八十一号
	鷲子照願寺	『水戸史学』第八十二号
	山方金子家	『水戸史学』第七十九号
	鷲子岡山家	『水戸史学』第八十一号
鹿嶋市	常陸一之宮鹿島神宮	『水戸史学』第七十六号
	築地妙光寺	『水戸史学』第七十八号
潮来市	潮来窪谷家	『水戸史学』第七十六号
行方市	浜東福寺と孝子弥作	『水戸史学』第八十号
城里町	那珂西宝幢院	『水戸史学』第七十五号
	上入野小松寺	『水戸史学』第七十七号

〔参考文献〕

『義公全集』（上・中・下）　徳川圀順編
『水戸義公伝記逸話集』　水戸史学会編
『水戸紀年』　石川清秋著（『茨城県史料近世政治編1』　茨城県史編さん　近世史第1部会編）
『日乗上人日記』　稲垣国三郎編
『水戸歴世譚』　飯島唯一・鈴木成章編
『桃蹊雑話』　石川久徴著
『加藤寛斎随筆』　加藤寛斎著（茨城県史編さん近世史第1部会編）
『古事記』　校注・訳者　荻原浅男
『日本文徳天皇實錄』　編輯者　黑板勝美・國史大系編修會
『日本三代實錄』　編輯者　黑板勝美・國史大系編修會
『風土記』　秋本吉郎校注
『萬葉集』　校注・訳者　小島憲之ほか
『平家物語』　校注・訳者　市古貞次
『完訳源平盛衰記』　訳者　岸睦子
『萬葉代匠記』　契沖著
『群書類従』　塙保己一編
『大和本草』　貝原益軒著
『茨城縣神社誌』　茨城県神社庁
『新編常陸國誌』　中山信名著
『常陸紀行』　黒崎貞孝著
『史記』　吉田賢抗著
『列氏』　福永光司訳
『吉田松陰全集』　山口縣教育会編纂
『菊池勤王史』　平泉澄著
『義公史蹟行脚』　弓野國之介著
『新版水戸光圀』　名越時正著

『水戸光圀とその餘光』　名越時正著
『常陸南北朝史研究』　吉田一徳著
『義公漢詩散歩』　大森林蔵著
『続義公漢詩散歩』　大森林蔵著
『水戸の道しるべ』　水戸史学会編
『小川町のあゆみ』　井坂教著
『水郷の文学散歩』　大久保錦一編著
『鷲子山六道と思い出の記』　長倉トシ著
『霊峰とりの子山』　鷲子山上神社々所発行
『芸文』第一二七号　常陽芸文センター
『要石』第七十八号　鹿島神宮社務所発行
『日本の古社　賀茂社　上賀茂神社・下鴨神社』　三好和義・岡野弘彦ほか著
『茨城の神事』　茨城の神事編集委員会編集
『水戸黄門光圀とその周辺』　茨城県立歴史館著
『水戸市史』　水戸市史編さん委員会
『勝田市史』　勝田市史編さん委員会
『那珂湊市史』　那珂湊市史編さん委員会
『那珂湊市料史・巻一一』　那珂湊市史編さん委員会
『那珂町史』　那珂町史編さん委員会
『瓜連町史』　瓜連町史編さん委員会
『大宮町史』　大宮町史編さん委員会
『山方町誌』　山方町誌編さん委員会
『大子町史』　大子町史編さん委員会
『小川町史』　小川町史編さん委員会
『玉造町史』　玉造町史編さん委員会
『潮来町史』　潮来町史編さん委員会
『鹿島町史』　鹿島町史編さん委員会
『東海村史』　東海村史編さん委員会

著者略歴

住《すみ》谷《や》光《こう》一《いち》

昭和21年11月1日　茨城県那珂郡神崎村に生れる。
昭和40年3月　茨城県立水戸第一高等学校卒業
昭和45年3月　茨城大学文理学部経済学科卒業
昭和45年4月　株式会社常陽銀行入行
昭和47年3月　同行依願退職
昭和47年5月　水戸市立三の丸小学校講師
昭和48年4月　茨城県立笠間高等学校教諭
平成元年4月　茨城県立東海高等学校教諭
平成8年4月　茨城県立佐和高等学校教諭
平成20年4月　水城高校講師
平成29年1月　茨城県立水戸第一高等学校講師
主な役職　水戸史学会理事
　　　　　那珂市教育委員

現住所　311-0104　茨城県那珂市堤217-4

〈水戸史学選書〉　続々《ぞくぞく》 水戸《みと》光圀《みつくに》の餘香《よこう》を訪《たず》ねて

平成二十九年七月　六日　印刷
平成二十九年七月十八日　発行

※定価はカバーなどに表示してあります。

著　者　住谷光一
企　画　水戸史学会（会長　宮田正彦）
装幀者　吉野史門
発行者　中藤正道
発行所　錦正社
〒一六二―〇〇四一
東京都新宿区早稲田鶴巻町五四四―六
電　話　〇三（五二六一）二八九一
FAX　〇三（五二六一）二八九二
URL　http://www.kinseisha.jp/

印刷所　㈱文昇堂
製本所　㈱ブロケード

ISBN978-4-7646-0131-4